U0569607

"十四五"时期国家重点出版物出版专项规划项目

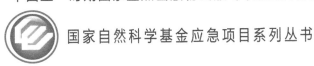国家自然科学基金应急项目系列丛书

范式变更

零碳金融和宏观政策

朱 民 等／著

Paradigm Shift

Net-Zero Finance and Macro Policy

科 学 出 版 社

北 京

内 容 简 介

经济走向碳中和，金融走向零碳金融。碳中和的长潮和大浪将推动金融体系的范式变更，构建零碳金融的新宏观政策框架。在经济碳中和转型的过程中，金融业要以零碳金融为抓手，把握全球零碳转型的历史机遇，全面而深刻地进行创新和发展。本书提出了"双碳"目标下构建我国零碳金融宏观管理框架和政策体系的总体思路，重点讨论了支持零碳金融发展的五个重要政策支柱：财政金融协同政策、结构性宏观货币政策、信息披露框架、新资本监管框架和金融市场投融资机制。也讨论了零碳金融在碳达峰、碳中和两阶段的发展战略与政策。

本书从理论和制度创新出发，结合发展视野、全球战略、实施重点和政策路径，展开诸多前沿论述。期望来自各界的读者都能从阅读中获得启发和思考，共同迎接零碳金融的新范式。

图书在版编目（CIP）数据

范式变更：零碳金融和宏观政策 / 朱民等著. —北京：科学出版社，2024.3
（国家自然科学基金应急项目系列丛书）

"十四五"时期国家重点出版物出版专项规划项目
ISBN 978-7-03-078167-3

Ⅰ. ①范… Ⅱ. ①朱… Ⅲ. ①金融业-绿色经济-研究-中国 Ⅳ. ①F832
中国国家版本馆 CIP 数据核字（2024）第 057519 号

责任编辑：王丹妮 陶 璇 / 责任校对：姜丽策
责任印制：赵 博 / 封面设计：有道设计

科学出版社 出版
北京东黄城根北街 16 号
邮政编码：100717
http://www.sciencep.com
三河市春园印刷有限公司印刷
科学出版社发行 各地新华书店经销
＊
2024 年 3 月第 一 版 开本：720×1000 1/16
2025 年 8 月第三次印刷 印张：17 1/4
字数：347 000
定价：189.00 元
（如有印装质量问题，我社负责调换）

国家自然科学基金应急项目系列丛书编委会

主 编

丁烈云 教 授 国家自然科学基金委员会管理科学部

副主编

杨列勋 研究员 国家自然科学基金委员会管理科学部

刘作仪 研究员 国家自然科学基金委员会管理科学部

编 委（按姓氏汉语拼音排序）

程国强 研究员 同济大学

方 新 研究员 中国科学院

辜胜阻 教 授 中国民主建国会

黄季焜 研究员 北京大学

林毅夫 教 授 北京大学

刘元春 教 授 中国人民大学

汪寿阳 研究员 中国科学院数学与系统科学研究院

汪同三 研究员 中国社会科学院数量经济与技术经济研究所

王金南 研究员 生态环境部环境规划院

魏一鸣 教 授 北京理工大学

薛 澜 教 授 清华大学

赵昌文 研究员 国务院发展研究中心

课题组名单

总课题： 双碳目标下构建我国零碳金融宏观管理框架的总体思路研究

承 担 单 位： 清华大学、中央财经大学

课题负责人： 朱　民

课题组成员： 王　遥、潘　柳、郑重阳、任玉洁、王文蔚、巩　冰、李长泰、
吴祯姝、潘冬阳、韩绍宸、张娓婉、潘泓宇、万秋旭、傅奕蕾、
金子曦、张广逍、张蓦严、王瑾喆

子课题一： 支持零碳金融发展的财政金融协同政策研究

承 担 单 位： 南开大学、中国财政科学研究院、中国人民银行国际司

课题负责人： 李　全

课题组成员： 刘尚希、范小云、樊轶侠、王　博、姜志霄、刘澜飚、李泽广、
詹开颜、赵歆彦、陈会敏、蒋和昕、金正贤、董　旭

子课题二： 支持零碳金融发展的结构性货币政策研究

课题负责人： 张　蓓

课题组成员： 王　信、彭道菊、巩　冰、李宏瑾、周子彭、张　伟、闫景瑜、
杨斯尧、王宇桐、林欣月、石果平、苏乃芳、蒋晓宇、张薇薇、
刘博聪

子课题三： 零碳金融信息披露的框架研究（本书第四章）

承 担 单 位： 上海财经大学

课题负责人： 靳庆鲁

课题组成员： 张瑞申、李　惟、何贤杰、唐　松、周　波、阴慧芳、马　慧、
冯婉昕、许　帅、李青汶

子课题三： 零碳金融信息披露的框架研究（本书第五章）

承 担 单 位： 中证金融研究院、国家金融监督管理总局

课题负责人： 谈从炎

课题组成员： 綦 相、王骏娴、李 川、宋 炟、杨斯尧、廖儒凯、魏 恺、
郭泓伶

子课题四： 构建零碳金融的资本监管框架研究

承 担 单 位： 上海财经大学

课题负责人： 刘莉亚

课题组成员： 刘 冲、吕之安、孙 冰、李 莹、刘雨婷、胡云清、唐洛秋

子课题五： 推动零碳金融市场发展的投融资机制研究

承 担 单 位： 清华大学、中证金融研究院

课题负责人： 张晓燕

课题组成员： 谈从炎、王 雪、李 川、丁 一、殷子涵、张远远、李志勇、
王艺熹、吉苏燕、张艺伟

总　序

　　为了对当前人们所关注的经济、科技和社会发展中出现的一些重大管理问题快速做出反应，为党和政府高层科学决策及时提供政策建议，国家自然科学基金委员会于 1997 年特别设立了管理科学部主任基金应急研究专款，主要资助开展关于国家宏观管理及发展战略中急需解决的重要的综合性问题的研究，以及与之相关的经济、科技和社会发展中的"热点"与"难点"问题的研究。

　　应急管理项目设立的目的是为党和政府高层科学决策及时提供政策建议，但并不是代替政府进行决策。根据管理科学部对于应急管理项目的一贯指导思想，应急研究应该从"探讨理论基础、评介国外经验、完善总体框架、分析实施难点"四个主要方面为政府决策提供支持。每项研究的成果都要有针对性，且满足及时性和可行性要求，所提出的政策建议应当技术上可能、经济上合理、法律上允许、操作上可执行、进度上可实现和政治上能为有关各方所接受，以尽量减少实施过程中的阻力。在研究方法上要求尽量采用定性与定量相结合、案例研究与理论探讨相结合、系统科学与行为科学相结合的综合集成研究方法。应急管理项目的承担者应当是在相应领域中已经具有深厚的学术成果积累，能够在短时间内（通常是 9~12 个月）取得具有实际应用价值成果的专家。

　　作为国家自然科学基金专项项目，管理科学部的应急管理项目已经逐步成为一个为党和政府宏观决策提供科学、及时的政策建议的项目类型。与国家自然科学基金资助的绝大部分（占预算经费的 97% 以上）专注于对经济与管理活动中的基础科学问题开展理论方法研究的项目不同，应急管理项目面向国家重大战略需求中的科学问题，题目直接来源于实际需求并具有限定性，要求成果尽可能贴近实践应用。

　　应急管理项目要求承担课题的专家尽量采用定性与定量相结合的综合集成方法，为达到上述基本要求，保证能够在短时间内获得高水平的研究成果，项目的承担者在立项的研究领域应当具有较长期的学术积累和数据基础。

　　自 1997 年以来，管理科学部对经济、科技和社会发展中出现的一些重大管理问题做出了快速反应，至今已启动 101 个项目，共 833 个课题，出版相关专著57 部。已经完成的项目取得了不少有影响力的成果，服务于国家宏观管理和决策。

应急管理项目的选题由管理科学部根据国家社会经济发展的战略指导思想和方针，在广泛征询国家宏观管理部门实际需求和专家学者建议及讨论结果的基础上，形成课题指南，公开发布，面向全国管理科学家受理申请；通过评审会议的形式对项目申请进行遴选；组织中标研究者举行开题研讨会议，进一步明确项目的研究目的、内容、成果形式、进程、时间节点控制和管理要求，协调项目内各课题的研究内容；对每一个应急管理项目建立基于定期沟通、学术网站、中期检查、结题报告会等措施的协调机制以及总体学术协调人制度，强化对于各部分研究成果的整合凝练；逐步完善和建立多元的成果信息报送常规渠道，进一步提高决策支持的时效性；继续加强应急研究成果的管理工作，扩大公众对管理科学研究及其成果的社会认知，提高公众的管理科学素养。这种立项和研究的程序是与应急管理项目针对性和时效性强、理论积累要求高、立足发展改革应用的特点相称的。

为保证项目研究目标的实现，应急管理项目申报指南具有明显的针对性，从研究内容到研究方法，再到研究的成果形式，都具有明确的规定。管理科学部将应急管理项目的成果分为四种形式，即专著、政策建议、研究报告和科普文章，本丛书即应急管理项目的成果之一。

希望此套丛书的出版能够对我国管理科学政策研究起到促进作用，对政府有关决策部门发挥借鉴咨询作用，同时也能对广大民众有所启迪。

国家自然科学基金委员会管理科学部

2020 年 9 月

前　言

　　中国的"双碳"目标，既是中国应对全球气候变化的大国担当，也是中国以碳中和推动经济绿色转型和全面建成社会主义现代化强国的策略选择。实现碳达峰、碳中和是中国经济低碳可持续转型的切实目标，是中国新发展理念下推动高质量发展的具体落实和最重要力量，将带来一场广泛而深刻的经济社会系统性变革。碳中和标志着历史上前所未有的全球共识与行动的形成，也意味着中国和世界发展范式的深刻转变。

　　实现碳达峰、碳中和是中国经济可持续发展的"范式转变"，也必然推动中国金融的"范式转变"，向支持人与自然和谐共生的"零碳金融"全面转型，在新发展理念下努力实现金融业的中国式现代化。党的二十大报告强调"构建高水平社会主义市场经济体制"，提出"健全宏观经济治理体系，发挥国家发展规划的战略导向作用"，也强调"推动绿色发展，促进人与自然和谐共生"，"协同推进降碳、减污、扩绿、增长"。[①]国家战略为发展与碳中和相一致的零碳金融指明了方向和核心要求。

　　国际上，碳中和已经成为全球共识，是全球未来发展的大趋势，格拉斯哥全球气候峰会拉开了全球零碳金融转型的大幕。西方主要经济体纷纷从既有支持环保、绿色、气候、可持续的金融政策、制度和市场出发，致力于从金融的理论、政策、实践、国际竞合等各个层面转向零碳金融，打造和推广具有本土优势与发展潜力的新金融模式，以在未来全球零碳金融治理格局中占据先发和主导地位。发展零碳金融成为全球围绕实现碳中和开展合作和竞争的关键领域。

　　中国自2015年开始全面构建绿色金融战略体系，短短几年时间已取得长足的发展和亮眼的成绩，在绿色金融顶层设计和体系建设、绿色金融产品和服务创新、气候环境风险管理政策设计、地区绿色金融和气候投融资实践、绿色金融国际合作等方面走在全球前列，在政策探索和市场实践方面都为向零碳金融转型奠定了良好的基础。

　　在全球实现碳中和进程和向零碳金融转型过程中，中国金融正和国际金融业处于同一起跑线上。弥合绿色金融和零碳金融之间的差距，需要实现概念上的突破，也需要构建一个全面的整体政策框架和机制，将未来的需求和现状连接起来，以全新的零碳金融体系和零碳金融模式全面支持实现碳中和转型所要求的经济社

---

　　① 《习近平：高举中国特色社会主义伟大旗帜 为全面建设社会主义现代化国家而团结奋斗——在中国共产党第二十次全国代表大会上的报告》，https://www.gov.cn/xinwen/2022-10/25/content_5721685.htm。

会系统性变革。构建我国零碳金融将包括建立支持中国经济碳中和转型的零碳投融资体系，管理现有金融资产负债表从高碳到低碳的重置风险，构建零碳金融宏观管理框架，发展和国际接轨的零碳金融市场，以及中国金融机构在过程中实现自身的全面零碳转型。构建零碳金融的过程为中国金融践行新发展理念、"换道超车"走向世界前列提供了历史机遇，也将体现中国金融贡献世界零碳新金融体系建设的责任和担当。

面对碳中和背景下国内宏观管理发展战略和国际金融治理建设的迫切需要，国家自然科学基金委员会管理科学部应急管理项目于 2022 年 3 月发布了关于"双碳目标下我国零碳金融宏观管理框架和政策研究"的项目申请，下设 1 个总课题和 5 个子课题。基于已有的研究思考和成果，笔者召集来自学界、政策部门和业界的相关领域专家，联合组建起 6 个团队共同进行课题论证并参与投标。经过管理科学部组织对全国多个申请团队方案的专家评审和答辩等流程，我们团队最终顺利通过评审，获得立项。其中，笔者作为项目总负责人，也负责主持总课题"双碳目标下构建我国零碳金融宏观管理框架的总体思路研究"。项目各课题团队主要来自清华大学、南开大学、上海财经大学、中国人民银行金融研究所、中证金融研究院、中国财政科学研究院、国家金融监督管理总局（原中国银行保险监督管理委员会）、中央财经大学、中国人民大学、首都经济贸易大学等多家高校与金融政策研究院所。

项目于 2022 年 8 月在北京顺利启动后，各项工作按计划积极推进，有序展开。同期正值全民抗疫转折的特殊阶段，项目全体、各课题组之间和课题组内部克服困难在线上、线下先后组织召开了多次研讨会议，展开了一系列高强度的分析、调研、讨论和写作活动，提出并不断完善研究方案、具体框架和文稿写作。2023 年 6 月，国家自然科学基金委员会管理科学部组织在上海对应急管理项目进行中期检查，项目组的研究成果获得了学术指导专家的充分肯定，总课题被予以最高级别"特优"的评审结果，各子课题研究评审结果也多数获"优"。2023 年 12 月，应急管理项目在北京顺利通过结题审查，总课题和多个子课题的结题评估都为"优秀"。

在项目的研究过程中，我们强调运用规范的科学方法，从探讨理论基础、评介国外经验、完善总体框架、分析实施难点四个方面加强创新和贡献，努力探寻理论、事实、思想和逻辑的边界，以期对政府决策形成具有针对性、及时性和可行性的科学支持。总课题组和 6 个子课题组都取得了丰富的政策研究成果，多篇报告获得国家级领导的肯定性批示，产生了广泛而积极的政策影响。

本书汇集了项目研究的主要成果，围绕"双碳目标下我国零碳金融宏观管理框架和政策研究"的研究指南，共分为八个部分。各部分内容简介如下。

第一章提出"双碳"目标下构建中国零碳金融宏观管理框架的总体思路。主要探讨理论依据和国际发展，从碳中和带来经济范式变更的高度，创新提出金融范式的必然改变和构建宏观管理框架的重要性。剖析了零碳金融理念演化逻辑和内涵，总结了中国绿色金融发展的成效和经验，提出构建我国零碳金融宏观管理框架的蓝图、路线、坐标与协调机制，并进一步整体概述支持碳中和的财政货币金融政策协同、结构性货币政策、信息披露、巴塞尔 ESG①资本监管、零碳金融市场建设、零碳金融国际合作和竞争等政策方向。

第二章围绕支持零碳金融发展的财政金融协同政策展开，指出财政政策是国家宏观调控最有力的工具，其与金融政策协同的"政府指导+市场主导"模式能有效引入资金活水，管理零碳转型中的各类风险，是构建完善零碳金融体系的重要工具。针对我国财政金融政策协同支持零碳金融发展的多维结构和时间、空间特点，下一步应完善政策协同顶层设计，创新多元化、市场化融资机制，强化区域政策协同，探索财政货币政策协同新路径，促进零碳金融发展行稳致远。为"双碳"目标的实现和经济高质量发展提供有力保障。

第三章研究支持零碳金融发展的结构性货币政策。该章提出随着全球经济逐步转向低碳甚至零碳发展模式，必然要求资金从高碳行业更多地流向低碳领域。中央银行作为宏观调控的重要部门，可通过绿色结构性货币政策的激励引导作用，纠正市场高碳偏好，缓解金融机构资产负债表从高碳到低碳转型的重置风险，推动金融机构业务零碳转型和维护金融稳定。当前，包括我国在内的多个国家和地区结合本地区实际，推出各具特色的绿色结构性货币政策实践，取得了较好成效。该章研究发现，仅依靠央行绿色结构性货币政策支持零碳金融是不够的，还应与碳市场等更多政策工具相配合，以取长补短、相得益彰。

第四章聚焦零碳金融信息披露的国际竞争和未来框架。在零碳金融信息披露受到国际社会广泛关注的背景下，应如何与先行国家零碳金融信息披露制度实践接轨，并结合我国的基本国情，设计我国零碳金融信息披露的制度与监管是亟须回答的问题。该章从两方面探讨构建我国零碳金融信息披露制度体系。一方面，重点关注碳排放的核算披露并归纳了零碳信息披露的目标和主要内容；另一方面，探讨了我国资本市场上零碳金融信息供求匹配的摩擦，讨论零碳金融信息披露制度框架，并为提升监管效率提供思路和方案。

第五章研究零碳金融信息披露的政策框架和市场实践。零碳金融信息披露制度是零碳金融体系重要的基础性制度，是解决披露主体和市场相关方气候信息不对称问题，发挥市场力量配置气候资源，实现碳中和目标的制度保障。当前境外零碳信息披露准则和相关制度发展迅速，值得我们借鉴并设计符合本国实际的零碳信息披露路径。该章总结了成熟市场零碳信息披露政策的制定实施经验以及国际准则的最新进展，深入了解我国企业和金融机构在零碳信息披露方面的现状与诉求，研究并提出对零碳金融信息披露制度发展的思考与建议。

---

① ESG 全称为 environmental、social、governance，译为环境、社会、治理。

第六章关注零碳金融的新资本监管框架研究。资本监管是银行业监管的核心举措，国内外政策实践均未正式纳入零碳因素，不利于长期的零碳经济转型。该章立足于资本监管的三大支柱，尝试在第一支柱中考虑差异化的绿色资产风险权重，在第二支柱中引入气候风险监管，在第三支柱中逐步完善气候环境信息披露制度，以突破巴塞尔协议 III，构建零碳金融的新资本监管框架。该章首先估计差异化绿色资产风险权重的可能效果，其次提出使用 ESG 评级作为气候风险压力测试的新数据源，最后建立"环境-资本"融合信息披露的新模式。

第七章研究推动零碳金融市场发展的投融资机制。该章着眼于国家战略需求和国际研究前沿，探究如何建立健全零碳金融市场的投融资体系，从而更好地服务零碳金融市场各交易主体，实现资金更高效流通，提高资金利用效率，这有助于推动金融资源更合理地配置，助力碳中和目标的实现。该章聚焦于研究零碳金融市场中最为关键的零碳投融资体系的融资机制、投资机制及碳定价机制等问题，在学习借鉴国际经验的同时，立足于中国金融市场发展现状，提出政策建议。

第八章论述"双碳"目标和零碳金融两阶段发展战略与政策。提出由于"双碳"目标下经济发展内涵与模式的深刻变化，金融需求总量、金融支持方向、金融支持结构、金融风险、金融配套等均将出现新的特征，因此零碳金融模式下，碳达峰阶段、碳中和阶段的关键路线也呈现出各自的特点，并共同构成了零碳金融的组成部分，同时也需要相适应的宏观管理体制与微观监管框架，在守正创新中以系统化的方式推动零碳金融体系建立。

总体而言，构建我国零碳金融宏观管理框架是支持国家实现"双碳"目标的重要战略举措，各课题组从理论和制度创新出发，结合国际国内实践，力求能为零碳金融顶层设计和政策制定提供依据，为我国零碳金融转型提供理论和实践帮助。在既有成果的基础上，还有许多地方值得持续关注和深入探讨，期望能借此推动形成更加广泛的研究和讨论。

最后，在此感谢全体研究团队的共同努力，感谢国家自然科学基金委员会管理科学部对项目的支持和资助，感谢国家自然科学基金委员会管理科学部副主任刘作仪、处长吴刚、项目主任朱战国、项目主任胡吉明在整个项目过程中予以的指导和帮助，感谢李善同研究员、潘家华教授、汪寿阳研究员、杨晓光教授、陈诗一教授、吴卫星教授、唐葆君教授、杨翠红研究员、刘俏教授在课题各阶段提出的建议和点评，感谢科学出版社经管分社马跃社长及编辑们为本书出版付出的辛勤劳动。同时，作为项目总负责人，也感谢各个子课题负责人和团队的支持与合作，对支持项目研究开展、书稿写作到出版的相关机构和所有人员，一并致以诚挚的谢意！

朱 民

2024 年元月

目　　录

第一章 "双碳"目标下构建中国零碳金融宏观管理框架的总体思路

第一节 范式变更：零碳金融的理念和演化内涵

在人类文明形态演进的历史中，经济发展、金融支持和生态环境三者之间密切关联，遵循着一致的内在逻辑但呈现出持续变化的表象特征。面对日趋严峻的气候变化危机，全球提出了具有自我革命性的碳中和方案，这无疑将推动生产方式和经济结构的巨大变革，也必然导致金融范式的相应改变。在支持碳中和转变的生态文明时代，中国金融在资金规模、期限、风险管理、市场创新和国际合作等方面都面临全新的任务和挑战，如何启发和引导中国金融发展范式与理论认知突破传统工业文明认知成为应对挑战的重要前提和基础。

一、经济走向碳中和，金融走向零碳金融

（一）碳中和带来经济范式变更

碳中和转型是工业革命以来人类传统经济发展范式的巨变，将从根本上推动新旧范式的更替，也将催生新的经济发展理论（朱民等，2023）。工业时代的传统经济发展范式是基于工业革命后西方发达国家的现代化标准，建立在不断投入资源、增加生产物质财富、升级消费物质产品的基础上，主要以国内生产总值（gross domestic product，GDP）来衡量核心产出的增长。因此，工业经济发展体现为物资大生产和大消费的特征，人与物资之间是简单的生产和消费关系。在经济快速发展推动了工业化、城市化和农业现代化进程的同时，这种发展范式忽略了物资生产和消费过程中社会、环境和健康的机会成本与收益，引起日益增长的不平等和环境退化，也产生了效率损失、环境污染、生态破坏、人类健康受损、财富收入分配不均、个人和社会的对立以及国家和全球的矛盾，对发展模式造成了不可持续的压力（Pearce et al.，1989；Meadows and Randers，2004）。

2015 年在巴黎举办的联合国气候变化大会宣告了工业革命以来传统发展模式的失败，同时也开启了人类以减碳、碳中和为目标寻找全新发展模式的进程，全球开始加快探索顺应生态规律的经济新范式。经济新范式将彻底改变传统旧范

式的发展目标、发展内容、发展方式和发展普适性。

（二）经济的范式变更推动金融业转型为零碳金融范式

新范式的根本变化意味着人类认识世界的整体性框架和价值标准的改变（Kuhn，1996），是发展底层逻辑的变化，将持续驱动科学技术、生产方式、消费方式、生活方式、社会组织方式和价值观念的重大变化，也将全面体现为资源概念、企业组织模式、商业模式、金融模式、体制机制和政策体系等实体经济的变革与创新。同时，在理论层面还包括对经济学基本问题的重新思考，包括价值理论、财富的内涵和测度、成本与收益概念、最优化概念、消费者和企业行为的目标及约束条件等。

具体到金融领域的变革，历次经济范式的变更总是与金融范式紧密联系、相互推进。经济的范式变更产生新的金融需求、金融模式和金融制度，金融资本在新旧范式更替的演化进程中发挥助推、主导和服务产业转型的关键作用，金融业也在这个过程中得以演进、升级和完善。金融革命作为经济范式变革中的重要推动力量，在全球发展史中先后建立起了现代商业银行体系、现代投资银行体系、创业投资体系和现代金融监管体系（陈雨露，2021）。当经济范式走向碳中和，支持实体经济碳中和转型的金融系统也必将经历一场深刻而根本的范式变更，最终走向与碳中和一致的零碳金融。

在现代经济理论和历史实践范畴，金融发展与经济增长之间相互促进和制约，存在密切的内在关联性。具体而言，从金融功能支持经济发展的角度，金融可以优化经济的宏观发展和微观效率，对经济增长产生促进作用。金融活动通过结算支付、资本形成、资金导向、信用催化、产融结合、信息揭示及风险管理等主要功能和机制，改变资本对产业的供给和配置，进而影响生产要素的分配，推动产业转型升级和生产力发展。从金融制度理论的角度，金融制度可以影响金融发展的规模、结构和效率，从而保障金融与经济增长间的协调发展。适应经济发展阶段需求的金融体系和金融政策组合，可以有效配置资源、减少信息不对称、降低交易成本、达成契约并提供激励机制，促进金融业更快地发展，从而推动经济增长，反之，不匹配的金融体系则会制约经济发展和产业转型（Levine，2002）。此外，金融发展的作用机制也具有阶段性和动态性，经济发展阶段越高，金融的作用越强（Gurley and Shaw，1967）。

各国意识到以经济收益为主导的传统模式越来越受到物质资源消耗上限带来的增长约束，在实践中提出了金融在支持经济增长的同时也要支持环境可持续的变革需求，演化出与同期经济增长和生态发展目标相匹配的一系列金融概念。如旨在提高环境质量、转移环境风险的环境金融（White，1996），支持可持续发展目标的可持续金融（Jeucken，2001），应对气候变化资金需求和风险管理的气候金融（Giglio et al.，2021），投资绿色项目追求环境效益的绿色金融（Devas，1994），等等。但总体而言，这些现代金融理念延续了经济总量增长的判断模式，仍是以效用理论为出发点，以实现投资收益最大化为目标，尽管努力将环境外部性纳入成本收益模型，但仅依靠市场化价格体系难以解决金融价值和非金融价值之间的冲突问题，因而从理论基础和功能上难以支撑经济增长与自然生态协调发展的巨大资金需求。

与走向碳中和的经济范式变更相协调，金融业走向零碳金融的范式转变，需要从学理、制度和实践层面重新思考金融支持经济转型和生态及福祉协调的作用、功能、路径，探索构建一个全新的可持续金融系统。

二、零碳金融理念的国际演化

在全球工业化的历史进程中，金融在支持同期的经济发展和生态协调中扮演着重要角色，西方发达国家在理论研究和实践发展中相继提出了诸多从区域性到全球性的生态相关金融概念。这些概念既遵循了金融支持经济发展的必然逻辑，同时也都具有工业文明时代背景下以服务总量增长为主的鲜明印记，金融支持的思维没有跳出传统以经济收益最大化为主导的判断模式。

（一）20世纪60年代西方环境保护运动的兴起催生环境金融

环境金融是最早由学界提出的维护自然生态的相关金融概念，也被认为是环境经济学的分支（White，1996）。20世纪60年代工业化使得西方国家的生态环境破坏加剧，环境保护运动兴起，要求金融支持环境保护行动并承担责任，其作用机制是通过金融决策过程纠正影响区域性环境的工业行为，弥补生态系统破坏带来的显著经济损失。

环境金融理念体现在国家战略、市场发展和国际合作等层面。欧美国家率先出台《清洁空气法》等生态环境立法，继而提出建立生态环境治理、资金补偿与责任等反应机制。如1980年美国建立的首个联邦紧急授权和工业维护基金（"超级基金"），促使金融投资在功能上重视环境领域的资源配置和风险管理。国家战略和政策的导向引发全球资本流向的改变，推动市场重构，创新利用金融衍生品、价格和交易等市场机制来协同解决环境问题（Sandor，2012）。1972年《斯德哥尔摩宣言》呼吁通过国际合作"筹集资源，提供资金、技术支持来维护和改善环境"，提议成立世界环境基金作为国际公约资金机制。

（二）20世纪90年代以来的可持续发展理念引申出可持续金融

世界各国逐渐认识到环境生态影响的复杂性和全球性，需要各国政府、企业和个人共同的社会责任与治理。1987 年联合国提出可持续发展理念，要求金融部门予以重点支持，在商业和投资决策时考虑经济活动的环境（E）、社会（S）和治理（G）因素，引导更多长期投资。1997 年联合国环境规划署修订《金融机构关于环境和可持续发展的声明》，标志着全球环境规划组织与金融部门联合推动可持续金融变革。2015 年后，可持续金融被定义为为联合国 2030 年可持续发展目标（sustainable development goals，SDG）框架提供直接和间接支持的金融服务及相关机制与市场安排。

以欧盟为代表的各主要经济体率先开始建立支持可持续金融发展的战略体系。在市场发展中，可持续性原则的应用从股票市场扩展到固定收益市场，主要包括为环境项目融资的债券。在实践中，ESG 投资、ESG 风险、ESG 信息披露、ESG 评价等越来越广泛地被市场和政府主体重视，引导金融市场主体的价值观转变。而全球可持续分类标准、信息披露、评级准则等领域的细化方案也不断推进，成为可持续金融体系的基石。

（三）《京都议定书》的减排机制奠定了碳金融的发展基础

《京都议定书》约定了国家及地区之间降低碳排放的合作机制，也推动了碳金融的发展，从市场角度提出应对气候变化的金融解决方案，并逐步形成为减排项目配置资金的全球碳金融市场。狭义的碳金融由此常被定义为以碳配额、碳信用等碳排放权为媒介或标的的资金融通活动。

西方主要经济体将碳交易政策作为利用市场来应对气候变化的关键政策工具，通过立法制定碳金融政策，推动建立碳金融市场。在市场发展层面，多国碳金融市场很快起步，以配额交易机制为主，欧盟碳排放交易系统（EU emission trading system，EU ETS）已成为全球最大的强制性碳交易市场，美国芝加哥气候交易所和英国排放交易体系（UK emissions trading scheme，UK ETS）则成为自愿减排的典型。在国际合作层面，碳交易市场的壮大要求积极推进全球各地碳市场的跨区域和跨国界连接，如欧盟与澳大利亚、日本、新西兰建立了碳市场对接机制。此外，民间机构如国际碳行动伙伴组织（International Carbon Action Partnership，ICAP）等，也积极为促进全球碳市场建设和发展提供合作平台。

（四）全球气候治理和 2015 年《巴黎协定》强化了对气候金融的重视

应对气候变化要求采取全球共同气候行动，而发展中国家面临资金、技术和能力建设的巨大缺口与迫切需求，需要建立全球气候治理框架，这也对金融参与提出了特别要求。《巴黎协定》提出气候金融应以 1.5℃温控目标为指导，促使资金流向与低温室气体排放和气候韧性发展路径相一致。国际气候投融资主要强调发达国家对发展中国家的金融支持，因此气候金融的狭义目标也被认为是发达国家提供的应对气候变化增量成本的"气候特别净资助"（Carty and Le Come，2018）。近年来，气候金融的内涵也从减缓和适应，外延到韧性、补偿损失和损害，提出要与可持续目标一致（UNFCCC，2022）。

各国从战略上予以支持，纷纷颁布或制定气候变化立法，成立气候变化管理部门，发展低碳经济。政府部门在气候金融领域的国际合作不断深化，财政部部长气候行动联盟、贸易部部长气候联盟先后成立，推动各国财政政策和贸易行动对气候融资的支持。而市场发展从支柱性领域入手，推动建立起包括强制和自愿的温室气体排放权交易机制、气候相关财务信息披露、气候债券标准等在内的重要规范和基准。在实践中，当前全球气候投融资仍以债务型融资为主，创新型投融资工具使用不足，企业、私人资本的参与力度也有限，难点在于如何量化气候金融风险并将其汇总到投资组合层面。

（五）《巴黎协定》和解决环境外部性问题推动对绿色金融的广泛关注

绿色金融在《巴黎协定》签署后受到更广泛的重视。绿色金融与环境金融范畴相近（UNEP，2016），但由于不同国家环保政策的重点不同，其定义在国际、国家和市场层面并不统一，演变进程也有差异。国际上绿色金融通常强调利用投融资金融活动产生环境效益，主要将资金投向绿色行业和绿色项目以改善生态，支持环境可持续发展（G20，2016）。中国人民银行对绿色金融支持的范畴包括环境改善、气候变化和资源节约高效三个层面。

在绿色金融国家战略方面，2016年中国率先提出顶层设计及配套支持政策，积极开展体系建设和地方实践。2019年前后英国、美国、欧盟也都分别颁布了各自的绿色金融发展战略。在市场发展层面，各国以绿色债券、绿色贷款为主的绿色金融产品规模持续增加，一系列绿色金融原则和标准得以建立或被更广泛地运用。此外，由财政提供主要资本金的专业绿色投资机构不断成立，如英国绿色投资银行、丹麦绿色投资基金、南非绿色基金等。政府和民间还广泛开展绿色金融国际合作，致力于推动全球和区域性绿色金融标准协调与全球绿色金融能力共建。

（六）应对碳中和转型的金融覆盖不足而补充提出转型金融

在可持续发展转型中，世界各国逐渐意识到绿色金融普遍以投资方向是否为绿色来决定资金流向，并没有覆盖到高存量的传统碳密集经济主体转型的资金需求和风险管理，2019年以来陆续补充提出了转型金融的概念。转型金融主要指对于"棕色产业"和碳密集产业低碳转型的金融支持（OECD，2019），是对绿色金融侧重将资源配置集中在绿色产业和绿色项目的补充与延伸，也成为可持续金融的重要内容之一。各国政府给予了战略层面的重视，积极制定转型金融框架和相关指导（G20，2022）。在市场层面，金融机构相继推出转型债券等创新型转型金融产品，转型金融的界定标准、分类方案、评判原则、披露要求、行业标准等相关激励机制和准则正在被设定等。国际机构组织如经济合作与发展组织（Organization for Economic Co-operation and Development，OECD）、二十国集团（Group of 20，G20）等也分别提出并不断完善转型金融的统一指引和框架，以加速各国在转型金融领域的国际合作。目前，转型金融尚处于早期发展阶段，但从长期发展来看其在本质上具有以转型发展为主的阶段性。

（七）整体而言，以上金融理念对支持碳中和仍存在很大差距

在国际演化进程中，上述生态环境相关金融概念的提出，本质上都是顺应工业时代经济社会发展阶段对金融支持的特定需求，并在政府战略、市场行动和国际合作的共同推动下，逐渐形成各有侧重的发展框架。演变和发展的逻辑主线是将环境和资源视为约束，利用金融手段来内部化环境破坏和气候变化的外部性，力争获得传统西方经济学理论下收益与成本的最优均衡，最终解决工业生产模式下的不可持续风险问题。但这些金融逻辑在实质上仍是工业文明下以支持经济总量增长实现投资利益最大化为核心目标，还没有转向以发展与生态环境的共生为核心驱动，因而受到其底层价值基础的局限，也就难以在方法和实践上提出突破性解决全球性环境和气候危机的长期方案。

现实证明，围绕"气候变化"和"绿色环保"的现有金融实践模式远不能覆盖碳中和转型的规模、期限和风险管理需求。减少碳排放的资金承诺大幅落后于实现《巴黎协定》温控目标所要求的水平，存在巨大的排放差距和金融差距（UNEP，2022a，2022b）。巨大差距的根源，一方面在于全球应对气候变化有效合作协议的达成和实施困难重重，亟须完善全球气候治理框架和各国政策架构；另一方面则是因为以获得"环境效益"为主的金融概念与实现 1.5℃温控目标所要求的"净零排放"在金融目标上并不一致，现行金融系统框架缺乏纳入"净零排放"因素的驱动力和配套制度保障，制约了金融发挥推动实现碳中和的核心作用（Robins，2020）。全球进入探索能够满足碳中和目标的金融新模式的下一个历史阶段。

三、范式变更：零碳金融的理念和内涵

2021 年在格拉斯哥举办的第 26 届联合国气候变化大会（26th UN Climate Change Conference of the Parties，UNFCCC COP26）成为引领金融范式转变的新转折点，各国对金融支持净零经济转型的目标达成共识。会议对零碳金融标准制定、私人资本投融资活动、国际零碳债券市场发展、金融机构零碳联盟等提出了初步设想和倡议。新金融范式的使命在于面向生态文明阶段努力促进净零排放目

标的实现,气候金融、可持续金融、绿色金融和转型金融的内涵都已延伸至金融支持与巴黎协定温控目标一致的"净零"方向(Carney,2021;Pinko et al.,2021;Roberts and Elkington,2020),但这在广度和深度上已经超越了单个金融理念自身的定义基础。面向未来的新金融范式要求综合已有概念的发展共性和逻辑要求,结合新经济范式和碳中和目标极大地丰富金融支持气候变化、支持人类福祉的内涵,这种新金融范式被称为"零碳金融"(朱民,2023)。

(一)零碳金融的定义

零碳金融是面向生态文明阶段金融支持发展与环境共生的新范式,是与碳中和目标及经济模式相一致的金融投融资活动和金融体系,聚焦支持实体经济和产业的零碳转型行为,支持广义的以可持续和社会福祉为目标的新经济增长。它旨在通过创新完善金融系统,以政府引导、市场主导的方式激励公共和社会资金流向与资源配置,管理转型风险,以促进可持续发展,最终实现人与自然的和谐共生。

(二)零碳金融的范式变更表现

在理解经济发展、金融支持和生态环境之间的内在逻辑与演进历史的基础上,零碳金融将建立起与碳中和经济模式相匹配的新金融形态。不同于以经济总量增长为主的工业文明,生态文明阶段以人与自然和谐共生为特征,零碳金融新范式必将从本质上重塑金融体系的价值观,并在金融目标、金融功能、估值原则、风险内涵和测度、市场产品等属性上突破旧范式的约束,展现更为广泛和深远的适用性。

首先,零碳金融目标将引入更为宽广的福祉判断标准。价值观的改变对金融效用的定义产生根本的影响,传统金融以实现投资的收益最大化为目标,而零碳金融将兼顾物质效用和非物质效用,以追求"成本收益+社会福祉"均衡最大化为目标,并由此引导投资、企业和个人的市场与非市场行为,助力实现人与自然的和谐及多维人类福祉。碳中和的全球性还意味着全球和国家层面的一致行动,要将全球金融合作和政策协调列入零碳金融目标,从全球金融治理角度设计零碳金融系统。

其次,零碳金融从广度和深度上将极大地扩展金融功能所涉及的范围和内涵。传统金融系统的六大基本功能——跨期跨域进行资源配置、管理风险、支持商品服务和各类资产交易、归集资源和细分所有权、提供信息、解决激励问题(博迪和默顿,2010),在零碳金融范式下都将被丰富和延伸。一是资源配置期限和领域被拉长、放大,需要跨代和跨国界;二是所管理的风险类别和复杂性超出传统模式,要从学理和制度层面改变对风险溢价的理解,重构定价机制;三是资源和资产范围的扩展,要求增加对自然、社会、健康、教育和福祉的测度,以及新的所有权的划分和金融化，如碳资产、碳负债等，最终建立统一的测度标准；四是提供更广泛的市场和非市场的信息，以帮助市场更好地对风险资产、碳排放、科技创新等估值，支持低碳转型所需的资本重新分配；五是发挥金融在政府和市场间的赋能与催化作用，助力放大政府的激励引导作用，引导市场进行资源配置，加速政府、企业和个人的低碳转型启动。

零碳金融还将重新定义估值原则。传统金融范式主要通过市场价格体系对金融资产估值后进行资源配置，但针对碳排放等具有负外部性的公共品单凭市场价格机制无法实现效率最优。如何在生产、交换、流通、分配和市场价格的全流程中体现自然资本、社会资本价值，是零碳金融估值体系的重要命题，需充分发挥政府和市场的共同作用，建立支持碳中和目标的信息披露、纳入经济效率和社会价值的新的价格体系，形成对金融和非金融资产的科学估值以支持资源配置。

（三）零碳金融的内涵和外延

在内涵层面，一是零碳金融在概念维度上坚持统一，覆盖绿色金融和环境金融的环保、可持续金融的生态资源保护和可持续发展、气候金融的气候风险冲击和内生化金融定价、转型金融的碳密集存量金融资产转向低碳的风险管理，以及碳金融的碳相关产品交易和市场规则。二是零碳金融在时间维度上坚持统一，贯穿碳中和转型的达峰、低碳到零碳的全过程，支持不同阶段大规模科技创新的投融资新模式，引导更加多维的零碳金融产品和服务。三是零碳金融在风险管理上超越最小化气候风险，围绕"净零"核心目标，走向"成本收益+社会福祉"模式，涉及市场原则下公共资金、金融机构资金和私有资金的新型风险管理模式创新。四是零碳金融原则和框架是未来40年全球金融竞争和合作的重要方向，将坚持碳中和这一全人类的共同目标，推动形成以创新、开放、包容为核心特征的新的全球零碳金融治理机制，加强协同性，纳入创新、协调、绿色、开放与共享的新发展理念，努力推动国际秩序朝着更加公正合理的方向发展（Zhu et al., 2023）。

在外延层面，零碳金融宏观管理政策体系、零碳金融市场体系、零碳金融组织服务体系三者有机融合，共同构成将政府、市场、参与主体紧密结合起来的零碳金融生态和外延。其中，零碳金融宏观管理政策体系是引导和支持绿色金融向零碳金融转型的顶层保障和制度支持，具体由财政政策、货币金融政策、零碳金融风险管理、零碳金融国际治理等多目标协同的政策支持工具构成。零碳金融市场以构建并完善透明、高效的零碳融资体系、零碳投资体系和零碳交易体系为核心，在政策框架下引导实体经济等融资需求方与机构、个人等公私投资需求方有效参与零碳投融资活动，同时满足支持碳中和的增量投融资活动和支持高碳转型的存量资产管理需求。零碳金融组织服务体系则以各金融机构和中介组织提供的零碳金融产品、服务、自律活动和平台合作为主，以多样化的金融产品和服务创新，全面支持多元化零碳金融市场主体的多层次投融资需求，服务健康、丰富的零碳金融市场生态。

四、零碳金融的国际合作和竞争

2021 年格拉斯哥全球气候峰会以金融为主要议题，成为加快全球零碳金融合作竞争的新起点。主要国家在既有基础上持续推进政府激励机制，加速打造突出本国优势的零碳金融模式，强调重塑合作与竞争并存的新国际金融治理格局，零碳金融成为全球金融开放、合作和竞争的聚焦点。

（一）零碳金融成为国际共识，推动主要国家打造战略布局

全球应对气候变化合作持续向实现净零排放目标靠拢。联合国政府间气候变化专门委员会（Intergovernmental Panel on Climate Change，IPCC）估算，实现《巴黎协定》的 2℃控温目标约对应于全球在 2070 年左右达到净零排放，实现 1.5℃控温目标对应于全球在 2050 年左右达到净零排放。基于《联合国气候变化框架公约》（United Nations Framework Convention on Climate Change，UNFCCC），在国家层面，196 个缔约方签署通过《巴黎协定》[①]，联合加强气候行动，以尽可能将全球气温升幅限制在 1.5℃以内，从而到 21 世纪中期实现净零排放。与此同时，在全球经济增长低迷的背景下，各国也意识到实现净零排放所需的转型将提供巨大的新机遇，形成了零碳金融支持低碳经济转型的共识。主要经济体在既有金融支持绿色低碳的政策、制度和市场基础上，开始布局各具特点的零碳金融发展战略，推动了零碳金融国际竞争合作格局的快速形成。

整体而言，欧盟把支持零碳经济转型作为可持续金融总体战略的方向，立法先行，成为全球第一个针对可持续金融规则制定设立完整行动计划的地区，率先构建以零碳金融为导向的可持续金融体系；英国得益于工业文明时代以来建立的世界领先金融中心优势，已具备较为完整的绿色金融体系架构和市场实践基础，以首个立法做出净零排放国家承诺为契机，积极探索零碳金融实践，力求超越欧盟可持续金融框架，在绿色金融战略、绿色债券、气候信息披露、绿色金融市场等方面力争保持世界前列；美国参与全球气候治理的行动受政治因素影响几经起伏，直至 2021 年拜登政府成立后重返《巴黎协定》，美国才再次登上气候治理的国际舞台，着力推出产业政策支持零碳转型金融需求，以重新确立全球领导地位。

---

① https://unfccc.int/news/the-explainer-the-paris-agreement。

（二）零碳金融成为国际合作和竞争的前沿

1. 零碳金融的国际合作：自上而下、公私合作、共同协商

零碳金融国际合作在联合国及国际机构的旗帜性倡导和推动下，正在形成以政府公共部门牵头搭建合作平台、非国家主体推动广泛行动倡议两种模式为主导，以自上而下、公私合作、共同协商为主要特点的合作机制。

在政府公共部门层面，各国央行、财政部、贸易部、金融监管机构等分别牵头成立国际合作平台，积极沟通，协同推进与《巴黎协定》一致的金融政策研究和制定。围绕零碳经济转型中各国货币政策、财政政策、贸易政策及政策性银行等面临的挑战和承担的责任，加强经验、方法交流和共享，如央行绿色金融网络（Network for Greening the Financial System，NGFS）、财政部部长气候行动联盟、贸易部部长气候联盟等，共同促进在气候、资金、贸易、监管和可持续发展等方面的包容性国际合作。同时，政策性金融机构也积极行动，通过优惠资金、去风险机制和技术援助增强支持零碳转型的催化作用。如2017年国际发展金融俱乐部和多边开发银行集团发布联合声明，共同引导发展金融机构发挥扩大投融资功能，努力在制度、方法、框架、评估等方面构建共同框架，支持实现净零和可持续发展经济转型（王遥等，2023）。

在民间私营部门层面，以国际组织机构或民间私营部门为主导的全球性、区域性或行业性倡议正蓬勃萌生，广泛地联合金融机构、实体经济、投资者等非国家主体以公私合作或联盟形式转向净零行动。2019年联合国提出"奔向净零"竞赛（race to zero），开启了全球碳排放净零运动新篇章，成为目前全球最大规模的零碳承诺联盟。2021年英美联合发起格拉斯哥净零金融联盟，纳入50多个国家或地区共550多家大型私营金融机构成员，承诺所管理的约40%的全球资产将实现"净零排放"，重塑全球金融体系为零碳模式。国际组织机构努力推进统一的可持续标准建立。2018年国际标准化组织成立可持续金融技术委员会，2015年金融稳定委员会成立气候相关财务信息披露工作组（Task Force on Climate-related Financial Disclosure，TCFD），国际财务报告准则基金会（International Financial Reporting Standards Foundation，IFRS）成立国际可持续发展标准理事会（International Sustainability Standards Board，ISSB），纷纷围绕制定全球通用的可持续金融、信息披露框架等基准规则开展行动。更多零碳金融相关民间倡议联盟不断涌现。如科学碳目标倡议（Science Based Targets initiative，SBTi）、碳核算金融联盟（Partnership for Carbon Accounting Financials，PCAF）、巴黎一致投资倡议（Paris Aligned Investment Initiative，PAII）、气候行动100+（Climate Action 100+）等，从行动承诺、融资排放披露、情景分析、目标设定、实施行动和报告等方面提出一致性原则与框架。

在政府公共部门和民间市场机构的联合推动下，零碳金融国际合作在短期内已取得了初步成效，而目前的重点和难点仍在于标准与规则的统一。与此同时，部分零碳金融国际联盟的执行机制被质疑，倡议合作面临政治、经济、数据、技术等多重挑战踯躅前行。短期内，许多金融机构面临着来自外部风险、公司治理、利益冲突和政治压力等不同层面的现实挑战，需要应对诸如牺牲投资者利益换取可持续投资等尖锐问题。但长期来看，相关倡议仍然为金融机构实现零碳提供了从义务向责任转变的实践参考框架和路径，构造了全球零碳金融合作的重要探索基础。

2. 零碳金融的国际竞争：关键领域、战略支撑、市场创新

国际合作将激活国际金融机构之间以及和其他发展伙伴之间尚未开发的巨大合作潜力，使其整体贡献最大化，并向一系列核心标准趋同（尚达曼等，2020）。新核心标准的趋同过程必然体现为打破旧秩序、主导新制高点和话语权的优胜劣汰，伴随碳中和转型给各国带来颠覆性的巨大经济和政治利益，更意味着以全球金融治理为核心的零碳金融国际竞争将更加激烈。零碳金融领域的国际竞争主要体现在相互关联、逐层递进的三个层面。

一是零碳金融核心标准和规则统领权的竞争。零碳金融分类和气候信息披露标准等是零碳投融资活动的重要基石，当前主要由不同的国际组织机构、单个或多个国家牵头，各自独立或联合地开展，其涵盖内容、机制原则和实施进展都存在较大差异，因而国际竞争具有很大的空间，程度也最为激烈。现有零碳金融分类标准涉及由国际机构主导或不同国家和区域提出的数十种，其中，《欧盟可持续金融分类方案》（EU-Taxonomy）在国际上被参考最为广泛，而以中欧《可持续金融共同分类目录》（Common Ground Taxonomy）为代表的具有可转换、互操作性的分类标准则成为未来的融合方向。信息披露制度的国际主流从 TCFD 的气候相关财务信息披露框架、全球报告倡议组织（Global Reporting Initiative，GRI）的可持续发展报告框架，到 ISSB 的国际财务报告可持续披露准则，呈现快速整合的趋势，自然相关财务信息披露也在英法等国家提上议程。其中，TCFD 框架被广泛认可，ISSB 基准将从 2024 年开始实施，未来很可能成为全球通用准则，但也面临来自欧美的挑战。此外，碳核算标准、碳排放监测等方面的国际竞争日益激烈。针对金融机构投融资碳核算的 PCAF 标准已通过温室气体核算体系审核，得到联合国、TCFD、SBTi 等广泛认可。美国提出要建立全球碳排放的实时监测系统，力争在温室气体遥感探测方面走在国际前列。

二是竞争性的国家零碳金融战略和政策。欧盟和英国在全球气候和可持续发展金融规则制定方面处于领先地位，而其竞争性国家战略和政策则是能够在规则制定权竞赛中获得先机的先决条件和实施保障。遵循"制定适用于欧洲市场的规则和标准再将之向全球推广"的战略逻辑，欧盟重视在分类标准、信息披露、金融产品标准等支柱性领域出台法规和政策体系。欧盟碳边境调节机制本质上是利用气候变化实施贸易保护，由此引发了美国版碳关税《清洁竞争法案》的提出。美国、欧盟间争夺碳定价机制核心地位、构建新型绿色贸易壁垒的竞争格局愈加清晰。英国是首个立法承诺2050年实现净零排放的国家，其零碳金融政策目标是打造成为全球可持续相关披露标准的领导者，2022年成为G20国家中第一个将强制信息披露纳入法律的国家。美国启动强大的财税和产业政策支持零碳经济转型，以在国际市场建立竞争优势，也引发了各国"产业政策回归"浪潮。针对美国《通胀削减法案》（Inflation Reduction Act，IRA）巨额产业补贴带来的不公平竞争，欧盟继而提出面向净零时代的绿色新政产业计划（The Green Deal Industrial Plan，GDIP），并提供1600亿欧元复苏基金补贴，以抵消IRA对欧盟经济的影响。各国竞相动用产业政策支持零碳转型的国家间竞争不断升级。

三是零碳金融相关市场、企业和技术创新领域的竞争。在全球碳市场建设和交易机制方面，格拉斯哥全球气候峰会就全球碳市场的交易原则和基本框架达成一致，未来有望建立基于碳排放权交易的全球碳市场。而截至2022年，全球引进碳定价机制的国家和地区接近70个，各碳市场间碳价差异显著，交易机制和行业覆盖明显分化，不同碳市场相互之间存在竞争和合作连接。在零碳金融产品和服务创新方面，大规模调动私人资本要创新公私资本结合模式、金融市场融资机制和工具。各国在混合融资、多边发展金融机构机制改革、创新性零碳融资工具、零碳不动产投资信托基金（real estate investment trusts，REITs）、气候债务工具创新等领域竞相推出创新实践。在零碳金融科技创新方面，各民间联盟和倡议着力于为处于不同阶段和国情的行业提供零碳转型相关创新方案。如格拉斯哥净零金融联盟协助全球金融机构制定近远期脱碳计划和整体框架，SBTi为全球包括金融行业在内的企业设定科学减碳目标和零碳转型路径提供指导。这些联盟和倡议更多地代表了发达国家的诉求，在零碳金融市场的国际竞争中正形成较广泛的影响力，而中国金融机构的参与较少。

五、中国金融转型零碳金融，构建新型宏观管理架构的必然

（一）中国金融转型零碳金融，站在世界大潮之巅

在碳中和大潮的推动下，全球面临着工业革命以来最重要的金融范式变更，需要前所未有的资金投入和新的金融产品、全新的风险管理系统和金融监管体系，并将由此形成新的全球零碳金融标准、规则、市场和金融治理框架，全球金融业

正全面而迅速地进入零碳金融时代。西方主要经济体纷纷从既有的支持环保、绿色、气候、可持续的金融政策、制度和市场出发，致力于从金融的理论、政策、实践、国际竞合等各个层面转向零碳金融，打造和推广具有本土优势与发展潜力的新金融模式，以期在未来全球零碳金融治理格局中占据先发和主导地位。

中国自 2015 年开始全面构建绿色金融战略体系，短短几年时间已取得长足的发展和亮眼的成绩，在绿色金融顶层设计和体系建设、绿色金融产品和服务创新、气候环境风险管理政策设计、地区绿色金融和气候投融资实践、绿色金融国际合作等方面走在全球前列。截至 2022 年底，中国本外币绿色贷款余额达 22 万亿元，境内绿色债券存量规模为 1.54 万亿元，分别位居全球第一、二位，在政策探索和市场实践方面都为向零碳金融转型奠定了良好的基础。

碳达峰和碳中和目标凸显了我国作为最大新兴经济体积极应对气候变化、走绿色低碳发展道路的深远决心。"双碳"目标将在未来数十年深刻改变整个社会的能源结构、产业结构、投资结构和生活方式，也对中国零碳金融发展明确了目标方向和要求。中国金融要全面支持实现碳中和转型所要求的经济社会系统性变革，并在此过程中实现金融业转型，构建全新的零碳金融体系，打造零碳金融模式。

应对气候变化挑战是全人类的共同目标，需要发展中国家和发达国家的携手努力。较早进入工业文明的西方主要经济体和国家早已完成碳达峰的发展阶段，而以中国为代表的广大发展中国家仍在工业化进程中，实现碳中和只能走"发展与治理同步"的新路。这也意味着零碳金融模式必须具有不同于工业发达国家环保、绿色、气候、可持续金融模式的新内涵和特征，以创新实践和积极探索来助力高碳排放且金融资源匮乏的发展中国家共同走向碳中和的生态文明。在迈向零碳金融的转型过程中，中国将以此为宗旨，以负责任发展中大国身份成为全球零碳金融大潮的核心参与者和引领者，与全球共享金融转型方案和成果，共同实现零碳目标。

（二）向零碳金融转型是中国金融"换道超车"的历史机遇

在中国，零碳金融体现了新发展理念，是中国金融"换道超车"的历史机遇。零碳金融是与中国实现碳中和目标相一致的投融资活动和金融体系，聚焦支持实体经济的零碳转型，支持以经济增长和社会福祉为目标的可持续经济增长，是贯彻中国"创新、协调、绿色、开放、共享"新发展理念的综合体现。具体而言，在创新方面，零碳金融强调支持科技创新、产业模式创新，推动低碳零碳技术及其商业模式创新，匹配产业结构零碳转型，解决绿色发展的动力问题；在协调方面，零碳金融以系统性、全域性碳中和变革中的不均衡为出发点，内在要求协调产业、区域、生产、生活的资源配置和结构调整，促进经济社会发展和生态环境保护协同共进，解决绿色发展的不平衡问题；在绿色方面，零碳金融以绿色金融取得的成效为基础，以助力实现碳中和为导向，通过金融的手段把生态优势转化为发展优势，使绿水青山产生巨大效益，推动实体经济绿色零碳转型和可持续发展；在开放方面，零碳金融以净零排放的全球性公共目标为准则，以更好的金融开放为路径，支持促进绿色低碳发展的双向资本、人才、技术和信息流动，解决绿色发展的内外联动问题；在共享方面，零碳金融旨在助力协调、公正平衡的转型，助力提高全球特别是发展中国家应对气候变化和可持续发展的能力，全球共享绿色发展成果，解决绿色发展的社会公平正义问题。

中国在绿色金融实践中积累了丰富的经验，构建了初具规模的绿色金融政策和市场体系。在全球推进碳中和目标和绿色金融发展转型中，中国金融业正和国际金融业处于构建零碳金融的同一起跑线上。中国金融应充分利用现有的绿色金融实践经验、市场规模和生态基础，努力发挥中国特色社会主义制度的显著优势，先行构建领先的零碳金融理念和体系，牢牢把握"换道超车"走向世界前列的历史机遇。这也是中国金融为全球零碳新金融体系和可持续发展所贡献的世界责任。

（三）战略性先行构建零碳金融的必然性

我国现有绿色金融向零碳金融的跨越发展仍面临突破性的挑战。一是全面统筹推进零碳金融体系的构建，需要基于对增长范式转变的深刻理解，在当前绿色金融、气候投融资和转型金融的整体政策框架基础上持续健全金融支持低碳发展的体制机制；二是政府主导和市场结合必须在整个利益机制与方向上有很强的社会主导，重要挑战在于如何价格化，要完善激励约束机制，充分发挥政府在信息披露和政策引导中的作用，帮助市场建立有效的价格机制；三是风险管理体系和模式的全面调整，要深入分析气候变化所产生的物理风险、转型风险及其相互影响，包括短期和长期、区域和全球、政策和法律、技术和创新、市场和产品、声望和责任等，在成本收益、资产负债、资本和融资等金融范畴全面完善风险管理机制；四是零碳转型要推动金融市场生态的建设和深化，金融投融资要契合并推动零碳经济的广度、深度和结构性发展，而我国绿色金融在整体社会融资中规模占比低，金融工具结构单一，投放结构与转型要求的产业结构匹配性还不高，需要全面扩大零碳金融规模，优化零碳融资结构，推动零碳金融工具和产品开发，发展零碳资本市场；五是碳中和的全球性意味着需要全球协同的金融解决方案，要继续扩展和深化中国绿色金融参与国际合作竞争的行动举措，在零碳金融国际治理中提出符合发展中国家定位和作用的方案与倡议，提高中国金融机构的国际影响力。

应对以上挑战首先要从根本上理解碳中和作为新公共产品的性质及其带来的巨大转型风险，要着眼于国家治理结构调整，自上而下制定全面的战略方案和框架,以创造市场为契机探索新型政府与市场的结合关系,而非仅仅沿用西方工业时代"市场先行+政府维护"的老模式。零碳金融以金融业的"范式变更"支持碳中和,将集中打造和深刻体现这种新型的政府与市场、金融与科技、产业与金融的关系,从战略上先行构建领先的零碳金融发展框架成为必然。

第二节 中国绿色金融的成效和经验,迈向零碳金融的新任务和挑战

在促进经济社会全面绿色转型的过程中,我国绿色金融从零起步,逐步发展、壮大,探索出一条独特的中国绿色金融发展之路,为支持绿色产业做出了重要贡献,也为零碳金融发展奠定了良好基础。全面总结我国绿色金融发展的经验,深入理解取得成效背后的体制机制和运作逻辑,是新时期零碳金融顺应"传承、突破和创新"理念、应对"双碳"目标关键性任务和挑战的起点与保障,也提供了中国金融贡献世界可持续发展的重要研究范例。

一、中国绿色金融的发展和成效

总体上,中国绿色金融体系构建大致可以分为三个阶段(王遥等,2023):第一阶段是 1981 年至 2006 年的萌芽发展期,绿色金融呈现出政策被动跟随、产品以少量信贷为主的发展特点。第二阶段是 2007 年至 2015 年的主动探索期,在国家节能减排和环境保护相关政策要求下,金融监管部门开始在信贷、保险、碳排放等领域进行绿色金融相关的制度建设,探索通过政策工具引导金融机构更多地支持国内的环境保护工作,绿色信贷进一步推进,环境污染责任险试点推动,上市公司环保核查普及,绿色金融发展初见雏形。第三阶段是 2015 年至今的全面构建绿色金融体系期,在生态文明建设战略和国家顶层设计的指引下,我国绿色金融相关基础性制度安排不断健全,"自上而下"与"自下而上"两种模式结合,绿色金融体系化建设"由点到面"、由局部试点向多元推进,通过形成多层次绿色金融产品与服务,推动绿色金融与地方发展融合,开展环境气候风险研究,协调缓解绿色金融市场失灵和积极推动绿色金融国际合作,绿色金融发展进入快车道。

二、中国绿色金融发展经验总结

一是建立了较为系统化的绿色金融宏观管理框架。中国绿色金融发展可以理

解为将若干生态环保外生变量通过生态环保监管、金融监管、产业政策等工具逐步向金融体系、市场生态体系内生化的过程。尤其是 2015 年后，对整个绿色金融体系的系统化设计，推进了金融政策与产业政策、金融市场与产业需求的协同，并由此形成了中国绿色金融宏观管理框架（图 1-1），即以货币金融政策、绿色产业政策为主，财政政策为辅，中共中央、国务院则发挥顶层设计、统筹协调金融与非金融政策的中间枢纽作用。

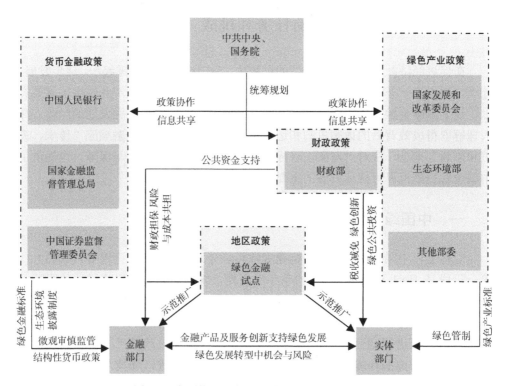

图 1-1　中国构建绿色金融体系的宏观管理框架

　　二是坚持服务实体经济的主要原则，在政策与机制上强化绿色金融与绿色产业的协调。中国绿色信贷、绿色债券市场规模的快速增长也在一定程度上说明，产业政策与金融政策之间形成的合力与市场规律相衔接，使绿色金融能够在重点领域发挥积极作用。除了政策的衔接外，组织联动、配套支持等也进一步推动了绿色金融的快速发展，譬如联合多部门设立绿色金融工作小组，加强部门之间标准趋同互认，增进不同部门间数据的联动与公开统一等。
　　三是出台综合性的市场指导政策缓解市场失灵。由于环境成本内部化的市场化机制尚未完全形成，在绿色金融市场中政策的激励对于推动市场发展起着重要作用，如 2021 年中国人民银行设立的碳减排支持工具和支持煤炭清洁高效利用专项再贷款两项货币政策工具,对于激发市场主体活力起到显著作用。同时在地方实践中,地方政府或金融管理部门通过绿色金融相关的机构激励、产品激励、企业激励,也切实带动了绿色金融资源的集聚与发展。

四是创新与绿色发展相适应的金融产品和工具。绿色金融产品和服务是绿色金融市场活力的关键抓手。目前以绿色信贷为代表的绿色金融产品创新成为我国绿色金融市场的重要组成,无论从产品规模还是产品种类来看均尤为突出,同时绿色债券、绿色保险、绿色信托等绿色金融产品也有不同程度的发展。我国还细化了碳金融、转型金融等服务领域,并创新碳排放权抵质押贷款、碳中和债券、转型债券、可持续发展挂钩贷款等产品,不断调整和满足市场供给对于绿色转型需求的适应性与完善度。

五是坚持利用国际合作提升绿色金融发展水平。国际合作对于高效推动绿色金融发展有重要意义,近年来我国积极利用各类多双边平台及合作机制推动绿色金融合作和国际交流,提升了国际社会对我国绿色金融政策、标准、产品、市场的认可和参与程度,绿色金融国际影响力和话语权逐步增强。

三、"双碳"目标下绿色金融迈向零碳金融的新任务和挑战

碳中和对各国都提出了前所未有的挑战,对于处在工业化进程中的中国来说,其挑战更为特殊。中国金融要支持碳中和转型和经济的中高速增长,从本质上是要支持和引领能源结构、产业结构、投资结构和生活方式全方位的深刻变化,并在此过程中实现金融业自身的全面转型,构建全新的零碳金融体系。中国绿色金融在碳中和目标下迈向零碳金融仍面临着一系列全新的任务和挑战。

(一)绿色金融迈向零碳金融的新任务

第一,需要更加包容的金融体系助力零碳社会发展目标。当前传统金融市场仍在不断完善,同时发展了绿色金融,多用于支持环境改善、应对气候变化和资源节约高效利用的经济活动,为环保、节能、清洁能源、绿色交通、绿色建筑等绿色领域的项目投融资、运营、风险管理等提供金融服务。而要实现"双碳"目标,需要社会各类主体的广泛参与,无论是绿色产业壮大还是传统产业转型等,均需要金融覆盖内容由绿色领域拓展至全领域,其中不乏棕色领域及绿色、棕色属性均不明显的领域。为此仅强调发展绿色金融,难以实现多类型行业之间的协调互动,可能在绿色领域出现过于集中的金融竞争,反而加大了金融风险的集中度,金融配置出现失衡。

第二,绿色金融自身需壮大,同时多样化金融供给需发力。在推进社会向零碳目标迈进的过程中,各领域分阶段、分批次依靠长期、稳定、充足的资金投入

支撑转型升级活动的实施并最终实现产业结构的整体优化调整。随着绿色金融迈向深化发展阶段，近年来通过绿色信贷、绿色债券等产品发放的融资规模持续递增，绿色融资比重逐年加大。但从全国整体融资规模及各产品资金投放规模来看，绿色融资占比依旧较小，即使是发展最快的绿色贷款，其 2023 年三季度末的余额占比仅 11.93%，用以支持未来全面绿色化的市场需求显然仍有不足。此外，结合上文所述内涵差距导致的覆盖不足，进一步缩小了金融支持零碳目标的供给规模。

第三，需要更加多元、市场化的金融结构。深入理解"双碳"目标是一场广泛而深刻的社会变革，即意味着经济发展的要素内容与要素结构等均将发生范式调整，在此过程中需要更加丰富的金融工具匹配不同类型与风险偏好的资产需求。我国当前绿色金融市场仍以绿色信贷为主要的工具，而绿色保险、绿色基金、绿色信托等产品相关政策、标准仍处于探索阶段，开展实践的市场主体较少，产品潜力尚未得到充分激发和利用。同时在以间接融资为主的市场结构下，创新型、研发型绿色与转型需求较难被满足，金融风险偏好与市场风险结构存在较大错配。为此无论是从单一产品集中度上需要的结构调整，还是多产品多层次金融体系的结构调整，均需要加快适应创新型零碳社会的发展路径。

第四，需要更加系统化、多面化的风险管理机制。绿色金融正在积极发挥着其风险管理的重要作用，成为传统金融风险框架的有效补充，当前我国主流的绿色金融风险管理措施包括通过环境压力测试、ESG 体系建设、环境信息披露识别"漂绿"风险等，均更加强调对气候风险影响的跟踪及对非绿风险导致的投资偏差的分析，同时由于绿色产业发展受到转型风险的威胁相较于棕色行业较小，因此对于转型风险的跟进尚未全面纳入绿色金融的实践中来。而零碳金融视角下风险管理的内涵需要进一步丰富和延伸。一是考虑结构性风险问题；二是考虑经济风险问题；三是考虑市场问题，对于风险的考量与应对机制需更加多元。

第五，需更加系统化、全面化的零碳金融宏观管理框架。当前的宏观管理框架是锚定"绿色"的综合施策的架构，除了其整体框架仍在建立健全中，其可覆盖的监管范围相对狭隘，并由此导致了现行宏观管理架构难以全面保障零碳金融各项目标的实现，难以有效应对由气候变化和零碳转型引发的新型金融风险。构建零碳金融需要尽早建立与之相匹配的宏观管理政策框架，给金融参与者和市场提供清晰与长期的政策信号、明确的政策指引，促进激励导向和稳定的市场预期。立足于构建世界领先的中国零碳金融体系，宏观管理的核心是全面覆盖实体经济碳中和转型的多层次金融需求，管理任务是零碳金融的顶层设计、战略制定、试点实施、考评激励和国际合作，将有益模式及经验向全国、全球推广。

（二）绿色金融向零碳金融转型升级的挑战

第一，多重因素叠加下使金融宏观管理框架的确立更加复杂。构建零碳金融宏观管理框架至少需要纳入三重因素：一是中国"双碳"目标的实现是根本性的变革，需要应对新形势、新业态、新趋势等存在的极大不确定性；二是要在当前传统金融定价的思路中纳入绿色带来的增量效益、气候风险带来的非线性影响等因素，需要做出较大的探索尝试；三是零碳金融内涵是综合多个概念的发展共性和逻辑要求，结合新经济范式和碳中和目标对金融领域带来的"范式转变"，其内涵的复杂性为宏观管理战略框架提出了挑战。

第二，增强法规制度和政策引领面临挑战。虽然我国在《关于构建绿色金融体系的指导意见》的指引下初步构建了绿色金融体系，但该文件更多的是具备指导意义，我国仍然缺少在产业、金融、环境和气候等领域推动绿色金融全面发展的上位法规。与英国、德国等国家相比，我国尚未立法支持应对气候的相关目标和措施；在环境保护领域已经发布《中华人民共和国环境保护法》，但是执行力度还有待增加；金融领域法规也缺少针对气候和环境风险管理的研究与讨论，部分领域的绿色金融标准仍在制定和完善中，贷款人生态环境损害赔偿的认定与立法仍待完善，尚未充分形成引导和鼓励绿色金融市场主动、持续、快速发展的政策约束。

第三，增强市场金融活力面临挑战。增强金融活力的挑战主要源自三个层面。一是多层次的绿色金融市场仍未建立，当前绿色信贷、绿色债券在我国绿色金融产品中占据主要地位，而其他绿色金融工具规模相对较小，创新性、标准化、规范化不足，其应用范围以及对于绿色产业发展的支持作用有限，绿色金融的风险管理作用发挥也较为有限。二是缺乏支持高碳行业转型的金融工具，目前工业"两高"领域高碳排放属性与绿色金融相关工具应用领域存在明显错配。三是碳市场金融属性有待加强，全国性的碳排放交易市场已正式启动，但仍处于初步摸索阶段，目前政策框架不完善，金融化程度仍然低。

第四，强化碳信息披露水平面临的挑战。碳排放信息披露是零碳金融体系重要的基础性制度。虽然当前我国碳信息披露的顶层设计正逐步完善，但整体上碳信息披露的水平还有待提升，缺乏统一的理论及政策框架指导，同时我国目前企业碳信息披露仍属于自愿性披露范畴，无论是金融机构还是企业均存在社会责任观念水平偏低、披露意愿不足、披露比例较低等问题，在一定程度上加剧了金融市场的信息不对称性，加之数据可获得性不足，增加了推进零碳金融的现实阻碍。

第五，完善气候风险的评估和应对体系面临的挑战。近年来，我国开始关注并重视气候风险对金融风险的影响，但在气候风险识别、防范及管理实践等方面的进展仍相对有限。国内金融机构对于气候变化可能带来的底层金融资产贬损风险的认知理念与识别能力不足，针对气候风险演进、资产价格重估、投融资渠道及市场流动性受阻的传导机制尚不明晰，对于典型气候风险事件的金融影响感知不敏锐，气候变化的风险筛选及预警流程难以纳入金融机构资产储备与投资决策中，应对气候风险的金融韧性尚未建立。要真正实现向零碳金融风险体系的过渡，仍需要破解气候风险识别难、评估难、管理难的现实困境。

第三节　零碳金融宏观管理框架和政策建议

金融要支撑一场时间跨度长、投资规模大、转型风险突出、覆盖国民经济全领域的碳中和范式革命，亟须一场全面而彻底的自我革命，即金融体系的零碳转型。这种范式变更的实现——建立健全零碳金融体系将超越绿色金融的服务范围、功能覆盖，也必然要求建立能够容纳更多的市场主体、政府机构以及实现多目标间高效协同的宏观管理框架。

一、中国零碳金融宏观管理框架的蓝图设想

基于换道超车、世界领先的战略认知，中国可以发挥自身特有的制度优势，应用零碳金融分类、财政政策、货币金融政策、零碳金融风险管理、零碳金融国际治理等政策工具构建零碳金融的宏观管理框架，致力于打造囊括碳金融市场、绿色信贷与债券市场、转型金融市场、气候投融资市场等于一体的零碳金融市场、世界领先的中国零碳金融体系（图1-2）。

首先，金融支持碳中和需要一个求同存异、协同共进的基准与公理。碳中和是一个高度复杂的科学性、系统性改革问题，涉及诸多认知、利益分歧，双碳"1+N"政策体系更是一个囊括各方面的综合性产业政策。因此，实施宏观管理需要确立一个基准，即编制零碳金融分类目录，为金融机构支持符合N维政策意图的经济活动划定范围，有效降低信息不对称、信息搜寻成本，有利于将N维政策目标收敛至净零目标。随着科学认知、技术发展和政策要求的动态变化，零碳金融分类目录、技术标准的动态调整也将构成宏观管理的重要内容及手段。另外，金融监管部门、金融机构应作为重要的责任方，广泛参与零碳金融目录的编制与修订，更好地实现政府与市场间的激励相容。

其次，建立健全碳价形成、投融资激励约束、风险管理和国际治理等四大机制。基于对经济活动的分类，以碳金融市场建设为抓手建立健全碳价形成机制，有序推动各经济部门参与碳配额、碳汇及其碳衍生品市场交易，发展壮大碳金融市场，建立健全碳价发现机制，为零碳金融市场运作和宏观管理提供可信、及时的碳价格信号。财政政策与金融间相互协同将首先通过零碳基础设施投融资扩大零碳金融需求，特别是财政对零碳融资的风险补偿能够对社会资本投资零碳领域产生可观的撬动效用。财政政策也可利用其税费减免工具，激励实体企业参与碳

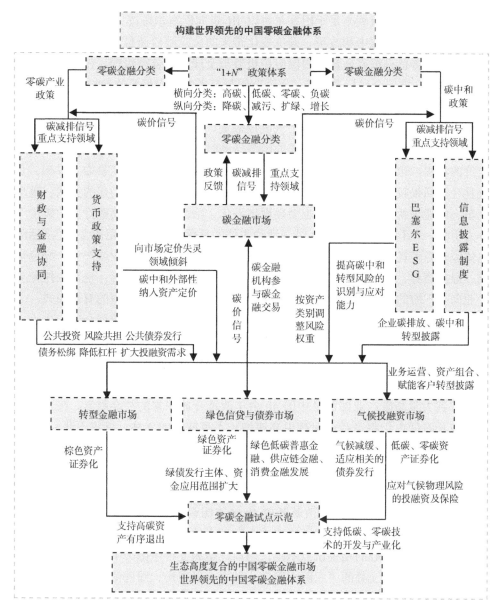

图1-2 中国零碳金融宏观管理的整体设想及架构

金融市场,同时针对排放超标、减排未达标企业引入碳税惩罚制度,并为碳账户、碳计量、碳核算等基础设施建设提供有力的公共投资支持。货币政策与财政政策相配合,将若干适宜的碳金融产品纳入再贷款、再贴现抵押物的范围,为碳金融市场提供活跃市场的流动性保障,激励金融机构更多涉足碳金融业务、开拓零碳金融市场利基,也能依据实时碳价测算货币政策的空间,估量系统性金融风险。

零碳金融风险管理机制立足于巴塞尔协议 III 走向巴塞尔协议 ESG、气候相关信息披露制度，依据碳中和政策、碳价变化带来的风险敞口调整风险权重，开展压力测试，改善信息披露质量。中国应积极参与全球零碳金融治理，在金融低碳转型政策制定、零碳金融标准对接、金融合作与竞争中成为重要的参与者、牵头方，推动中外在零碳金融领域的经验互鉴和市场互通。

再次，推动绿色信贷与债券、气候投融资、转型金融的重点突破。当统一的碳价信号被应用于碳排放强度各异的经济活动时，碳排放将被纳入微观主体资产定价的流程，也将凸显出不同产业部门、产业科技周期的碳价竞争力。零碳、负碳且经济回报较高的产业门类将首先成为私人投资的热点，如当前的光伏、电动汽车、储能等新兴前沿产业，也会显现出石化、冶金、建材等高碳行业的碳价竞争力劣势。对于当前在范围 1（经济活动主体的直接碳排放）和范围 2（经济活动主体因能源消耗产生的间接碳排放）已能实现低碳、零碳的企业或产业，绿色信贷、绿色债券、气候投融资在支持现有产业不断做大做强的同时，也可依托龙头企业向上下游的拓展，探索产业链、供应链金融支持碳中和转型的有益模式。

针对 400 多万亿元存量金融资产映射下的高碳产业资本，转型金融应成为中国零碳金融市场不可分割的一部分。中国作为高碳排放经济体，碳价上升带来的竞争力下滑、风险上升，既需要调整巴塞尔资本监管框架中的资本风险权重，进行充分的碳中和信息披露，以提高市场应对转型风险的韧性与能力，也必须清晰认识到大量高碳产业部门是中国 40 余年改革开放积累的社会财富，在当前及未来较长时间内仍将是经济保持中高速增长不可或缺的支柱。有鉴于此，财政、货币与金融政策应给予高碳部门低碳转型充分的政策倾斜，而对于减排不达标、披露不充分的高碳企业，逆向的惩罚、风险披露也利于将碳价纳入财务核算中。

最后，依托试点示范、先立后破构建生态高度复合的中国零碳金融市场。摸着石头过河、试点示范是中国改革开放 40 余年探索出的成功模式及经验，绿色金融、气候投融资试点已搭建起开展零碳金融试点的前沿阵地，未来数年内也将启动以转型金融为核心的相关试点示范。当前，金融支持中国碳中和转型初步形成了各有侧重、相互交叠的"三路大军"：转型金融市场、绿色信贷与债券市场、气候投融资市场正依托试点示范探索开辟致力于实现碳中和转型的市场利基、商业模式和宏观管理模式。从宏观管理的角度而言，应积极应用上述工具及手段推动三大方向的探索，并从战略高度指导"三路大军"的发展壮大，并最终胜利会师于生态高度复合的中国零碳金融市场、世界领先的中国零碳金融体系。

二、国际零碳金融宏观政策框架的探索与经验

欧美经济体已成功实现碳达峰，正在探索零碳金融的可行路径，代表了当前

国际零碳金融发展的最前沿,其绿色低碳政策演进历程、零碳金融政策的大胆创新将为中国搭建宏观管理框架、构建世界领先的零碳金融体系提供诸多参考。

(一)行政、财税和产业政策引导零碳金融的美国模式

美国零碳金融政策框架是对20世纪六七十年代以来的环境金融政策、气候金融政策的继承与发展。早期若干大气污染防治、能效管理、能源结构调整、环保政策与行动客观助力了美国二氧化碳排放的最终达峰,并随着温室气体减排目标、2050年碳中和目标的确立而成为美国零碳政策的核心组成,凸显出财税、零碳(绿色)产业政策为主,辅以公共投资、国内国际倡议与合作等手段激励社会资本、金融机构扩大零碳投融资,同时注重气候相关财务风险带来的新约束,间接引导美国金融体系的零碳转型。

美国自1955年以来先后制定《清洁空气法》等相关立法,成立联邦环境署和联邦能源部,出台关联环境保护与金融业务的《综合环境反应、补偿和责任法》(又称"超级基金法"),等等。梳理其历史不难发现,化石能源燃烧带来的大气污染、大气污染物与温室气体排放的高度同源性决定了美国零碳金融政策的基本架构更多以环境金融政策为参照,包括了目标导向、立法、行业管理与政策、工具手段等四大方面,主要涉及大气污染防治、能效提升、能源结构调整等三大支柱。财税支持、排放与能效标准、污染物排放交易成为主要的政策工具。

至温室气体减排时期,由于美国在2001年退出《京都议定书》,联邦层面缺乏明确的温室气体减排目标,使其应对气候变化的策略更多依赖于行政措施、财税政策、倡议与誓言以及对外援助的结合。美国气候金融政策的制定与出台囊括了更广泛的行业主管部门,其主要依托财政资金支持科学研究、技术发展和国际援助等三大方面的气候政策实施。

2008年全球金融危机背景下,美国以此为契机在应对气候变化领域迅速发力。奥巴马政府围绕能源结构调整、能效提升出台了《2009美国复苏与再投资法案》,依托扩张性财政政策扩大对可再生能源、能用效率提升的研发与投资的公共资金支持。2013年,奥巴马又推出了《总统气候行动计划》,成为指导美国开展应对气候变化、积极参与全球合作的纲领。2015年7月,由美国白宫牵头发起,美国当时13家最大市值的企业共同宣布了"美国商业气候承诺誓言"运动,成为引领美国商界、金融业支持应对气候变化的重要力量。

2021年1月,拜登总统宣布重返《巴黎协定》,并通过行政命令设定了美国的温室气体减排目标:到2030年减排50%~52%,至2050年实现净零排放。至此,财税政策、产业政策为主导的美国零碳金融政策框架正式形成。

拜登政府的碳减排和零碳目标政策涉及能源、制造业、环保、农业、科技、

交通和商业等多个部门。这些广义的零碳产业政策旨在明确实现碳中和的产业路线、技术装备、标准要求和商业模式。联邦政府运用公共投资、税收减免、政府采购等工具为产业政策提供资金支持和风险缓释，激励社会资本和金融机构扩大零碳投融资。2022 年美国推出《通胀削减法案》，预计创造 7400 亿美元的财政收入，其中约 3700 亿美元投向气候和清洁能源领域。此外，拜登要求联邦政府和金融监管机构分析并减轻气候变化对金融稳定的风险。美国联邦储备系统（简称美联储）和美国证券交易委员会（Securities and Exchange Commission，SEC）已开始推动气候相关风险的认知与评估，并实施相关披露工作。美国还发布了首份《美国国际气候融资计划》，终止对外援助中的高碳能源项目，并要求对外资金流向符合巴黎气候目标，注重防范气候相关金融风险。

（二）应用法律、货币金融手段塑造全新金融体系的欧洲模式

欧洲往往以法律先行的方式确立温室气体减排目标与战略，并积极采用财税、担保、公共投资、碳排放交易等手段激励企业、金融机构扩大气候投融资。《巴黎协定》签署后，整个欧洲政策框架出现了显著变化，普遍围绕法律强制力的减排目标、总体战略，颁布可持续金融分类、可持续性信息披露法案，同时运用央行绿色低碳再贷款、气候压力测试等货币金融手段直接推动金融体系的零碳转型。

2015 年《巴黎协定》签署前，欧盟就减排目标和战略、能源结构、碳排放交易、土地利用、交通、低碳技术、适应气候变化和国际合作等方面颁布了多项法案和政策。落实这些政策主要通过财政政策、产业政策和碳金融政策相结合的方式，解决气候融资缺口并引导社会资本。财政政策包括碳税、税收优惠、政府补贴、公共投资和政府采购，以支持绿色低碳产业政策。碳金融政策则通过碳现货和金融衍生品为市场提供碳价形成机制，政府碳信用出售所得也成为支持绿色低碳技术研发的资金来源。此外，欧盟成员国积极向发展中国家提供气候融资支持。

随着可持续发展成为全球共识以及碳中和目标的确立，欧盟委员会认为弥补可持续发展、碳中和投融资巨大的缺口需要全面改变现有金融体系的运作方式，从金融的短期主义、短期稳定转变为具备长期正向影响的体系，将更多社会资本导向碳中和、可持续投资领域（EC，2018a，2018b），也展现出法律先行、货币金融政策激励的可持续金融政策框架。

为统筹整个金融体系的重塑，欧盟在 2018 年 1 月成立可持续金融高级专家组，提出了构建以气候减缓为优先目标的可持续金融分类目录，特别强调为欧洲亟须的长期发展提供资金、纳入 ESG 因子以增强金融稳定性等两大核心内容（EC，2018b）。2018 年 3 月，欧盟发布《可持续金融行动计划》作为可持续金融战略的顶层设计，确立了资本流向、风险管理、信息透明性与长期主义等可持续金融

三大任务方向。2021 年 7 月，欧盟又对可持续金融战略进行了调整，将"转型金融"作为重要内容之一，添加了普惠性金融的相关内容，强调可持续金融体系的抗风险能力、国际共识与合作。

在减排目标、总体战略的指引下，欧盟代表性举措可划分为公共投资、分类标准、信息披露、货币政策、国际合作等五大方面，特别注重通过金融法律法规、货币政策激励的方式推动可持续金融发展。目前，以零碳金融为内核的欧盟可持续金融已初步构建起"总体战略+公共投资+信息披露与标准制定+货币政策+宏微观审慎监管"为一体的宏观管理框架。其中，《可持续金融行动计划》及其更新调整成为整体的目标与战略；大规模公共投资为金融体系的重塑创造市场需求；可持续金融分类目录成为构建可持续金融体系的地基，而企业、金融中介、投资者偏好等维度的可持续性信息披露是矗立在地基之上的三大支柱。在具体的政策激励中，欧盟金融监管体系（European System of Financial Supervision，ESFS）成为直接推动金融体系范式转变的宏观管理组织，运用囊括气候因子的货币政策、《气候对标条例》、可持续性标准与标签、监管职责内的可持续金融发展战略与指引等工具激励金融机构转型，约束气候相关风险。

除欧盟外，英国作为欧洲可持续金融的重要代表，在脱欧后继续遵循并在多方面超越欧盟的框架，特别是在绿色金融产品创新、气候信息披露和风险评估方面。在绿色债券方面，伦敦证券交易所于 2015 年设立"可持续债券市场"，提高信息透明度。2021 年，英国政府发行了全球首只主权绿色储蓄债券，吸引个人投资者支持可再生能源和清洁运输。同时，为应对"漂绿"风险，英国政府成立了绿色技术顾问小组，推动"绿色分类法"的制定和实施。在气候信息披露方面，英国走在前列，视信息披露为管理气候风险的关键。伦敦证券交易所从 2016 年开始优化上市公司的可持续信息披露，并于 2020 年发布《ESG 报告指南》。同年，英格兰银行推出了强制性气候相关信息披露路线图，计划到 2025 年实现与 TCFD 建议一致的披露机制。2022 年欧洲银行管理局发布了银行 ESG 信息披露的技术标准。在气候风险评估方面，英格兰银行率先将气候情景纳入压力测试框架，评估金融风险和金融机构的适应能力。2019 年英格兰银行成为全球首家对金融系统进行气候风险压力测试的监管机构，2021 年其对 19 家主要商业银行和保险公司进行了气候变化压力测试。

（三）国际零碳金融的探索及其宏观管理框架

在全球碳中和目标下，国际零碳金融的探索已悄然启动，初步形成了以美国、欧洲为代表的两大零碳金融宏观管理框架，致力于支持碳减排、碳中和目标的实现，同时实现整个金融体系的零碳转型。

美国模式（图 1-3）可理解为过往绿色低碳政策在金融支持碳中和领域的一

种线性继承和拓展，其紧紧围绕 2050 年净零发展目标，遵循着环境外部性内部化的基本原理，多采用财税、公共投资、担保等手段，依托能源、科技、农业、金融、国际援助等各行业主管部门的具体政策扩大零碳投融资的需求，吸引金融机构积极参与创新零碳金融业务、管理气候相关风险，逐步实现整个金融体系的零碳转型。在欧盟推出可持续金融战略以前，美国绿色低碳金融政策框架是发达经济体普遍采取的一般模式，将生态环保激励与规制意图传导至金融微观主体，使资金流向、定价与风险管理同生态环保要求一致。在美国确立碳中和目标后，该政策框架最大的不同是具有了更加明确的生态环境目标及时间节点，同时将防范碳中和转型风险作为维护金融体系稳定的重要内容。

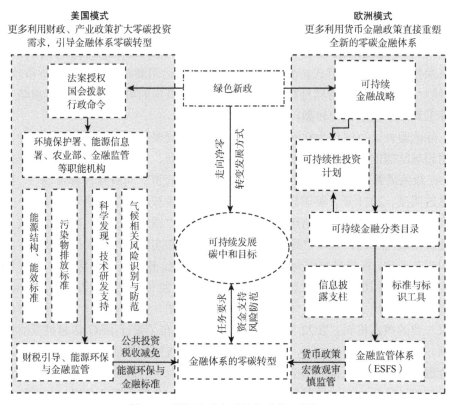

图 1-3　国际零碳金融的宏观管理框架

相较于美式政策框架，欧洲模式试图跳出财税主导、间接引导的路线与逻辑，更多利用法律法规、货币金融手段直接对整个金融体系进行改造，由工业化路线下的环境金融、气候金融、绿色金融变道为碳中和路径下的零碳金融。英国、欧盟除延续以往的财税、公共投资、环境规制间接引导手段外，十分注重在金融领域直接颁布法律法规、监管规则，可持续金融分类、信息披露、标准与标识成为欧洲发展零碳金融的制度基础，金融监管机构则直接肩负相关法律法规的执行责任，同时应用结构性货币政策激励金融市场主体的零碳转型。

对两大国际零碳金融宏观管理框架进一步抽象可知，两者主要包括了多元政策目标、零碳产业政策引导、财政与货币政策激励、零碳风险管理、零碳金融市场培育、国际合作与竞争等六大方面，但也一致性地表现出金融零碳转型政策的局限性、碎片化，且受限于自身制度而难以在短期内改变。

其一，体制和制度约束为主要难点。欧盟松散的政治联盟很难迅速达成长久而持续的内部共识，其可持续金融的地基——分类目录潜藏着诸多利益诉求与博弈，如天然气、核能纳入分类目录很可能是未来地基频繁变动的不确定性变量。美国的三权分立制度、州政府的相对独立性同样意味着达成利益共识的曲折性、反复性与漫长性。譬如，2022 年 SEC 提出了气候风险披露提案，但该法案却因 SEC 缺乏颁布相关信息披露规则的法定权力、提案超出其法定职权等面临挑战（Vallette and Gray，2022）。

其二，支持碳中和转型需要积极的财政政策和货币政策，但在欧美都难以实施。欧盟财政政策一体化受限于政治制度、财政赤字上限，财税收支主要为成员国掌握，只能更多依赖于统一的货币金融监管系统落实金融的零碳转型政策。美国受限于统一的联邦财税制度与高度碎片化的货币金融监管体系，较多依赖财政政策间接引导金融体系的零碳转型。CRS（2021）指出，美国金融监管是由多个重叠的监管机构、州-联邦双重监管体系而构成。这种监管制度可能导致监管空白、冗余，难以形成监管合力，金融机构可能利用这些空白和重叠来逃避监管。

其三，监管和市场发展的协调在欧美难以快速落实。欧盟拥有统一的金融监管框架，却监管着极其碎片化的诸多国内资本市场，美国又正好是一种"强市场"模式。两种模式均不利于在碳中和目标下尽快找到市场、监管间激励相容的可行空间，甚至易于出现转型过激、脱离市场基础的困境。美国、欧盟的经济制度在市场与政府间的边界明确、相互独立，缺乏协调双方的制度安排，常常需要很高的协作成本才能将不同诉求转化为较为一致的目标与行动。

其四，零碳金融发展必须协调平衡好多重非此即彼的相互关系。碳中和转型必然是由单维总目标向多维子目标的延伸发散，对金融转型提出的具体要求与任务也将千头万绪、相互重叠。在这样一种复杂的局面下，必须依托高效、全面的宏观管理机制，协调平衡政府与市场、环境与增长、财政与货币、转型与公平等非此即彼的关系方能稳健而高效地引导资本流向，管理资产重置风险和支持碳中和转型。

其五，中国应发挥自身体制机制优势，构建世界领先的零碳金融体系。基于对美国、欧盟宏观政策框架的总结与思考，中国构建零碳金融体系应积极发挥自身上下结合、完整系统的制度优势，同时依托国内绿色金融与气候投融资实践基础，将美、欧框架有机整合成符合中国实际、有机统一的零碳金融宏观管理框架，理顺多重目标、任务、行业与区域以及政府与市场间的关系，早日构建形成世界领先的中国零碳金融体系。

三、中国式零碳金融宏观管理的路线、坐标与协调机制

关于宏观管理框架的论述是一种对未来的大胆设想，但如何从当前绿色金融的现实起点真正迈向、成功到达零碳金融的理想彼岸却存在诸多未知。我们需要积极、广泛地汲取国际国内各方经验教训，进一步明确走向未来的具体路线，构建具有普遍共识的基准以提供导引坐标，并搭建起政策协调的平台及组织体系。

（一）"1+N"政策体系对零碳金融提出六个"1"的方针路线

在政府端已全面启动"双碳"行动的背景下，相关政策正由上至下、从"1"到"N"延伸发散至中国经济社会发展的方方面面。N维政策无疑将衍生出 N 维全新的金融需求，而与需求匹配的金融产品端、方案解决端、机构组织端、中介服务端、市场运行端、监管调控端等将呈现更加多元、交叠与复合的特征，远远超出当前中国绿色金融体系对价格信号的发现、资金流向的引导、有效信息的披露、应对风险的监管等各方面要求，全球范围内也难觅金融支持碳中和范式变更的成功范例。换言之，中国碳中和转型下的政策发散、市场收敛间必须经历再均衡的过程，通过一个"1"维度零碳金融体系，实现"N"维零碳政策与零碳金融需求由下至上、由"N"归"1"，实现政府与金融市场激励相容、中国金融体系的"换道超车"。

由"N"归"1"、深化改革的方针路线主要包括了以下五个方面（图1-4）。

其一，零碳经济分类的归"1"。塑造全新的零碳金融市场、零碳金融体系必须夯实牢固的零碳地基，即清楚明确的人类经济活动分类。中国已正式颁布绿色产业指导目录、绿色债券支持项目目录、中欧可持续金融共同分类目录等若干规范经济分类的标准体系，地方政府、行业协会也制定了各类适用于自身的分类标准，但各类标准划分的依据、覆盖的范围尚难以指导降碳、减污、扩绿和增长之间协同，不同标准之间也未在国家层面达成协同一致，国内国际之间的标准衔接更需广泛的国际合作。在碳中和"1+N"体系下，政出多门的气候投融资政策、绿色产业政策、生态环保政策需要转换为类似于欧盟可持续金融分类的零碳金融分类目录，为搭建零碳金融体系构筑形成一个统一的分类地基。

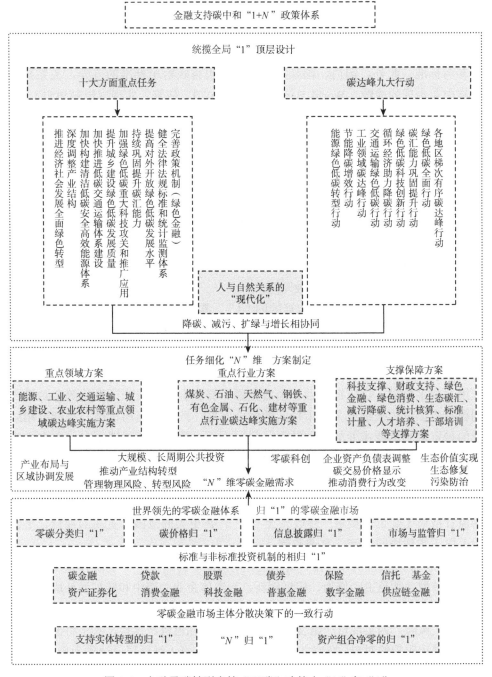

图 1-4 金融零碳转型支持"双碳"政策由"N"归"1"

其二,碳价格的归"1"。碳价格是中国更多依靠市场力量实现碳中和目标不可或缺的价格信号,也是金融机构、ESG 投资者对碳足迹及其风险进行定价的依据，进而引导社会资本流向符合碳中和转型要求的方向。行业覆盖广、流动性高、交易规模大且十分活跃的碳市场有利于将 N 维碳中和政策迅速转换为可被广大金融机构、ESG 投资识别的市场信号，也可成为 N 维政策间协同一致的参考标准。此外，国内、国际碳价的差异也将映射出标准的差异，关系到全球碳中和治理的成败。World Bank Group（2020）估算，实现《巴黎协定》2℃温控目标需要全球碳价在 2030 年提高至 50～100 美元，欧盟碳价已达 50 美元，卢森堡、瑞典、瑞士的碳价格更是达到了 100 美元以上，中国碳交易市场无疑尚处于初级发展阶段。

其三，信息披露的归"1"。碳中和转型背景下，气候风险已悄无声息嵌入金融机构的业务流程、宏观经济金融运行系统，转型风险甚至正在成为引发系统性金融风险的全新变量。在 N 维转型政策难以协调一致的条件下，信息披露制度的欠缺易于导致"洗绿问题"或"政策套利"。企业与金融机构若缺乏充分、一致的气候相关金融风险信息披露，很可能因不当的政府举措引发过度的市场波动，甚至出现难以控制的系统性金融风险。

其四，市场生态复合及其监管的归"1"。零碳金融市场已完全超越了传统意义上的金融市场，更多具备了市场生态高度复合的"泛金融市场"特征。一方面，以信贷为主的中国金融市场结构将在 N 维金融需求的引致作用下趋于多元化，债券、股票、基金等直接融资和权益融资将在金融支持双碳中发挥更大的作用。数字金融、供应链金融、消费金融、普惠金融及资产证券化等金融模式创新也将加速传统细分金融市场间的融合发展，致力于运用标准与非标准相结合的投资机制赋能实业的零碳转型。另一方面，数字革命与碳中和、生态文明建设正在发生历史性交汇，数字革命将赋能零碳金融，在支持降碳、减污、扩绿与增长相协同的 N 维"黑箱"中演化探索出人与自然关系现代化发展的未知前路。在金融、实体、数字相互走向对方以支持碳中和范式革命下，现有的市场监管格局无疑也需要进一步收敛至"1"，在更大的范围、更高的视野、更新的手段下实现协同监管、穿透监管。

其五，金融支持实体转型、资产组合走向净零的归"1"。金融体系实现自身的零碳转型必须是主动作为、积极创新，为实体企业的碳中和转型设计成本可负担、风险可承受、金融机构长期收益可持续的产品及服务方案，而非单纯地规避气候相关风险、为实现资产组合净零进行高碳和棕色资产抛售，甚至将部分行业划归为禁止服务的对象。换言之，零碳金融体系是将 1 维顶层设计作为指导思想，以 N 维政策衍生出的金融需求为导向，着力构建改变微观主体预期、行为惯性的市场机制，实现零碳金融市场主体分散决策下的一致行动，在支持实体碳中和转型中进一步实现金融自身的资产组合净零。

（二）以零碳金融分类为基准助力零碳金融标准体系的建立健全

绘制具有广泛共识的零碳金融分类基准已成为构建中国零碳金融标准体系的前置条件，可从科学性、包容性、普适性和全球一致性等四大维度构建一个坐标系，为零碳金融的标准统一提供参照物。其中，从科学性而言，零碳金融分类必须基于气候科学、环境科学发现与零碳技术创新，凝聚科学认识、技术发展共识；从包容性而言，中国地域广阔、区际发展差异较大，零碳金融分类基准能够普遍适用于具有不同主导产业、特色产业的地域；从普适性而言，中国零碳金融分类基准能够被诸多非工业化、发展中国家所借鉴，助力中国标准成为国际标准的重要组成部分；从全球一致性而言，零碳金融分类不仅与中国"双碳"目标及其时间节点保持一致，也能够与诸多发达经济体的零碳标准对接，符合全球碳中和发展目标。

综合碳中和目标、金融支持 1+N 政策体系、四大分类基准属性，中国可借鉴欧盟可持续金融分类法，按照不同的可持续发展目标对经济活动进行分类，使由上至下的碳中和 N 维政策裂变被约束在一个充分凝聚共识、易于理解、便于宏观管理的基准范围内。具体的零碳金融分类基准或可采取一种对各类产业的双层分类法。其中，第一层分类可按照单位增加值的直接碳排放强度，将各类细分产业划分为高碳、低碳、零碳和负碳等四个大类，其内在逻辑遵循着依靠产业结构升级以降低经济碳排放强度。当高碳产业占比低于某一阈值且持续递减时，经济增长与碳排放之间将趋于脱钩并逐步走向净零。在四大分类基础上，第二层分类又对每一大类进行纵向的切分，遵循有利于某一目标而对其他目标无重大损害的原则，分别形成有利于降碳、减污、扩绿和增长的四个小类。

其一，立足于高碳部门碳排放强度降低、产业份额下降，低碳产业、零碳产业规模持续发展壮大，从而在第一层分类下将实现降碳、增长目标间的协同。其二，在每一个大类下进一步探索四大目标间的协同，便于提前出台针对性支持措施以降低对碳中和转型整体的影响。中国人民银行的清洁煤炭高效利用专项再贷款正是利用金融工具支持煤炭使用改造升级，大力发展清洁煤电，通过提高能源转化效率、降低煤炭消耗与碳排放实现了降碳、减污、扩绿与增长间的协同。其三，低碳、零碳产业易于同应对气候变化、生态环境保护达成统一，但部分产业不一定能够满足市场化要求，譬如农业与林业存在的高风险、低回报，光伏依然较高的输配成本均需综合性政策、金融支持方案。其四，零碳、负碳产业前景中存在诸多未知，其普遍具有高增长、高风险、低碳绿色的特征，需要风险共担、利益共享的零碳投融资机制。针对这些高新产业技术也需要构建供应链、产业链绿色低碳追溯机制，实现绿色环保多目标间的共进。其五，零碳金融分类基准坚持了主要矛盾、兼顾了次要问题，既在宏观全局上统筹了产业碳中和与产业增长间的矛盾，也通过第二层分类将宏观全局矛盾与局部矛盾相分离，以利于发挥不同地区的积极性、主动性与创造性，从不同地区实际出发探索降碳、减污、扩绿和增长目标间的协同模式。

（三）建立健全"双碳"跨部门政策与行动协调机制

工业和信息化部（简称工信部）、科学技术部（简称科技部）、住房和城乡建设部、农业农村部等以及若干地方政府已依据国务院碳达峰总体方案，出台了相关行业、地区的碳达峰专项规划，其涉及的行业领域、主管部门无疑已大大超出了绿色金融的范围。展望未来，更多的职能部门将共同参与零碳金融政策的出台，建立健全跨部门协调机制十分必要。

基于当前中央机关、国家部委在体制机制改革、产业政策、金融监管、财政与货币政策、生态环保政策、绿色金融政策、气候投融资政策等方面的职责分工，同时按照中央关于降碳、减污、扩绿和增长相协同的总要求，将构建零碳金融体系的组织协调机制重新调整为中央领导机制、货币金融政策、财政政策、碳账户与交易体系、产业政策和政策沟通协作平台等 6 个部分（图 1-5）。其中，中央领导机制肩负整个零碳金融体系的顶层设计、宏观指导责任，碳达峰碳中和工作领导小组作为最高的领导机构，委托中央金融委员会、中央财经委员会组织实施具体工作；国务院作为出台综合指导意见、行动方案及开展各类政策沟通协调的平台，监督各职能部委的政策落实，并通过组建零碳金融小组、定期召开部际联席会议的方式满足决策咨询与政策沟通协调的需求；货币金融政策、财政政策、碳账户与交易体系、产业政策等四个部分依然按照现行的部委职能分工划分。仅生态环境部在多个部分存在交叉，源于其特有的专业职能以及在当前的绿色金融、碳金融和绿色产业政策框架中承担了重要任务。

在具体的运作中，零碳产业政策涉及的职能部门众多，可采取分设常任、非常任两类成员的方式，对零碳产业政策维度下的成员进行动态调整。该方式既能保证金融支持的全面覆盖，利于重点长期领域政策的连续性、持续性，又可避免囊括过多职能部门而带来过高的协调与沟通成本。譬如，国家发展和改革委员会（简称国家发展改革委）、工信部、交通运输部、农业农村部、科技部等主管机构，应成为零碳产业政策的常任成员，而其他若干职能部门、地区也可能在某一阶段成为零碳金融建设的关键领域，可作为非常任成员牵头完成该领域的相关工作，常任成员给予配合与支持。随着碳中和进程的深入、零碳金融的发展变化，零碳产业政策维度下的常任成员与非常任成员之间也可以相互调换，以适应金融支持碳中和重点长期任务的变化。

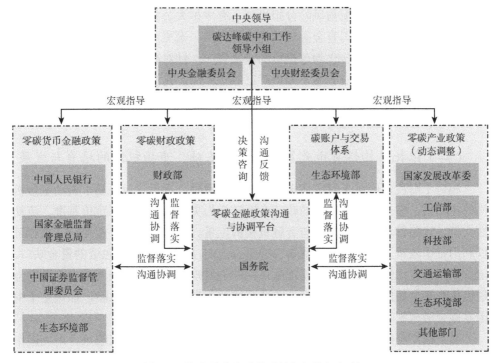

图1-5　构建零碳金融体系的组织协调机制

四、以财政、货币金融政策为核心构建零碳金融激励相容机制

在前景、路线、坐标和协调机制齐备后，需利用财政、货币金融、绿色低碳评价等工具，激励金融市场主体、金融机构开展产品与服务创新，支持实体经济的零碳转型，使资金流向同碳中和目标一致，也将推动金融机构更加积极地进行业务运营、资产结构的零碳化探索。

（一）财政与金融相协同壮大零碳投融资活动

在实现碳中和、构建零碳金融体系的进程中，财政与金融需紧密协作。首要任务是建立政策与市场互信机制，引导市场预期，降低初始成本与风险，并拓宽市场发展空间，尤其关注零碳基础设施和基础产业的投融资。随着协同加深、基础设施完善，实体企业和居民将基于这些设施开展更多零碳经济活动，形成多样化的投融资需求和市场机会。

为激励金融机构支持零碳发展，应制定财政政策体系，运用税收减免、担保与贴息、风险补偿等工具出台专项政策。同时，扩大财政对零碳相关的基础设施建设的支持，如标准体系、数字化平台建设等。各地政府可建立绿色低碳项目库，完善信息披露、收益分配与风险分担机制，有序扩大公共领域的零碳投资规模。此外，应发挥政策性和国有金融机构的引领作用，聚焦重大绿色基础设施，开展金融创新，将优质资产转化为可投资的金融资产。针对高碳产业和资产，应激励金融机构设计综合性解决方案，如资产证券化产品，化解地方政府债务风险。概括而言，通过财政与金融的深度合作，可有效推动零碳投融资活动的发展壮大，为碳中和目标实现提供有力支撑。

（二）依托结构性货币政策加快微观基础、市场机制的培育与发展

相对于财税多侧重于对实体端、投资端的激励，货币政策更易于调动金融机构的主动性，将支持薄弱环节的政策意图转换为央行优惠资金、定价基准、流动性支持、风险管理机制，实现与金融机构的定量、定向融资支持相挂钩。央行可以利用货币政策工具直接从融资端引导资金流向，填补特定领域融资的资金缺口、定价缺口、流动性缺口与风险管理敞口，并与财政政策相配合共同致力于激励金融机构开拓全新的零碳市场利基，防范范式变革带来的系统性风险，加快整个中国零碳金融微观基础的培育与发展壮大。

基于前期基础，中国人民银行可在宏观货币政策、金融稳定政策、市场操作政策和压力测试等工具中，建立与碳中和转型相适应的结构性预测模型，纳入气候变化参数、碳中和转型政策、能源价格及其对消费、投资的结构性影响，并通过"零碳专项再贷款""碳中和专项贷款流动性窗口""零碳 QE"等非中性货币政策纠正市场失灵，引导广泛的金融机构、ESG 投资者参与零碳金融市场交易，促进更多资源向零碳领域配置。与此同时，货币政策可基于构建零碳金融体系的契机，与财政政策搭建全新的协作框架，塑造形成以零碳收益率曲线、零碳金融市场为衔接的财政与货币政策关系。譬如，依托以碳减排支持工具、煤炭清洁高效利用再贷款为代表的结构性货币政策，在关键领域为基础公共投资提供市场流动性支持，撬动更多契合市场原则的社会资本融入，并逐步孕育出一个以公共信用、公共金融为基础，市场参与者广泛、流动性充足的金融市场，为结构性货币政策工具的进退提供便利的市场化通道，也为财政进行零碳债券融资、ESG 投资提供可供参考的零碳收益率曲线。

（三）完善金融机构绿色低碳评价机制

金融机构支持绿色低碳发展的绩效评价是落实财政、货币政策激励的重要一环。2021 年 6 月，中国人民银行针对 21 家由其主管的银行类金融机构出台了绿色金融评价方案。但是，从金融支持碳中和的要求来看，绿色金融评价机制无疑需要进一步完善。

从定量评价来看，应由绿色融资占比与行业份额、风险绿色融资占比与行业份额，更多向金融机构运营、资产组合净零的目标评价转变。应建立健全相关指标体系用以准确评价金融机构的资产组合调整、业务运营减排是否符合中国"双碳"目标、是否契合巴黎路线图。从定性评价来看，更加侧重于金融机构如何赋能客户的零碳转型，而非简单地抛售高碳、棕色资产，带来碳转移、碳泄漏风险。从风险评价来看，将气候相关风险维度的宏观审慎制度构建也作为重要的评价内容。综合而言，应对金融机构是否将碳中和因素纳入其整个业务流程做出综合评价，为激励与约束金融机构提供科学依据。

五、围绕信息披露、巴塞尔三支柱筑牢气候风险防波堤

气候相关的物理风险、转型风险正日益显现出系统性特征，需要将气候与环境信息披露、巴塞尔资本监管框架纳入整个零碳金融体系的构建，筑牢防范全新系统性风险的防波堤。

（一）建立健全符合中国实际的气候与环境信息披露制度

TCFD 的气候信息披露框架更多被发达经济体采纳，而发展任务繁重的新兴经济体、发展中国家尚缺乏一套适用的框架与标准。对于尚处于工业化、碳排放未达峰的中国，需要制定更加符合自身实际的气候与环境信息披露制度。

其一，政府与监管机构需要为金融机构、投资主体、企业等开展气候与环境相关信息披露提供可操作的指引、有效的政策激励与约束，在权衡成本、收益和风险的基础上，设计符合中国碳中和转型实际的披露内容、披露框架及其实现落地的可行路径。其二，大幅提高 ESG 数据和零碳金融的标准化、透明化和主流化水平，使信息披露框架能够被更快、更广泛地应用，并对披露框架的完善形成正反馈。其三，重视前沿新兴数字平台与工具的应用，推动数字金融、数字化碳中和的交互，为金融机构进行碳排放核算、资产组合碳排放核算提供有力的技术与制度保障。其四，强化相关配套措施，如实施自愿披露的激励政策或实施强制披露的法律法规；建立健全零碳金融的统计框架，解决零碳融资流量、价格信息缺失以及环境能效信息披露不足的问题，同时对披露信息的真实性、完整性、可验证性形成一套工具与制度；发挥行业组织与市场的力量，推动行业公约、财务准则、评级与征信等信息披露基础设施的建设。

（二）巴塞尔协议 III 走向巴塞尔协议-ESG 资本监管框架

BIS（2021）的研究显示，气候变化带来的风险可以转化为多种金融风险，因此需要重新审视资本监管框架。为了支持绿色投资，可以在巴塞尔协议第一支

柱中对绿色和棕色资产的资本要求进行调整，降低绿色资产的风险权重，增加棕色资产的风险权重。在巴塞尔协议第二支柱下，需要指导金融机构识别和管理气候风险。这包括进行宏观情景分析和前瞻性压力测试，以评估气候变化对银行资产负债表的影响。针对巴塞尔协议第三支柱，监管机构应要求金融机构增加关于零碳金融执行情况的信息披露，其有助于市场更全面地了解金融机构的零碳活动和利益相关情况。监管部门也需要建立统一的零碳金融标准，提高对绿色资产的分类、认证和监管能力。最后，在碳中和背景下，巴塞尔资本监管需要与结构性货币政策和宏观审慎政策协同配合，形成逆向约束和正向激励的双重功能，既能管控市场波动和资产价值变动，又能支持碳密集行业的有序转型。

六、推动复合型生态的中国零碳金融市场建设

中国金融体系的零碳转型需要落脚于集资金供给、资金需求、市场基础设施、中介服务等于一体的复合型金融市场，为碳价格发现、涉碳风险定价、开展碳中和投融资、管理转型金融风险等提供市场化平台与机制，形成生态高度复合的中国零碳金融市场。

（一）整体规划"复合"的零碳金融市场生态体系

相对于以工业化为指引的传统金融市场发展方向，中国必须跳出历史局限、路径依赖与认知障碍，超前谋划与设计"复合"式的市场架构，正确把握四大方面的复合式特征。

一是价值认知与风险偏好的复合。人类追求绿色低碳的生产、生活方式正是"福祉"概念的重要组成，与单纯追求 GDP 的价值认知和风险偏好相对应，其意味着追求利润最大化、风险最小化、投融资短期化的微观基础正在发生渐进式的嬗变。二是目标任务的复合。中国碳中和范式变更是一场由上至下的政策要求与落实，金融支持需要更多依靠市场力量由下至上探索与降碳、减污、扩绿和增长相协同的商业可持续模式。三是知识、信息和技术手段的复合。碳中和范式变革涉及天量级的跨领域知识与变量的融合，需要更多利用前沿新兴技术走出一条数字化赋能碳中和的全新道路。四是国际竞争与合作的复合。碳中和范式变革已成为未来数十年全球竞争与合作的制高点，金融先行支持碳中和既需要进行广泛的国内国际市场对接与连通，也必须积极主动参与国际金融业最前沿的竞争角逐。

中国零碳金融市场的四大复合特征的实质是满足多样化、复合性的金融需求，需要进一步浇筑构建零碳金融市场的四大复合式市场组件。

一是底层资产的复合。支撑复合市场运行的底层资产应至少包括碳资产、物质资产、人力资产、自然生态资产、数据资产等五大类。其中，碳资产对应着碳

排放权、碳汇；物质资产、人力资产可理解为工业化发展必备的设施设备与劳动力；自然生态资产为支撑人类生产生活长期可持续的生态财富；数据资产为服务于数字化碳中和、跨领域与时空的数据集，是统筹连通其他资产类别的关键。二是金融产品及服务的复合。基于以上五类底层资产及其组合设计各类金融产品，赋能多样性实体企业的零碳转型，意味着标准化金融产品的类别必须多元且完整，能够满足非标准化产品与服务的创新，同时推动金融机构的金融资产组合走向净零。三是业务流程、信息匹配与监管范式的复合。金融机构开拓全新的零碳市场利基、防范气候相关财务风险、应用金融科技手段赋能等将带来业务条线的交叉融合、国际国内连通，与之匹配的机构组织、人员配置也将被要求更具复合性。参与交易的机构和投资者需要更加复合、全面的信息披露制度，监管机构也能够具备穿透式监管复合市场的能力。四是市场基础设施与中介服务的复合。零碳金融的多目标、多任务、多线程对金融基础设施提出了依托数字化手段实现复合型功能的要求。准确且及时地追踪碳排放、碳价及碳中和政策带来的影响也要求中介服务体系在"碳"维度信息下具备复合的服务能力。

基于以上四个复合特征、四个复合组件，中国零碳金融市场的蓝图应以五类资产为基础，运用数字化手段统筹兼顾资产的金融化、市场化，全面囊括贷款、债券、股票、基金、保险、碳权益、数据交易等国际国内标准化细分市场，同时以标准化产品及其组合为基础，创新非标准零碳投融资方案以赋能企业转型。此外，应建立健全与碳中和一致的信息披露制度、风险管控机制和中介服务支撑体系，构建能够胜任零碳金融混业经营的穿透式市场监管机制。最终，构建形成高度复合的零碳金融市场体系。

（二）优先扩大零碳融资规模、补齐金融结构性短板

应将迅速扩大绿色低碳融资规模置于构建零碳金融市场的优先位置，补齐金融产品及服务供给的结构性短板，同时加快完善碳价形成机制。

其一，以绿色、转型公债为重点迅速扩大绿色低碳融资规模，为复合式零碳金融市场奠定信用基础、定价基础和市场运行基础。中国绿色债券市场已具备了规模化运行、富有国际性吸引力的特征，未来可优先利用绿债与转型债市场支持能源、制造业、交通等主要碳排放部门的绿色低碳专项投融资。为谋求零碳转型的广泛市场主体奠定发行企业/公司绿债和转型债的信用、定价与市场运行基础，聚拢全球的 ESG 投资主体。加快绿色低碳资产证券市场的发展，如绿色资产支持证券（asset-backed security，ABS）、绿色资产支持中期票据（asset-backed medium-term notes，ABN）、绿色 REITs 的发展，为银行进一步扩大绿色低碳贷款提供流动性、市场化出口，也为 ESG 投资者提供绿色低碳投资标的。其二，围

绕碳排放交易市场积极推动零碳金融产品开发。全国碳交易市场除不断扩大参与碳交易一级市场的覆盖行业与领域外，也应推动国内国际金融机构、ESG 投资者参与碳排放二级市场及其衍生品市场建设，尽早将碳汇纳入碳交易市场，启动碳期货市场建设，丰富碳交易及其衍生品的种类，增强碳交易市场的流动性、交易频率，推动交易碳价向真实碳价逼近。鼓励金融机构开发、推广全新的零碳金融产品。其三，开展零碳股权市场的探索与布局。大量零碳科技依然处于创新链的上游，有赖于风险共担、收益共享、穿越周期的股权市场，动员相关风险资本支持零碳科技创新及其产业化。中国金融应聚焦于零碳转型，研究与探索相关零碳股权的披露、认证与贴标、上市与交易机制，尽早在零碳股权市场实现布局与突破。

（三）提前布局市场基础设施，培育零碳中介服务体系

货币金融最初级的形态是一种账本，基于账本对资产与债务的核算奠定了后来各种金融创新与发展的基础。与此对应，零碳金融市场的账户体系必纳入碳排放、碳资产数据，建立广泛覆盖实体机构和个人的碳账户体系，以及与之对应的法律法规、碳计量、碳认证、碳评级、碳数据应用的数字化平台，其共同构成了支撑零碳金融市场发展的软硬基础设施、中介服务体系。基于数字化碳账户、财务账户的交互，金融机构、中介服务机构可以对不同的企业、个人进行绿色低碳评级与分类，推出以碳资产、绿色资产为重要抵押品的诸多零碳金融产品和综合服务方案。鼓励更多碳计量与碳认证服务商向绿色金融领域拓展，力求成为零碳金融市场、零碳金融中介服务体系中的重要一员。面向构建生态高度复合的零碳金融市场目标，货币金融、生态环境主管部门应结合地区实践中的有益经验和模式，统筹规划、提前布局以碳账户和数字化平台为核心的零碳金融市场基础设施，同时注重服务零碳金融市场交易的碳计量、碳认证、碳评级服务商的培育，为市场的系统化建设与运行奠定坚实的基础。

（四）优化外汇管理，吸引境外绿色低碳金融资源

引导更多的境外金融机构、投资者参与国内零碳金融市场交易、零碳金融体系建设十分必要，需要相关体制机制的创新。从长焦距来看，金融体系的零碳转型存在着扩大对外开放的内在要求，外资的参与无疑有利于对接国际零碳金融发展前沿的最新理念与经验，激励国内金融机构的产品与服务创新，增强零碳金融市场的活跃性、流动性，加速整个中国金融体系的零碳转型。基于此，中国金融的对外开放完全可借用全新的碳中和赛道，同时依靠债券通、沪港通、沪伦通等制度安排及通道，有序取消外资参与国内零碳金融产品交易的限制，并从资金流

向、资产组合是否符合净零目标的角度创新外汇管理方式。此外，可积极借鉴海外资金投资国内股票市场的外汇管理安排，鼓励境外机构、个人投资者参与中国碳交易市场及其金融衍生品的创新与交易，助力中国碳定价机制完善，推动碳价长期上升，倒逼碳中和转型、零碳金融体系的建立健全。

七、积极参与，以推动国际零碳金融治理机制建设

面向未来，中国深度参与零碳金融国际合作和竞争的起点是构建符合中国碳中和目标的零碳金融体系，方向是为实现全球气候目标贡献负责任发展中大国的实践和创新经验，要在零碳金融发展和合作过程中构建自身优势，在零碳金融竞争中把握主动，推动零碳金融国际治理机制建设。

零碳金融的国际合作和竞争对于全球碳中和目标的实现至关重要。为构建符合中国碳中和目标的零碳金融体系，需要全面制定参与零碳金融国际竞争和合作的政策与激励机制，形成政府、机构、行业和市场的合力。同时，以核心参与者和引领者的定位支持多边框架下构建全球零碳金融治理体系，推动全球零碳金融市场体系建设和治理机制发展。

推进零碳金融分类标准、披露框架的国内规范和国际对接。应研判国际、国内零碳金融规则的本质、特征和差异，科学选择符合我国国情的发展方向和赛道。对内推进能与国际接轨、符合中国国情特点的分类指标和评价体系、信息披露与报告、数据质量要求等重要零碳金融标准规范；对外积极参与零碳金融国际准则框架的研讨制定，提高我国零碳金融标准体系的国际认可度和影响力。

继续深入与国际组织、欧美国家的气候交流合作和对话，推动宏观政策方面的全球零碳金融合作和试验。在非政府基金框架下承担更大的责任，推动零碳金融治理架构的国际对话和交流，参与构建公平合理、合作共赢的全球气候治理体系。同时，在规模提升、产品创新、信息披露标准制定、优惠政策出台等领域不断提高我国零碳债券市场的国际化水平，推动上海成为国际零碳债券中心。

继续推动共建"一带一路"倡议下的零碳金融发展。秉持"创新、协调、绿色、开放、共享"的新发展理念，在零碳金融制度设计和市场实践中坚持开放性和包容性，加强与共建国家、发展中国家在零碳金融领域的合作。鼓励金融机构按照零碳金融标准在共建"一带一路"国家进行绿色转型投资，增加水电、风电、光伏发电、智能电网等可再生能源项目的投资。同时提升发展中国家和共建国家在构建全球碳中和治理机制中的影响力和话语权，发挥金融的作用推进共建人类命运共同体。

总之，中国深度参与零碳金融国际合作和竞争需全面制定政策和激励机制，以核心参与者和引领者定位支持多边框架下构建全球零碳金融治理体系，推进国

内规范和国际对接，深入与国际组织和欧美国家进行气候交流合作与对话，继续推动共建"一带一路"倡议下的零碳金融发展。通过这些努力，为全球碳中和目标的实现贡献中国智慧和实践经验。

参 考 文 献

博迪 Z，默顿 R. 2010. 金融学. 2 版. 曹辉，曹音，译. 北京：中国人民大学出版社.

陈雨露. 2021. 工业革命、金融革命与系统性风险治理. 金融研究，（1）：1-12.

尚达曼，朱民，等. 2020. 未来全球金融治理. 朱隽，等译. 北京：中信出版集团.

王遥，毛倩，等. 2023. 全球绿色金融发展报告：2022. 北京：社会科学文献出版社.

王遥，任玉洁. 2022. "双碳"目标下的中国绿色金融体系构建. 当代经济科学，44（5）：1-13，139.

朱民. 2023. 范式变更：碳中和的长潮与大浪. 北京：中译出版社.

朱民，Stern N，Stiglitz J E，等. 2023. 拥抱绿色发展新范式：中国碳中和政策框架研究. 世界经济，46（3）：3-30.

Aligishiev Z，Massetti E，Bellon M，et al. 2022. Macro-fiscal implications of adaptation to climate change. Staff Climate Notes，（2）：45.

Bank for International Settlements. 2021. Climate-related risk drivers and their transmission channels. https://www.bis.org/bcbs/publ/d517.htm[2023-12-01].

Carney M. 2021. Clean and green finance，finance & development. https://www.imf.org/en/Publications/fandd/issues/2021/09/mark-carney-net-zero-climate-change[2023-12-01].

Carty T，Le Come A. 2018. Climate finance shadow report 2018：assessing progress towards the $100 billion commitment. Oxford：Oxfam.

CRS. 2021. Introduction to financial services：the regulatory framework. https://docslib.org/doc/10561811/introduction-to-financial-services-the-regulatory-framework[2023-12-01].

Devas H. 1994. Green finance. European Energy and Environmental Law Review，3（8）：220-222.

EC. 2018a. Financing a sustainable European economy final report. Brussels：European Commission.

EC. 2018b. Action plan：financing sustainable growth. Brussels：European Commission.

G20. 2016. Green finance synthesis report. Beijing：G20 Green Finance Study Group.

G20. 2022. Sustainable finance report. Beijing：G20 Green Finance Study Group.

Giglio S，Kelly B T，Stroebel J. 2021. Climate finance. Annual Review of Financial Economics，13（1）：15-36.

Gurley J G，Shaw E S. 1967. Financial structure and economic development. Economic Development and Cultural Change，15（3）：257-268.

International Finance Corporation. 2016. Green finance：a bottom-up approach to track existing flows. Washington：World Bank Group.

Jeucken M. 2001. Sustainable Finance and Banking：the Financial Sector and the Future of the Planet. London：Routledge.

Kuhn T S.1996. The Structure of Scientific Revolutions. Chicago：University of Chicago Press.

Levine R. 2002. Bank-based or market-based financial systems: which is better?. Journal of Financial Intermediation, 11（4）: 398-428.

Meadows D, Randers J. 2004. The Limits to Growth: the 30-year Update. London: Routledge.

OECD. 2019. Transition finance 2019. Paris: Organization of Economic Development and Cooperation.

Pearce D W, Pearce D, Markandya A, et al. 1989. Blueprint for a Green Economy. London: Earthscan.

Pinko N, Pastor A O, Tonkonogy B T, et al. 2021. Framework for sustainable finance integrity. India: Climate Policy Initiative.

Roberts R, Elkington J. 2020. Innovation and transformation: what will it take to finance net zero?. EIT Climate-KIC. Belgium. .

Robins N. 2020. The road to net-zero finance: a report prepared by the advisory group on finance for the UK's climate change committee. London: The UK's Climate Change Committee.

Sandor R L. 2012. Good Erivatives: A Story of Financial and Environmental Innovation. New York: John Wiley & Sons.

UNEP. 2016. Definitions and concepts-background note. Nairobi: UN Environment Programme.

UNEP. 2022a. Adaptation gap report 2022: too little, too slow. Nairobi: UN Environment Programme.

UNEP. 2022b. Emissions gap report 2022: the closing window-climate crisis calls for rapid transformation of societies. Nairobi: UN Environment Programme.

UNFCCC. 2022. Report of the standing committee on finance: work on definitions of climate finance. Sharmel-Sheikh: Standing Committee on Finance.

Vallette J M, Gray M. 2022. US SEC's climate risk disclosure proposal likely to face legal challenges. Illinois: Mayer Brown LLP.

White M A.1996. Environmental finance: value and risk in an age of ecology. Business Strattegy and the Environment, 5（3）: 198-206.

World Bank Group. 2020. State and trends of carbon pricing 2020. Washington: World Bank.

Zhu M, Pan L, Zheng C Y, et al. 2023. Constructing a Chinese-style zero-carbon financial system: theoretical considerations and policy recommendations. Social Sciences in China, 44(1): 181-204.

第二章　支持零碳金融发展的财政金融协同政策研究

第一节　绪　　论

一、零碳金融的内涵、发展历程

（一）零碳金融的内涵

国内外关于支持碳中和金融系统的概念并不统一，可持续金融、绿色金融、气候金融、转型金融等概念互有交叠。伴随碳中和目标在全球确立，国际上关于绿色金融概念开始转向以"净零碳排放"为核心（朱民等，2022a）。《联合国气候变化框架公约》第 26 次缔约方大会提出"净零碳排放"倡议，并强调发挥金融机构的作用，实现金融机构自身"净零碳排放"和相关投融资业务的"净零碳排放"，从而带动整个经济体向"净零碳排放"转型，金融支持经济零碳转型达成共识。既有可持续金融、绿色金融、气候金融的内涵与目标都扩展到"净零碳排放"上来。与国际相适应，中国的零碳金融是在碳中和的目标指引下，为经济向零碳转型提供投融资、风险管理的金融服务；是与碳中和目标及经济模式相一致的金融投资活动和金融体系（秦婷，2023）。为了实现"双碳"目标，我国陆续发布重点领域、行业碳达峰实施方案和一系列支撑保障措施，构建起支持碳达峰、碳中和"1+N"政策体系，"1"是指我国实现碳达峰、碳中和的指导思想和顶层设计，"N"是指重点领域和行业的实施方案，包括工业领域碳达峰行动、能源绿色转型行动、交通运输绿色低碳行动、循环经济降碳行动等，并涉及工业、能源、交通运输、城乡建设等各行各业的碳达峰实施方案，以及科技支撑、碳汇能力、能源保障、标准计量体系、财政金融价格政策、督察考核等保障方案。在整个过程中，金融业将会成为我国实现碳中和目标的重要工具，也必将转型为新的零碳金融系统。总的来看，零碳金融是与碳中和目标及经济模式相一致的投融资活动和金融体系，旨在通过创新完善金融系统，以政府引导、市场主导的方式激励社会资金流向零碳转型投资领域，优化相关资源配置，管理转型风险，以实现可持续发展，最终构造人与自然和谐共生的经济社会发展模式。

（二）零碳金融发展历程

从零碳金融演进脉络来看，零碳金融是立足于实现碳中和目标，在全球绿色金融发展的基础上演化而来，涵盖了可持续金融、气候金融、生态金融、转型金融等多维概念的新金融范式。在环境问题和资源约束问题中探寻平衡的绿色金融已难以满足可持续发展要求，绿色金融亟待转型成为全新的零碳金融发展模式。

首先，碳中和目标已成为全球共识，零碳转型已取代绿色转型，成为全球范围内解决环境和可持续发展问题的新路径。全球大部分国家和地区已签署升温不超过 1.5℃的《巴黎协定》，联合加强气候行动，从而到 21 世纪中叶实现净零碳排放。欧盟于 2018 年首次提出于 2050 年实现碳中和的目标，并于 2019 年发布《绿色欧洲协议》，对碳中和的实现路径和政策方向做出规划，对覆盖能源、工业、建筑、交通、农业等几乎全行业的经济活动进行了低碳转型指导。2021 年，欧盟公布了《欧洲气候法案》，将碳中和纳入法律框架并明确了实现的必要步骤。此外，2021 年美国拜登政府郑重提出了包含战略目标、时间表和技术路径的 2050 年净零碳排放的长期目标，将经济的零碳转型与刺激经济的产业政策相结合，重返气候治理的国际队伍中。日本、德国、韩国等发达经济体也陆续发布绿色相关战略，在产业规划和财政支持方面提供具有针对性的引导政策，保持在零碳转型全球格局中的竞争力。

其次，全球绿色金融发展构建了框架和制度体系，是零碳金融发展的重要基础。绿色金融起源于人类认识到气候、环境因素也是经济增长和社会发展的必要条件。对人类可持续发展造成真正威胁的是全球温室效应，尤其是碳排放带来的负面影响。金融作为现代经济的核心，不仅在提供融资支持和促进技术进步方面发挥了重要作用，还在资源配置方面起决定性作用。以物质产出的积累最大化为目标的经济发展模式，使得金融支持经济带来了一系列环境污染和发展不可持续问题。金融部门无法忽视生态破坏对金融资产本身以及整个经济、社会带来的风险，金融与经济二者之间的协调促进关系转为金融、经济与生态三者之间的交互联动关系（魏丽莉和杨颖，2022）。

二、我国零碳金融发展的现实瓶颈

我国零碳金融的发展面临资本与运营层面的双重挑战，前者包括绿色金融标准不够完善，零碳金融市场化接轨程度不高，信息披露制度较为宽松，零碳金融产品类型较为单一，等等；后者则是对于企业主体而言，其"双碳"目标和战略不明确，业务模式和能源结构转型困难，"双碳"政策增加企业成本压力。零碳金融政策不完善、传统能源依赖度高、各地区零碳金融发展失衡、零碳转型融资缺口巨大等问题都将阻碍我国零碳金融的发展（李可煜，2023），同时，经济结构能源强度高、在工业化和基础设施建设方面的存量大等也将对零碳金融的发展产生不小的压力（朱民等，2023）。

第一，企业与金融机构对零碳金融认识还不到位。与国外先发国家相比，零碳金融进入我国的时间相对较短，不少企业和金融机构对零碳金融认识不足，导致其对零碳金融的操作模式、交易规则、项目开发等的认识和掌握仍处于起步阶段。企业方面，更多是囿于政府部门要求，才购买相应的碳排放配额，没有主动拥抱技术更新和节能减排；金融机构方面，以商业银行为代表的经济主体，从事的业务相对单一，主要集中在碳金融产业的下游，缺乏与此相关的金融衍生创新产品，不利于零碳金融的长期发展，碳保险、碳证券、碳资产管理公司、专业化的碳经纪公司、碳信用评级机构等新兴金融机构在我国还没有出现，无法扩大碳金融服务范围，为碳金融市场的日益活跃和加速创新提供保障。商业银行在绿色信贷之外的中间业务（包括为客户提供碳金融理财、咨询、清算等账户管理，以及信用评估与保函、担保等信用增级服务）则刚刚起步，相对于国外众多银行的深度参与，我国商业银行的碳金融中间业务发展尚处于起步阶段，业务简单，深度不足；政府层面，碳金融的发展缺乏综合性的配套扶持政策。我国碳市场整体政策框架尚不完善，也缺少相应的法律政策保障。财政与税收政策对发展低碳经济的支持与引导力度十分有限。

第二，零碳金融业务主要集中在低附加值环节。自零碳金融引入国内以来，我国商业银行在推广普及零碳金融的过程中发挥了重要作用，但是从整体上看，我国碳金融的业务品种仍相对单一，对于项目财务顾问、二级市场交易、创新开发金融衍生产品，我国商业银行依旧很少涉足。

第三，中介市场尚不健全。碳减排额作为一种虚拟商品，有十分严格、规范的交易规则，虽然我国各地碳排放权交易所相继成立，但此类中介机构尚处于初始阶段，还没有形成标准化的交易体系，影响相关金融产品的推出，以及市场交易活跃程度；我国的中介机构尚处于起步阶段，难以开发消化大量项目，也缺乏专业的技术咨询体系来帮助金融机构分析、评估、规避项目风险和交易风险。而相关的政策对项目参与方，特别是咨询公司和中介公司的资质与行为规范也无明文要求。

第四，碳金融交易工具不足。国际碳金融市场目前活跃的主要交易工具为与碳排放权相关的远期期权。同时，伴随着国外金融机构在低碳经济中的作用逐步显现，碳期权交易、碳证券、碳期货、碳基金等各种碳金融衍生品开始出现，这些产品为碳交易双方提供了新的风险管理和套利手段，丰富了市场的交易工具并提升了市场活跃度。与之形成对比的是，国内虽然目前也已出现基金公司、信托公司、私募基金等金融机构，但与发达国家碳金融市场相比，仍显现出起步晚、渠道窄、市场开放程度低等特点,我国在碳金融交易工具方面存在着一些不足和欠缺。中国金融业的碳金融活动,目前主要还是绿色信贷业务,但由于商业银行并非风险投资企业,其安全性、效益性、流动性的经营原则决定了信贷支持成熟的发展模式和增长方式的偏好,因此尽管对绿色信贷兴趣逐渐上升,但由于全面促进绿色信贷发展的外部环境尚有欠缺,各金融机构在绿色信贷方面的投入规模仍然有限。

第二节 "双碳"目标、零碳金融与财政金融协同的内在联系

一、零碳金融是"双碳"目标下的金融范式变更

(一)财政金融政策、零碳金融体系与碳中和目标的辩证关系

在工业化时代,经济的高速增长是以高耗能和高排放为代价的(陈诗一,2009),由此带来的环境污染和气候变化问题已经切实威胁到了人类生存安全和可持续发展。主动解决环境气候问题逐渐成为全球的共识。全球各国家和地区已基本上设立了符合自身实际的碳达峰、碳中和目标。主要的发达经济体和部分发展中经济体已完成了碳达峰目标。此外,已有138个国家和地区设定了碳中和目标。从金融系统发挥作用的现实路径来看,以效用最大化均衡为出发点,以投资收益最大化为目标的传统金融模式无法解决环境污染外部性带来的市场失灵问题,市场化的价格无法解决金融价值与非金融价值的冲突,难以支撑经济增长与自然生态协调发展的巨额资金需求,也无法应对碳中和实践中的转型风险。作为推动零碳转型的先行力量和重要抓手,金融部门在支持碳中和转型过程中肩负着重大历史责任,也必将转型和发展成崭新的零碳金融系统(朱民等,2022a)。

作为世界上最大的能源生产消费国[①],中国提出"双碳"目标。与此同时,中国还开启到 21 世纪中叶建成社会主义现代化强国的第二个百年奋斗目标的新征程。面对同时期协同推进经济高质量发展和生态环境保护的双重任务,中国亟待建设完善的零碳金融系统,为碳中和转型和经济高质量发展提供保障。中国绿色发展理念和方式是一场广泛而深远的经济社会系统性、全局性变革。相较于已完成碳达峰任务的发达国家,中国面临经济体量大、化石能源依赖程度高的现实问题,同时要完成保持经济中高速增长的既定任务,零碳金融系统势必发挥着更重要的作用。

---

① 数据来源:《新时代的中国能源发展》白皮书,2020 年,国务院新闻办公室。

实现零碳转型目标和完成经济高质量发展任务，除强有力的末端环境治理措施外，还必须采用财政、金融手段改变社会资源配置的激励机制，关注源头和过程（牛海鹏等，2020），其核心任务是使资金从污染性行业逐步退出，投向支持与社会福利最大化相一致的绿色低碳领域。代表财政手段和金融手段的财政政策与金融政策在引导资金流向，促进零碳金融发展，最终完成整个经济社会零碳转型的过程中发挥着不可替代的重要作用。绿色金融政策是通过信贷、债券、保险、排放权交易等金融服务将社会资金引入环保、节能、绿色创新领域的一系列政策安排，主要包括政府政策与市场政策。政府政策主要指政府行政力量对绿色金融做出的整体性政策安排，以及实质性激励约束政策等，目的在于为市场主体提供便利措施，推动金融服务绿色领域的能力建设。市场政策则包括为绿色信贷、绿色债券、绿色保险等绿色金融产品的发展所提供的相关政策保障。

财政在国家治理中扮演着最重要的角色，始终服务和保障国家发展的政治意图、战略部署和改革方向（吕炜，2004），作为国家宏观调控最重要的工具，财政部门参与应对环境问题，促进经济低碳转型已成为全球趋势。财政政策可通过激励、协调、补偿等手段和金融政策协同引导资金流向零碳投资并管理零碳转型的风险已成为全球共识。

2019年4月，由20多个国家财政部部长发起"财政部部长气候行动联盟"，旨在通过财政政策和公共政策，促进国家气候行动。2021年4月，美国财政部宣布设立"气候中心"以协调征管部门应对气候变化的经济政策，重点关注气候投融资、与气候相关的经济和税收政策设计，以及与气候相关的金融风险应对问题。财政政策和金融政策同为我国实现"双碳"目标的"1+N"政策体系中的重要组成部分，其协同作用直接在减缓、适应气候变化，促进经济社会系统绿色转型上发力，引导资金流向零碳产业，为"双碳"目标的实现提供制度基础和激励动力。

（二）在绿色金融体系基础上构建全球领先的零碳金融体系

在改革开放的发展浪潮中，一些地方没有处理好经济社会发展与生态环境保护的关系，导致环境形势严峻、环境事件频发。中国绿色金融发展起步于抑制污染性投资和鼓励绿色投资的环境问题解决路径，大致可分为三个阶段。第一阶段为1981~2006年的绿色金融萌芽阶段，这一时期内，在环境问题的催生下，对重污染和环境不友好产业的金融约束以及小规模绿色信贷开始出现，此时我国绿色金融发展呈现出模仿西方工业化过程的"先污染后治理"的特点。第二阶段为2007~2015年，我国绿色金融从被动跟随转向主动探索。在这一时期，以信贷控制、风险防范、绩效考核、信息披露为重点的绿色信贷体系持续健全；以环保监管和环境信息披露为支撑的绿色债券开始出现。此外,环境污染责任险正式启动,企业污染防治能力显著增强。这一阶段,绿色金融体系逐步确立,金融支持绿色经济发展成效显著。第三阶段为2015年之后,在这一时期,我国加速构建绿色金融体系。顶层设计层面,一系列引领绿色金融系统化建设的纲领性文件出台,绿色金融标准体系逐步建立;实践方面,绿色金融产品和服务加速创新迭代,规模不断增长。地方绿色金融实践从"试点"向"全面"推进。绿色金融国际合作从独立发展走向全球引领。中国在绿色金融的实践中积累了丰富的经验,已构建了全球领先的绿色金融政策和市场体系。

尽管我国绿色金融发展在一定程度上解决了环境污染问题,但当前绿色金融难以满足"双碳"目标对金融系统的要求。绿色金融系统能提供的金融支持在总量规模、融资结构、金融机构、金融产品和风险管理等方面与实现碳中和目标的需求仍有较大差距(朱民等,2022a)。绿色金融主要依赖先发展再治理,而零碳金融"发展与治理同步"的理念则是从经济发展的视角用金融手段解决资源约束问题,是人类为未来可持续发展提出的自我变革下的主动选项。

尽管绿色金融与零碳金融有着本质区别,但绿色金融关注的投融资业务也是零碳金融的重要组成。在零碳金融转型需求迫切,零碳金融国际竞争激烈的当下,我国应以较完善的绿色金融体系为基础,拓宽绿色金融领域外延和总量规模,优化融资结构和金融产品。整合绿色金融资源,完成绿色金融与零碳金融的迭代创新。在金融支持绿色投融资活动的基础上,将其变更为支持经济社会的全方位零碳转型。在绿色金融领域换道超车,夺取零碳金融国际竞争制高点。

二、财政金融协同是我国构建零碳金融体系的有效路径

(一)零碳转型的投资特点

实现碳中和目标需要从供给侧、输配侧、需求侧层级出发,涉及"生产—消费—流通—分配"各个环节,需要实现覆盖清洁能源、绿色基础设施建设、固碳技术等多产业的投资,衍生出巨大的投资需求(樊轶侠,2023)。据测算,在《巴黎协定》2℃温控目标下,2020~2050年我国需要在能源和电力系统新建基础设施投资、终端节能和能源替代基础设施建设及既有设施改造新增投资约127万亿元,若按照1.5℃温控目标,则需新增投资174万亿元[①]。对于如此巨量的投资需求,仅依靠市场或政府的单方面力量难以完成。一方面,国家财政支持有限,难以满足巨额投资需求;另一方面,金融部门的私人投资由于缺乏流向零碳投资的

---

① 数据来源:《中国长期低碳发展战略与转型路径研究》,2021年,清华大学气候变化与可持续发展研究院。

有效导向，难以成为零碳转型投资的有效补充。有研究指出，社会资本投资对碳中和资金支持比例达 90%，而政府仅为 10%①。数据显示，截至 2023 年一季度末，我国资本市场拥有 439 万亿元的金融资产②，理论上能满足零碳转型的资金需求。但碳中和转型和绿色经济活动具有显著的正外部性，市场主体无法将社会成本或收益内部化，市场失灵导致社会资金无法大量流向零碳转型领域。绿色信贷政策显著抑制了能源密集型行业的投资和重污染企业的有息债务融资、新增投资，也会导致这类企业短期经营业绩降低，影响投资者信心，阻碍资金向这类企业流动。零碳投资对前期成本要求高，气候变化预测难度较大的特征可能给底层金融资产带来贬损风险。由于政策调整、技术更替、市场偏好变化等人为因素，企业零碳转型过程中生产成本上升、利润下降、违约风险加大，注重短期经济收益的私人投资者面临更高的资金成本和信息不对称问题，零碳投资激励的缺乏将导致社会资本不愿向零碳投资倾斜，使零碳转型过程中社会化投资不足。

另外，绿色金融支持的行业过于集中，难以覆盖零碳转型中的各类融资需求。2019 年国家发展改革委、工信部等七部门联合印发的《绿色产业指导目录》首次明确了节能环保产业、清洁生产产业、清洁能源产业、生态环境产业、基础设施绿色升级和绿色服务六大绿色金融支持的产业。随后，2021 年中国人民银行、国家发展改革委、中国证券监督管理委员会（简称证监会）等三部门联合印发的《绿色债券支持项目目录（2021 年版）》亦将绿色债券支持产业定位上述六大产业。一些零碳转型涉及的产业不在目录中，得不到绿色金融的有效支持，无法满足融资主体多样化需求。

从零碳转型投资特点上看，财政支持具有资金总量不足的特点，金融支持具有难以有效、精准覆盖转型的特点。因此采取"政府+市场"的支持模式，财政政策提供引导，撬动社会资金流向零碳转型投资；金融政策发挥杠杆作用，弥补财政支出的不足。同时财政金融政策协同能管理转型中的风险，实现财政金融政策相辅相成、优势互补，共同致力于构建完善的零碳金融系统，促进"双碳"目标的实现和经济高质量发展。

（二）绿色金融资源的稀缺性和准经营性

一直以来，关于社会资源的有效配置方式的探索与争论贯穿着宏观经济学的发展。自由主义经济学派认为经济活动的利己性和资源的稀缺性有机融合形成的"看不见的手"能有效配置资源，反对一切形式的政府干预。凯恩斯主义经济学在20 世纪 30 年代全球经济危机和大萧条的背景下，主张摒弃经济自由主义，扩大

---

① 数据来源：《2022 年全球低碳创新应用研究报告》，2023 年，亿欧智库。
② 数据来源：中国人民银行官网。

政府机能对经济活动进行干预，以公共投资的增量弥补私人投资的不足。自由主义经济学派和凯恩斯主义经济学派对"自由经济"和"政府干预"等一系列理论的不断争论在实践发展中逐渐形成了共识，即在社会化大生产中，资源配置的优化既可以在市场价格机制、供求机制和竞争机制中实现，也能够通过政府设定政策目标、进行宏观调控等推动（徐枫等，2023）。金融资源的稀缺性和零碳转型投资的准经营性为财政金融政策协同的调控方式在可行性方面提供了理论支撑。

在不完全有效的市场中，金融资源具有很强的稀缺性。在供需错配问题更严重的绿色金融领域更是如此。此外，零碳投资在属性上具有介于可经营性与非经营性间的准经营性质，即其不仅与经济发展有关，也与社会民生有关。基于绿色金融资源的稀缺性和准经营性特点，零碳金融发展必须依靠"政府+市场"的模式，不仅要发挥政府的引导作用，撬动社会资金流向低碳转型领域，解决绿色低碳产业融资难、融资贵问题。还要更好地发挥市场在资源配置过程中的决定性作用，运用市场化手段解决投资载体和投资资金运用问题。

绿色金融资源和零碳转型投资的特点决定了零碳金融转型是政府引导和市场主导、市场和政府相互作用的过程，市场在资源配置中起决定性作用，也要更好地发挥政府的作用。作为政府最有力的宏观调控工具，财政政策能有效引导资金流向，以乘数效应扩大投资规模，从投资方向和数量规模两个方面共同发力，作用零碳金融转型。此外，财政政策也有利于强化市场预期，防范经济转型中的各类风险。目前，现有的国际经验表明，"财政指导+市场主导"的模式是支持零碳金融发展，提高资金配置的效能，快步平稳推进零碳转型的重要方案。

三、财政金融协同支持零碳金融的分阶段研究

实现"双碳"目标，最终迈向可持续的新经济发展范式需要从碳达峰、碳中和的自然属性和技术逻辑出发，设计符合分阶段特点的技术创新方案，不能一蹴而就。碳达峰阶段和碳中和阶段对于碳排放增量与总量达到零的差异任务预示着不同阶段的重点任务。碳达峰阶段金融供给以释放存量产业潜在动能、加快培育新动能、高碳产业科学转型、协同推进减污降碳为抓手。在实现碳达峰后，碳中和阶段的金融供给以支撑新旧动能的"两全"覆盖，经济全面转型，减碳和增加碳汇为抓手。

其中，减碳主要关注的是能源结构的调整和减排技术的应用，通过各种手段，加快可再生能源、清洁能源取代化石能源的步伐。通过技术创新，提高能源使用效率。固碳主要包括碳汇、碳捕集、碳封存等，主要通过生态路径和技术路径实现。"双碳"目标的实现需要系统性的、新的公共政策体系提供保障，仅停留在破解污染问题的生态环境政策设计难以满足社会变革需求，需要包括财政、金融

政策在内的经济社会政策的补充。财政部门和金融部门共同参与应对气候变化已成为全球共识。财税保障方案也是中国碳达峰、碳中和"1+N"政策体系中的重要组成。针对碳达峰、碳中和不同阶段任务特点，财政金融协同支持零碳金融发展具有不同的路径选择。

（一）碳达峰阶段

在实现碳达峰阶段，财政金融政策协同要以低碳转型为抓手。第一，要加大财政支持公共投资力度。财政以设立零碳产业投资基金、绿色公共投资机构的方式，加快以清洁能源为代表的绿色新动能和其他零碳产业的部署，大规模开展能源基础设施建设和存量能源基础设施改造。同时加大绿色金融基础设施支持力度，重视数据基础设施建设，积极参与零碳金融国际竞争与合作。第二，要多渠道引导资金流向低碳产业，建立政府、金融部门协同参与的财政金融联动机制，通过财政贴息降低金融机构绿色信贷利息，充分发挥财政对金融资金的撬动作用，匹配低碳投资目标。财政引导零碳金融产品供给创新，通过税收补贴、转移支付、政府购买等方式支持绿色基金、债券、保险、信托等多样绿色金融产品发展及统计体系的建立，以匹配低碳转型多元的投资需求。第三，将碳预算纳入财政体系。对低碳减排进行宏观管理，同时将碳排放及其相关的环境影响指标纳入本级和下级预算绩效管理体系，强化碳减排预算绩效管理的刚性约束，明确减碳资金的监督和绩效评估办法。第四，要有效防范低碳转型风险。建立财政与金融联动的绿色管理体系，以防范传统金融风险为主，同时兼顾防范气候风险。注重发挥金融科技在低碳识别与风险管理中的作用与政府融资担保基金的托底作用。

（二）碳中和阶段

在迈向碳中和阶段，财政金融协同要以零碳转型为抓手。第一，要优化财政支出结构。财政加大对零碳转型科技创新的支持力度，促进零碳发展和能源结构转型，加快成熟零碳技术的推广应用。统筹技术固碳和生态固碳技术创新，增强碳汇能力。第二，要加大财政引导力度，财政引导金融从减污降碳、低碳转型延伸至全产业零碳转型，以金融机构零碳转型为重点，建立完善的碳税体系，将其与碳交易市场相匹配的工具共同应用。第三，要完善碳交易市场，将我国碳市场建设为全国统一的排放权交易所，通过现货与期货方式交易排放配额与绿色积分，促进企业要素流动。以防止系统性风险为前提，成立各类零碳债券与零碳基金，引导市场资金参与零碳经济的发展建设。第四，建立与碳中和目标一致的风险管理体系。面对转型进程中的风险，要建立起财政金融政策协同的零碳转型风险管理体系，综合运用宏观审慎工具进行风险防范。

第三节　财政金融协同支持零碳金融的作用机理

一、财政金融协同支持零碳金融的逻辑分析

协同学（Synergetics）一词，源于希腊语，意为"协调合作之学"。它是由物理学家赫尔曼·哈肯于 1971 年提出的，是一门研究普遍规律支配下有序的、自组织的行为科学（周志忍和蒋敏娟，2010）。协同的内涵在于系统内部的各个组成部分在同一规则框架下，通过相互之间的有序配合产生"1+1＞2"的集合效应。政策协同（policy synergism）是以协同学为基础的社会治理领域的重要理论。它产生于 20 世纪 90 年代西方国家关于提高资源配置效率的"整体政府"实践中。基于政策协同的目的和过程，其含义可以概述为：政策各参与主体通过沟通、动态调整使其政策相互兼容、协调、支持，以解决复杂问题和实现共同目标的方式。政府或公共权威，为实现共同的目标理念而形成的系统中，政策要素、政策子系统相互配合、相互协作，产生政策合力，形成不同于微观子系统简单加总的宏观系统功能（郑佳，2010）。

政策协同的有效性在于解决政策问题、实现政策目标、最大化利益，其关注的是两个或两个以上各自独立的政策子系统之间的合作、协调、同步"关系"，本质上是共同目标协同，其追求的是公共利益最大化。此外，更具体地来看，政策协同是政策主体在充分认识不同政策措施优势的基础上，通过不同措施的协调配合，以完成同一目标的过程。强调不同政策在制定、执行等各个环节高效协调与配合，形成政策间相互补充、共同发力的有利局面。基于此，政策协同可以概括为：政策主体协同、目标协同、措施协同三个方面。

实现"双碳"目标，不仅要对现有的生态环境政策进行系统性变革，而且要对包括财政、金融政策在内的经济社会政策进行调整和改革，构建系统、协同的公共政策体系（陈诗一和祁毓，2022）。作为调节社会经济发展的最重要工具，财政金融政策在支持零碳金融发展上具有天然的合作属性。财政金融协同支持零碳金融的逻辑框架如图 2-1 所示。政策制定主体是统揽全局的部门，一般是党和国家最高领导层和各级政府，根据"双碳"目标的现实情况和具体路径，设计协同政策，并明确政策协同目标，政策制定主体能抛开财政政策执行主体和金融政策执行主体的部门利益，推动政策协同发力，向财政政策执行主体和金融政策执行主体发布行政命令，财政政策执行主体和金融政策执行主体以统一的政策目标为抓手，以政策制定主体的行政命令为依据，发挥各自优势。具体而言，财政政

策为金融部门提供引导资金，如提供财政贴息、税收优惠，推动绿色 PPP（public private partnership，公共私营合作制）项目等，发挥财政资金的乘数效应，以财政资金引导社会资金流向低碳转型领域。此外，财政资金支持设立公共绿色投融资机构，能提高公共资金利用效率，精准投资零碳转型领域。金融政策为财政部门提供资金杠杆，缓解财政压力。二者形成合力，共同构建完善的零碳金融系统，以推动经济社会零碳转型，缓解转型中的融资约束，并防范转型过程中的金融、气候等各类风险，推动碳中和和经济高质量发展共同目标的实现。

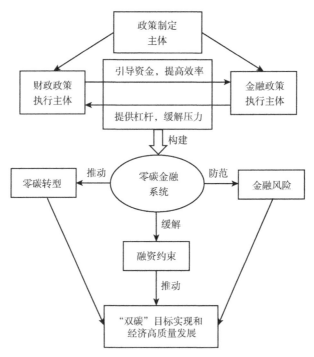

图 2-1　财政金融协同支持零碳金融的逻辑框架

二、财政金融协同支持零碳金融发展的多维结构

（一）主体协同

政策主体是公共政策的核心要素，指参与和影响政策制定、执行、监督过程中的各类主体，包括行政事业单位、社会团体和个人。具体而言，政策主体可以细化为政策制定主体、政策执行主体、政策目标主体、政策优化主体。政策制定主体指具有行政权力的最高决策层。作为财政金融协同政策的设计者，政策制定主体可以宏观地把握政策协同的模式、方案及预期效果，是政策主体中的中心部门，主要是中央和各级政府。政策执行主体是政策措施的具体实施者，在财政金

融协同体系中，主要有财政政策执行主体和金融政策执行主体，其中财政政策执行主体包括财政部、国家发展改革委、税务部门等政府职能部门。金融政策执行主体包括中国人民银行、国家金融监督管理总局、各类金融机构等。政策目标主体即财政金融政策的受众和承载者，是政策作用的微观主体，政策最终要在政策目标主体上发挥效能。政策优化主体指的是独立于政策制定与实施过程，对政策实施效果进行科学评估并形成优化建议的科研机构和学术团体。

　　财政金融政策主体协同的作用机理如图 2-2 所示。各主体之间通过相互衔接、协调配合，构建完善的政策制定、执行、评估体系，共同促进零碳金融发展。首先，党和国家最高决策层作为财政金融协同政策的顶层设计者，在国家长期发展规划中，明确财政金融政策支持零碳金融发展，以及零碳转型的战略定位，并根据现实情况和发展规划，协调财政政策执行主体和金融政策执行主体的利益冲突与功能重叠，制定财政金融协同政策并向下传导至政策执行主体。政策执行主体根据政策安排，负责针对政策目标主体的政策执行与监督。政策目标主体受政策影响后，向政策执行主体反馈政策实施成效，以便其调整政策执行力度与方式。政策执行主体根据政策实施成效和政策执行现实情况，向政策制定主体反馈执行情况，以便其调整和优化政策安排。这种"逐级传导""双向反馈"的路径确保了政策可行性，提高了政策的执行效率。此外，政策优化主体是主体协同中较为独立的组成部分，在接收到政策目标主体对于政策成效的反馈后，凭借其专业知识和相对客观独立的身份，对于政策协同的经济效益、社会效益，以及政策可持续性等进行综合评判，形成优化政策制定、执行的建议，反馈给政策制定主体和执行主体，为政策的进一步调整和优化提供依据。财政政策与金融政策通过各参与主体之间的协同，依靠协同网络的动态系统，充分发挥政策合力作用，从而更有效率地支持零碳金融发展。

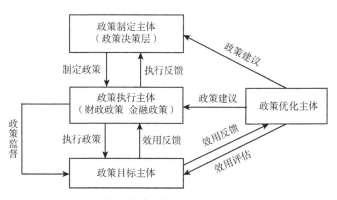

图 2-2　财政金融政策主体协同的作用机理

　　总的来说，政策主体协同的根本是包括政策制定主体、执行主体、目标主体、优化主体在内的各方参与者为了共同的目标各司其职，并在一套主体协同体系下发生相互作用，强化各自间的协同效应。在构建完善的零碳金融体系和实现"双碳"目标的背景下，主体协同的重点在于三个方面。第一，政治势能的传导。"双碳"目标是党和国家深入结合我国现实国情和国内外局势进行的系统规划。中央层面的政策制定者具有更高的政治势能，能够进行更全面的统筹安排，相较于地方或各职能部门的政策，易于发挥更大的政策效应。地方或职能部门制定的政策通常聚焦某一特定地方或某一领域的零碳金融发展，是在接受上一级政治势能的传导下，在中央政策的指导下制定的，在政治效力上远小于中央政策。但我国节能环保财政支出约 90%由地方政府承担（朱民等，2022a），地方政府是重要的政策执行主体。第二，财政金融政策执行主体作为具体的政策执行者，是主体协同的重要组成部分，分别承担着政府指导功能、市场主导功能。只有发挥二者合力，财政金融主体协同才能落到实处，政治势能才能最终转化为政治执行力，作用于政策目标主体。第三，政策主体协同需要各政策目标主体和政策优化主体的广泛参与。作为零碳金融体系构建的最终微观主体，政策目标主体对于政策执行主体发起的政治势能的反馈尤为重要，只有充分调动政策参与主体的积极性，形成软性和硬性的参与约束，才能使协同政策发挥效能。

（二）目标协同

政策目标是政策制定和执行的出发点，是政策预达到的最终成效。目标协同是指为促进零碳金融发展，为"双碳"目标的实现提供保障，财政、金融政策两个不同的系统通过目标的协同配合，使之同向发力，达成最终目标的统一。从现实情况看，财政、金融部门的职能属性和目标任务有所不同，不同政策执行主体对于共同目标的利益趋向并不完全一致，可能存在冲突，财政部门和金融部门若各自为政，则可能存在政策效果冲突，难以互为补充，从而造成支持零碳金融发展效率不高的问题。在支持零碳金融发展过程中，政策制定主体制定的财政政策与金融政策的总目标一致，但具体侧重不同。财政政策目标以"把控"为重点，通过财政资金形成"四两拨千斤"的撬动作用，引导资金的投入，并提高公共资金的使用效率，确保对零碳领域的精准投资。金融政策目标以"赋能"为重点，通过提升金融服务的可得性、覆盖率，优化金融资源配置，减少财政在绿色公共产业方面的支出。

财政金融政策目标协同支持零碳金融发展的作用激励如图 2-3 所示。财政金融政策目标协同也即政策执行主体在支持零碳金融发展的共同目标引导下，加强部门间的协同配合，将共同目标的实现置于各自目标之上，集中力量解决整体性问题，避免各自为战造成政策之间的重叠或冲突。首先，政策制定主体以其绝对权威性和统筹全局的地位，明确共同目标，并传递给财政、金融政策执行主体。政策执行主体通过建立部门间有效的沟通协作机制，柔化部门边界，调整利益，相互配合，互相明确目标与任务，将政策协同绩效纳入政策函数，实现两部门间的有效合作，发挥政策效能，将其目标的内在一致性转化为外在政策表现，将各自的目标统一为保障零碳转型投资、管理转型风险的具体目标，共同发力，促进零碳金融发展。例如，财政支持建设零碳基础设施，金融部门就要出台相应配合举措，将零碳基础设施建设纳入碳排放权交易市场（简称碳市场）建设，或发行零碳基础设施债券或提供信贷。总而言之，目标协同要求以财政部门的"把控"为起点，以金融部门的"赋能"为着力点，以零碳金融体系构建为最终目标。

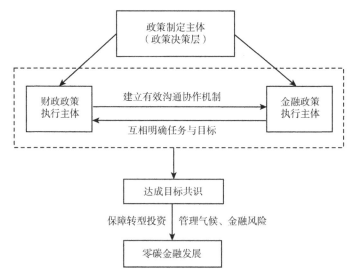

图2-3　财政金融政策目标协同支持零碳金融发展的作用激励

（三）措施协同

政策措施指的是政策执行主体为达到政策目标采取的具体方法和手段。在支持零碳金融发展的过程中，财政政策主要是政府"看得见的手"形成对市场中资金的引导，通过创新运用预算、税收、贴息等多元财政工具，使得绿色投资和绿色转型的正外部性内部化，弥补市场资源配置的缺陷。金融措施则是运用市场"看不见的手"以市场化方式，通过以绿色信贷、绿色债券等多种形式为载体的金融工具引导社会资金的多向流入。

在支持零碳转型的各个阶段和环节中，财政政策和金融政策在措施上协同配合，以满足零碳转型的资金需求，提高资金配置效率，管理零碳转型的各种风险。财政金融政策措施协同的作用机理如图2-4所示。首先，财政政策对于金融资金具有直接引导作用和间接引导作用。直接引导包括建立政府和社会资本合作的绿色PPP项目，将社会资金引入包括零碳转型投资的绿色领域，提供公共服务的同时减轻政府的财政负担；政府财政支持设立公共绿色金融机构，政府出资设立绿色投资银行，或根据零碳转型不同阶段特点设立专项投资金融机构。政府通过财政资金，直接将社会资金引入零碳金融系统。与之相比，以财政贴息、税收优惠、风险担保、支持零碳金融基础设施建设、绿色预算拨款等为代表的间接引导能更好地发挥乘数效应，以更加市场化的方式发挥财政资金"四两拨千斤"的作用，也能更好地防范金融风险传导。

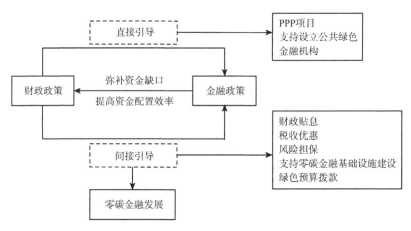

图 2-4　财政金融政策措施协同的作用机理

　　财政间接引导金融资金包括财政贴息、税收优惠、风险担保、支持零碳金融基础设施建设、绿色预算拨款等举措。财政通过对绿色信贷贴息，加大信贷投放力度。通过对绿色债券的税收减免、税收优惠扩大绿色投资力度。政府对绿色信贷实行优惠再担保费率，加大国家融资担保基金在股权投资、绿色信贷专项授信额度、风险比例、再担保费率、信息技术等方面的支持力度。财政直接引导和间接引导两种方式能有效撬动社会资本参与到零碳转型投资中，市场上的金融资金"活水"能有效弥补财政资金缺口，共同促进零碳金融发展。

第四节　我国财政金融协同支持零碳金融发展的实践现状

一、财政金融协同政策在绿色金融改革创新试点中的应用

　　绿色金融改革创新试验区是在我国金融体系转型过程中重要的制度创新，有力地支持了全国绿色金融体系建设（朱民等，2022b）。通过在试点地区内探

索建立现代绿色金融服务体系，为金融支持零碳转型提供可复制、可推广的经验。继 2017 年首次批准在五省（区）八地（市）建设绿色金融改革创新试验区后，我国分别于 2019 年 11 月、2022 年 8 月新增甘肃省兰州市、重庆市两个试验区。我国绿色金融改革创新试验区试点自开通以来，在金融支持绿色发展的体量方面取得了显著增长。数据显示，截至 2023 年第二季度，各试验区绿色信贷余额超过万亿元，占总贷款比重超过一成；绿色债券余额超过 2000 亿元[①]，同比增长超四成。

财政金融协同支持绿色金融发展，助力零碳转型是绿色金融改革创新试验区的重要举措。在中国人民银行、国家发展改革委、财政部等七部委联合发布的支持试点地区建设绿色金融改革创新试验区的总体方案中，均突出了加大地方财政对绿色金融的支持力度，并要求地方财政部门和金融部门加强协调、多措并举，共同支持地方绿色金融发展。表 2-1 列示了截至 2023 年 6 月，我国绿色金融改革创新试验区的建设情况以及财政金融政策协同举措。各试验区采取"统筹协调、工具创新、精准施策"的方式，持续加大财政对绿色金融领域的支持力度，引导金融资源向绿色领域聚集。

表 2-1 我国绿色金融改革创新试验区的建设情况以及财政金融政策协同举措

确定时间	地区	政策协同成效
2017 年 6 月	浙江省湖州市	1. 财政金融协同制度安排不断完善 2. 政策工具加速创新，覆盖领域持续扩大 3. 政策精准性提升，零碳金融转型发展持续提速增效
	浙江省衢州市	
	广东省广州市	
	新疆维吾尔自治区哈密市	
	新疆维吾尔自治区克拉玛依市	
	新疆维吾尔自治区昌吉回族自治州	
	贵州省贵安新区	
	江西省赣江新区	
2019 年 11 月	甘肃省兰州市	
2022 年 8 月	重庆市	

资料来源：作者根据公开资料整理

顶层设计层面，各试验区所在省级人民政府相继印发了《建设绿色金融改革创新试验区实施细则》，对财政金融协同支持绿色金融发展提出了具体举措，并成立了包括财政部门参与的省级领导小组或专班，定期召开会议，协调财政金融政策协同方案，解决政策矛盾冲突问题。

---

① 《金融改革向"绿"而行 国家级创新实验区扩容》，http://www.news.cn/fortune/2023-06-28/c_1129720806.htm。

各试验区率先将绿色金融专项资金纳入财政预算安排。加大财政对绿色金融业务的贴息、风险补偿力度，并出台配套的绿色金融专项资金管理办法，确保财政资金精准投入。湖州市、衢州市、广州市每年安排不低于 10 亿元的财政专项资金支持绿色金融发展和低碳转型投资，并明确对发展绿色信贷、债券等业务的金融机构进行奖补。将金融机构绿色金融考核结果与财政资金竞争性存放挂钩，有效地调动了金融机构推进绿色金融工作的积极性。此外，各试验区安排专项资金给绿色金融贡献突出的主体，提供绿色贷款贴息和风险补偿，对企业发行绿色债券给予发行费用补贴、债券存续期利息贴息及发行金额奖励。财政支持设立绿色金融专营机构，促进绿色金融机构服务提质增效。

工具创新方面，各试验区将财政支持绿色金融基础设施建设作为重点，将数字化技术运用到绿色金融基础设施中。培育出了一批绿色金融发展新载体，如湖州市加大财政投入力度，打造绿色金融综合服务平台，包括"绿贷通""绿融通""绿信通"。提供绿色信贷、融资担保等"一站式服务"，搭建湖州数字绿金体系。贵安新区以财政支持大力建设国家级、省级绿色工厂，积极支持中国移动、华为云等国家绿色数据中心建设，以大数据促进绿色金融发展。衢州市通过财政拨款构建以碳账户为核心的"双碳"精准智治体系。以市场化运作为核心，激发金融机构创新动力，将碳账户信息嵌入产品研发、门槛准入、资产定价、风险防控、绩效评价等金融管理全流程，旨在建立基于碳账户的零碳金融服务体系。

二、地方财政支持体系逐步建立

除国家级金融改革创新试验区外，一些地区也加紧建设财政金融协同支持零碳金融发展的政策体系。支持零碳金融转型的实践中，地方政府承担了约 90%的财政资金投入（朱民等，2022a）。江苏省是我国除绿色金融改革创新试验区外率先建立财政金融政策协同支持零碳金融发展的"排头兵"。

2018 年 10 月，江苏省环境保护厅等九部门联合印发了《关于深入推进绿色金融服务生态环境高质量发展的实施意见》。对财政金融协同举措进行了系统性规定。共出台 12 项涵盖风险防控、资金引导等方面的财政金融协同支持低碳转型举措。建立了财政支持零碳金融的政策框架体系。江苏省财政金融协同支持零碳金融发展的政策体系如表 2-2 所示。除进行财政贴息、奖补以外，江苏省还出台了一系列政府风险分担和补偿机制，形成了政策合力，多渠道引导资金流向零碳转型领域。

表2-2　江苏省财政金融协同支持零碳金融发展的政策体系

出台举措	政策效果
建立环保项目贷款风险分担机制	对发生风险的绿色贷款本金损失进行补偿
对绿色信贷进行贴息	对符合条件的绿色信贷进行贴息，贴息后贷款利率不高于央行基准利率
争取政策性银行绿色信贷	争取政策性银行针对生态文明建设战略提供的政策性贷款
积极利用政府债券资金	统筹安排地方政府新增债券资金和预算资金支持生态环境保护
支持绿色企业上市和再融资	加大绿色企业上市培育力度，对于成功上市的绿色企业进行200万元奖补
开展环境基础设施资产证券化	对于环境基础设施进行资产证券化，按发行利率给予不高于30%的贴息
对绿色债券进行贴息	对成功发行绿色债券的非金融企业年度实际支付利息的30%进行贴息
为绿色信贷风险担保机构提供风险补偿	对为绿色信贷提供担保的担保机构按其担保业务季均余额给予不高于1%的风险补偿
对绿色债券发行担保机构给予奖励	对为绿色债券提供担保的担保机构给予每只债券30万元的奖励
建立中小企业绿色集合债担保风险补偿机制	对企业绿色集合债提供担保的担保机构按实际发生的损失金额的30%给予风险补偿
支持设立各类绿色发展基金	鼓励政府和社会资本联合设立绿色发展基金，政府出资部分向社会资本让利
创新绿色PPP项目运作模式	将一批有稳定收入的绿色项目优先纳入绿色PPP项目库，对有奖补条件的落地项目，奖补标准提高10%

资料来源：作者根据江苏省有关公开文件整理

第五节　财政金融协同政策的有效性测度

传统的以政策实施结果为量化依据的政策有效性评估方法难以解决不可观测因素带来的内生性问题，关注政策本身的量化方法不仅能直接地反映出政策的具体形式，而且其数量估计结果也更加精确。本书以财政金融政策文本为量化依据，从政策主体、目标、措施三个方面的协同维度将政策本身细化，构建包含政策协同变量、零碳金融发展代理变量和环境变量的指标体系，对我国2005～2019年财政金融协同政策支持零碳金融发展有效性进行测度。考虑到减污降碳是零碳金融支持的重点领域，本书将减污降碳水平作为零碳金融发展的代理变量。

一、模型构建

本书构建了包含非期望产出变量的三阶段SBM-DEA（slacks-based measure-data envelopment analysis，松弛测度数据包络分析）模型，对我国（除港澳台地区以及西藏自治区①外）30 个省区市 2005～2019 年财政金融政策协同支持零碳金融发展的有效性进行测算。模型包括以下三个阶段。

（一）第一阶段

计算初始效率。运用非期望产出 SBM 模型，计算第一阶段的效率值，得到投入变量的松弛量、期望产出变量的松弛量和非期望产出变量的松弛量。对于某一特定的决策单元 $DMU_0(x_0, y_0^g, y_0^b)$，x_0、y_0^g 和 y_0^b 分别表示投入、期望产出和非期望产出，非期望产出 SBM 模型基本形式如式（2-1）所示。

$$\rho = \min \frac{1 - \frac{1}{m}\sum_{i=1}^{m}\frac{s_i^-}{x_{i0}}}{1 + \frac{1}{s_1+s_2}\left(\sum_{r=1}^{s_1}\frac{s_r^g}{y_{r0}^g} + \sum_{r=1}^{s_2}\frac{s_r^b}{y_{r0}^b}\right)}$$

$$\text{s.t.} \quad x_0 = X\lambda + S^- \quad y_0^g = Y^g\lambda - S^g \quad y_0^b = Y^b\lambda + S^b \quad (2\text{-}1)$$

$$\lambda, S^-, S^g, S^b \geqslant 0$$

其中，$X = (x_{ij}) \in R^{m\times n}$；$Y^g = (y_{ij}^g) \in R^{s_1 n}$；$Y^b = (y_{ij}^b) \in R^{s_2 n}$；$n$ 表示 n 个部门，在本书中即表示所研究的各省区市；m 表示投入变量的个数；s_1 表示期望产出的数量；s_2 表示非期望产出的数量；S 表示投入变量和产出变量的松弛量；$S^- \in R^m$ 表示投入过度；$S^g \in R^{s_1}$ 表示期望产出不足；$S^b \in R^{s_2}$ 表示非期望产出过度；λ 表示权重向量；ρ 表示决策单元 DMU_0 的效率，且 $0 \leqslant \rho \leqslant 1$。

$\rho = 1$ 即 $S^- = S^g = S^b = 0$ 时，该决策单元完全有效率，并无投入冗余、非期望产出冗余，或产出不足；当 $\rho < 1$ 时，表示该决策单元非有效，可以调整投入松弛量和产出松弛量来提升效率。

（二）第二阶段

剔除环境和随机因素。通过第一阶段得到的投入和产出的松弛量不仅受管理因素的影响，还受环境因素和随机误差的影响，通过构建类似 SFA（stochastic frontier approach，随机前沿方法）回归模型度量，进一步从原始投入和产出中剔除环境和随机因素的影响，得到更加真实的效率水平。具体的回归方程如下：

$$s_{ij}^{\#} = f^i\left(z_j; \beta_i^{\#}\right) + v_{ij}^{\#} + \mu_{ij}^{\#} \quad (2\text{-}2)$$

① 由于我国港澳台地区以及西藏自治区数据缺失，故略去。样本设定为我国除港澳台地区以及西藏自治区以外的 30 省区市。

其中，$s_{ij}^{\#}$ 的上角标 "#" 可取 "—，g，b"；$s_{ij}^{\#}$ 表示经第一阶段得到的第 j 个省区市在第 i 项投入或产出上的松弛量；$z_j = \left[z_{1j}, z_{2j}, \cdots, z_{Kj} \right]$，$K$ 为环境变量的个数，$j=1$，2，$\cdots$，n；$\beta_i^{\#}$ 表示环境变量的系数；$v_{ij} + \mu_{ij}$ 表示混合误差项；v_{ij} 表示随机误差项，代表随机干扰对投入或产出松弛量的影响，且 $v_{ij} \sim N(0, \sigma_v^2)$；$\mu_{ij}$ 表示管理无效率项，代表管理因素对投入或产出松弛量的影响，假定其服从半正态分布，即 $\mu_{ij} \sim N^+(0, \sigma_\mu^2)$。$v_{ij}$ 和 μ_{ij} 独立不相关，$\gamma = \sigma_\mu^2 / (\sigma_\mu^2 + \sigma_v^2)$ 表示技术无效率方差与总方差的比值，γ 接近 1 时，管理因素为核心影响因素；反之表示随机误差的影响更大。

经极大似然估计得到未知参数值后，对投入和产出数据按照如下表达式进行调整：

$$x_{ij}^A = x_{ij} + \left[\max_j \left\{ z_j \hat{\beta}_{ij}^- \right\} - z_j \hat{\beta}_{ij}^- \right] + \left[\max_j \left\{ \hat{v}_{ij}^- \right\} - \hat{v}_{ij}^- \right],$$
$$\text{其中 } i=1, 2, \cdots, m; \ j=1, 2, \cdots, n \tag{2-3}$$

$$y_{ij}^{gA} = y_{ij}^g + \left[\max_j \left\{ z_j \hat{\beta}_{ij}^g \right\} - z_j \hat{\beta}_{ij}^g \right] + \left[\max_j \left\{ \hat{v}_{ij}^g \right\} - \hat{v}_{ij}^g \right],$$
$$\text{其中 } i=1, 2, \cdots, s_1; \ j=1, 2, \cdots, n \tag{2-4}$$

$$y_{ij}^{bA} = y_{ij}^b + \left[\max_j \left\{ z_j \hat{\beta}_{ij}^b \right\} - z_j \hat{\beta}_{ij}^b \right] + \left[\max_j \left\{ \hat{v}_{ij}^b \right\} - \hat{v}_{ij}^b \right],$$
$$\text{其中 } i=1, 2, \cdots, s_2; \ j=1, 2, \cdots, n \tag{2-5}$$

其中，x_{ij}^A、y_{ij}^{gA} 和 y_{ij}^{bA} 分别表示经调整后的投入数据、期望产出数据和非期望产出数据。$\left[\max_j \left\{ f\left(z_j; \hat{\beta}_{ij}\right) \right\} - f(z_j; \hat{\beta}_{ij}) \right]$ 将所有决策单元调整到同样的环境条件中，$\left[\max_j \left\{ \hat{v}_{ij} \right\} - \hat{v}_{ij} \right]$ 则是去除了所有决策单元之间随机误差的差异。因此经第二阶段调整后的投入产出数据可以剔除环境及随机因素带来的影响。

（三）第三阶段

得到调整后的效率。运用经第二阶段调整后的投入数据 x_{ij}^A、期望产出数据 y_{ij}^{gA} 和非期望产出数据 y_{ij}^{bA}，再次通过非期望产出 SBM 模型计算各决策单元的效率，进而得到更接近真实情况的效率值。

二、指标体系与指标权重

（一）指标体系

基于前文从主体协同、目标协同和内容协同三个维度对财政金融政策协同支持零碳金融作用机理的梳理，考虑到数据的可得性和全面性，兼顾 DEA 模型对自由度的要求，本书进一步构建了指标体系，如表 2-3 所示。

表 2-3　财政金融政策协同支持减污降碳的指标体系

变量类型	一级指标	二级指标
投入变量	财政金融政策主体协同支持减污降碳（X1）	政策效力位阶（X11）
		政策执行主体中是否同时包含财政和金融政策执行主体（X12）
	财政金融政策目标协同支持减污降碳（X2）	是否有政策制定主体明确了减污降碳的共同目标（X21）
		是否提出了具体的财政政策来撬动金融资金参与减污降碳（X22）
		具体的金融政策中是否体现出了财政的支持和引导（X23）
	财政金融政策内容协同支持减污降碳（X3）	在支持减污降碳的工作中，财政政策的执行主体与金融政策的执行主体是否共同参与了排污排碳的源头防控（X31）
		在支持减污降碳的工作中，财政政策的执行主体与金融政策的执行主体是否共同参与了减污降碳技术路径的优化（X32）
		在支持减污降碳的工作中，财政政策的执行主体与金融政策的执行主体是否共同参与了完善减污降碳的监督和激励机制（X33）
期望产出变量	地区生产总值（Y1）	—
非期望产出变量	减污降碳综合绩效指数（Y2）	碳排放量（Y21）
		化学需氧量排放量（Y22）
		氨氮排放量（Y23）
		二氧化硫排放量（Y24）
		颗粒物排放量（Y25）
		工业固体废物产生量（Y26）
环境变量	城市化水平（Z1）	—
	政府规划（Z2）	—
	产业结构（Z3）	—

该指标体系中包含投入变量、产出变量（包括期望产出变量及非期望产出变量）和环境变量。各指标的选取标准如下。

1. 投入变量

财政金融政策主体协同支持减污降碳（X1）。该一级指标包含 2 个二级指标：

政策效力位阶（X11）、政策执行主体中是否同时包含财政和金融政策执行主体（X12）。其中政策效力位阶（X11）代表政策的类型，且能够体现政策的约束力。参考北大法宝等法律法规数据库对效力位阶的界定，本书将政策效力位阶划分为"法律""行政法规""部门规章""党内法规制度"4 个类别，分别赋分 4、3、2、1，分值越高即效力位阶越高。二级指标 X12 则能够体现出在政策制定主体政治势能的传导下，财政政策执行主体和金融政策执行主体是否发挥着协同效应，共同作为支持减污降碳政策的执行者。若是，则政策文件的该项指标得分为 1，否则为 0。

财政金融政策目标协同支持减污降碳（X2）。基于前文的分析，提出如下 3 个政策目标协同的二级指标：是否有政策制定主体明确了减污降碳的共同目标（X21）、是否提出了具体的财政政策来撬动金融资金参与减污降碳（X22）、具体的金融政策中是否体现出了财政的支持和引导（X23）。若是，则政策文件的该项指标得分为 1，否则为 0。

财政金融政策内容协同支持减污降碳（X3）。根据前文分析，财政金融政策协同支持减污降碳可以聚焦于以下 3 个二级指标：在支持减污降碳的工作中，财政政策的执行主体与金融政策的执行主体是否共同参与了排污排碳的源头防控（X31）、是否共同参与了减污降碳技术路径的优化（X32）、是否共同参与完善了减污降碳的监督和激励机制（X33）。若是，则政策文件的该项指标得分为 1，否则为 0。

2. 产出变量

减污降碳的目标不仅是碳排放和污染物排放指标达标，更应该是在"双碳"目标下实现环境效益、气候效益、经济效益多赢，因此本书选用各地区生产总值（Y1）、减污降碳综合绩效指数（Y2）作为指标体系的一级产出变量。其中 Y1 为正向产出指标，即期望产出变量，Y2 为负向产出指标，即非期望产出变量，由 6 个二级指标组成，分别为碳排放量（Y21）、化学需氧量排放量（Y22）、氨氮排放量（Y23）、二氧化硫排放量（Y24）、颗粒物排放量（Y25）和工业固体废物产生量（Y26），可以全面考察二氧化碳、废水、废气和固体废物的产生或排放情况。此外，非期望产出变量的二级指标工业固体废物产生量（Y26）采用的是产生量而非排放量，因为固体废物大多可以被储存，但废气和废水由于不易存放，对应的污染物指标采用排放量。

3. 环境变量

财政金融政策协同支持减污降碳的效果同时会受到环境因素的影响，环境变量需要对政策协同支持减污降碳的效果产生作用，但短期内无法进行主观上的更改。综合已有的研究成果，本书优选城市化水平（Z1）、政府规划（Z2）和产业结构（Z3）3 个指标作为环境变量。其中，Z1 选用城镇人口占常住总人口比重指标，Z2 选取环境污染治理投资总额占地区生产总值的比重指标，Z3 用工业增加值占地区生产总值的比重计算。

（二）指标权重

对于投入变量和产出变量，一级指标共 5 个，二级指标共 14 个。考虑到 DEA 模型的自由度限制，以及投入变量和产出变量过多会降低 DEA 模型的分析可信度，本书对指标进行降维处理，即给各二级指标赋予一定的权重，得到一级指标的值，最终将 5 个一级指标纳入模型中。

对于投入变量，为了避免主观判断造成的误差，本书采用熵权法确定各二级指标的权重，从而生成 3 个投入变量一级指标。其中，某一年所有政策文件样本中某二级指标的均值即为该年该二级指标的取值。用熵权法确定的各投入变量二级指标权重如表 2-4 所示。

表 2-4　财政金融政策协同支持减污降碳投入变量二级指标权重

变量类型	一级指标	二级指标	二级指标权重
投入变量	财政金融政策主体协同支持减污降碳（X1）	政策效力位阶（X11）	73.83%
		政策执行主体中是否同时包含财政和金融政策执行主体（X12）	26.17%
	财政金融政策目标协同支持减污降碳（X2）	是否有政策制定主体明确了减污降碳的共同目标（X21）	26.76%
		是否提出了具体的财政政策来撬动金融资金参与减污降碳（X22）	33.69%
		具体的金融政策中是否体现出了财政的支持和引导（X23）	39.54%
	财政金融政策内容协同支持减污降碳（X3）	在支持减污降碳的工作中，财政政策的执行主体与金融政策的执行主体是否共同参与了排污排碳的源头防控（X31）	17.55%
		在支持减污降碳的工作中，财政政策的执行主体与金融政策的执行主体是否共同参与了减污降碳技术路径的优化（X32）	48.50%
		在支持减污降碳的工作中，财政政策的执行主体与金融政策的执行主体是否共同参与完善了减污降碳的监督和激励机制（X33）	33.95%

注：本表数据经过舍入修约

对于非期望产出变量，参考资源环境综合绩效指数，建立减污降碳综合绩效指数（Y2），对各省区市某年的减污降碳绩效进行综合评价，减污降碳综合绩效指数的表达式为

$$Y2_{jt} = \frac{1}{n}\sum_{i}^{n} w_{ijt} \frac{X_{ijt}/g_{jt}}{X_{it}/G_{t}} \tag{2-6}$$

其中，$Y2_{jt}$ 表示第 j 个地区 t 年的减污降碳综合绩效指数；w_{ijt} 表示第 j 个地区 t 年第 i 种排放物的权重，此处假定各权重相等；X_{ijt} 表示第 j 个地区 t 年第 i 种排放物的排放总量；X_{it} 表示全国 t 年第 i 种排放物的排放总量；g_{jt} 表示第 j 个地区 t 年的 GDP 总量；G_t 表示 t 年全国的 GDP 总量；n 表示各种排放物的种类数。

综上所述，通过各二级指标计算得到对应一级指标的数值后，本书构建了包含 3 个投入变量、1 个期望产出变量、1 个非期望产出变量和 3 个环境变量的财政金融政策协同支持减污降碳有效性的指标体系。

三、数据来源

"减污降碳"一词在"十四五"规划中被首次提出，但自改革开放以来，生态文明建设、绿色发展等理念便逐渐深入人心，公民的环境保护意识也日益增强。"十五"计划以来，生态建设得到更多关注，因此本书的样本选取区间可以扩展至21 世纪初。基于数据的可得性和准确性，本书以政策文本为研究对象，以我国除港澳台地区及西藏自治区以外的 30 个省区市作为分析单元，研究 2005~2019 年各省区市财政金融政策协同支持减污降碳的有效性。上文构建的指标体系中，涉及的数据主要有两大类，各类指标数据的具体来源如下。

（一）政策文本量化数据

进行量化的政策文本包括所有投入变量的二级指标（X11~X33）。通过在北大法宝、万方数据等网站中以"减污""降碳""排污""低碳"等为关键词，检索了近 500 份中央法规，依照权威性和相关性的原则，通过对政策文件进行精读，最终筛选出 45 份体现财政政策和金融政策协同支持减污降碳的政策文件作为研究样本。通过对每一份政策文件的研读，为每份政策文件的投入变量二级指标赋予相应的分值。所有投入变量的一级指标（X1~X3）则依照表中的权重由二级指标加权平均计算得到。

（二）经济数据及排放数据

经济数据及排放数据包括期望产出变量（Y1）、非期望产出变量二级指标（Y21~Y26）、环境变量（Z1~Z3）。除了非期望产出变量二级指标碳排放量（Y21）以外，其他产出变量和环境变量涉及的数据均来源于《中国统计年鉴》、《中国环境统计年鉴》、各地方政府官方统计网站及 Wind 数据库。碳排放量（Y21）数据则来源于中国碳核算数据库，本书选择该数据库中基于 IPCC 分部门排放核算方法的省级碳排放清单中 30 个省区市的年度碳排放量作为碳排放量（Y21）指标数据。非期望产出变量的一级指标减污降碳综合绩效指数（Y2）则利用式（2-6）对二级指标（Y21~Y26）进行加权平均获得。

四、实证检验及结果分析

（一）第一阶段 SBM-DEA 结果

基于前文构建的财政金融政策协同支持减污降碳的指标体系，本书运用非期望产出 SBM 模型对我国 30 个省区市政策协同支持减污降碳的有效性进行了分析，计算得到未剔除环境和随机因素影响的各省区市每年政策协同支持减污降碳的效率值。通过非期望 SBM 模型计算出的效率取值在 0~1，效率取值越靠近 1，则该决策单元越有效，即政策协同支持减污降碳的有效性越强。第一阶段 SBM-DEA 分析结果如附表 A1 所示。可以看出，效率值为 1 的只有广东（2010 年、2013 年、2017 年、2018 年和 2019 年）和北京（2017 年和 2019 年）。总体上看，我国财政金融政策协同支持减污降碳的效率值整体较低，地区间效率差异较大，且平均效率值呈现增长趋势。

1. 时序变化特征

全国各年的效率均值及标准差如图 2-5 所示。从各年政策协同效率的变化情况看，整体呈现出增长趋势，但效率值较低，表明效率增长还有很大空间。其中，2019 年的政策协同效率均值最高，为 0.267；2005 年的效率均值最低，为 0.030。

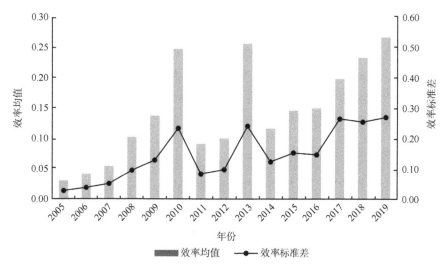

图 2-5 调整前全国各年效率均值及标准差

　　2010 年和 2013 年均值及标准差较高,主要原因可能为:2010 年是实现"十一五"节能减排目标的最后一年,尽管 2006 年以来我国节能减排工作已经取得突破和进展,但距离落实"单位 GDP 能耗减少 20%"的目标还有一定差距。2010 年 5 月,国务院发文强调要积极落实支持节能减排的财政税收政策,同时要加大相关金融机构对节能减排项目的信贷支持力度,因此在政策激励下,2010 年各省区市财政金融政策协同支持减污降碳的效率均值相对较高。2013 年,国内碳交易市场建设全面提速,深圳市成为我国首个正式启动碳排放交易的试点城市。随后,全国多个碳排放交易试点相继启动,金融市场开始加速推动绿色低碳发展的进程。

2. 空间分布特征

　　各地区在样本期间的效率均值和标准差如图 2-6 所示,其中区域划分依据的是国家统计局对于经济地带的最新划分标准[①]。

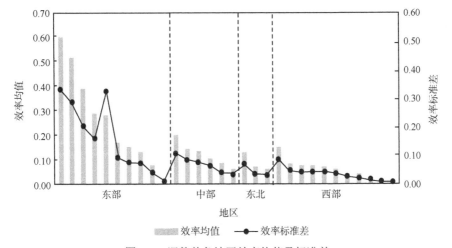

图 2-6　调整前各地区效率均值及标准差

　　从图 2-6 中可以看出,财政金融政策协同支持减污降碳的效率值呈现出区域间差异大、区域内发展不平衡的特点。在未剔除环境和随机因素的情况下,政策协同效率均值最高的是广东(0.598)。从区域分布上看,政策协同效率地区发展不均衡,且区域分化差异性较大,呈现"东部>中部>东北>西部"的区域特点。东部地区的效率均值最高,为 0.263;中部地区的效率均值为 0.124,不足东部地区的二分之一;东北地区的效率均值次之,为 0.090;西部地区的效率均值最低,

　　① 《统计制度及分类标准（17）》,https://www.stats.gov.cn/hd/cjwtjd/202302/t20230207_1902279.html。具体地,东部地区包括北京、天津、河北、上海、江苏、浙江、福建、山东、广东和海南;中部地区包括山西、安徽、江西、河南、湖北和湖南;西部地区包括内蒙古、广西、重庆、四川、贵州、云南、西藏、陕西、甘肃、青海、宁夏和新疆;东北地区包括辽宁、吉林和黑龙江。其中西藏因部分统计数据缺失,不纳入研究样本。

为 0.062。此外可以看出，北京的效率标准差较高，原因可能是 2017 年，北京发布《关于构建首都绿色金融体系的实施办法》，提出了发展绿色担保、绿色小贷等支持绿色金融发展的多项措施，并明确要利用财政贴息、政府采购等方式加大财政对金融的引导力度①，在一定程度上大幅提升了北京财政金融政策协同支持减污降碳的效率值，导致与政策实施前年份的效率值差异较大，整体的标准差也相应较大。

（二）第二阶段 SFA 结果

在第一阶段运用非期望产出 SBM 模型进行效率测算后，发现期望产出变量（Y1）的松弛量均为 0，而 3 个投入变量（X1～X3）和非期望产出变量（Y2）均存在一定程度的冗余，表明政策协同效率损失的原因主要集中于投入变量以及非期望产出变量。分别将 3 个投入变量的松弛量、非期望产出变量的松弛量与环境变量的松弛量进行 SFA，各个松弛量为因变量，3 个环境变量为自变量。回归分析结果如表 2-5 所示。

表 2-5　第二阶段 SFA 回归结果

项目	政策主体协同（X1）松弛量	政策目标协同（X2）松弛量	政策内容协同（X3）松弛量	减污降碳综合绩效指数（Y2）松弛量
常数项	2.432*** (8.447)	0.539*** (7.280)	0.415*** (5.704)	2.315*** (16.133)
城市化水平（Z1）	−3.075*** (−9.615)	−0.136* (−1.681)	−0.051 (−0.683)	−2.822*** (−16.064)
政府规划（Z2）	7.375** (2.423)	2.135 (1.590)	−0.747 (−0.484)	−2.034 (−0.856)
产业结构（Z3）	−0.595 (−1.437)	−0.267** (−2.098)	−0.284** (−2.242)	−0.887*** (−3.731)
σ^-	0.670*** (3.524)	0.047*** (14.844)	0.055*** (6.445)	2.013*** (3.866)
Γ	0.848*** (18.766)	0.000 (1.563)	0.187 (1.547)	0.972*** (127.042)
对数似然函数估计值	−175.996	47.410	60.037	−62.922
单边 LR 检验结果	242.150***	52.998***	6.785**	839.304***

注：括号中为估计系数对应 t 统计量的值

*、**、***分别代表通过显著性水平为 10%、5%、1%的检验

---

① 《关于构建首都绿色金融体系的实施办法》，http://www.beijing.gov.cn/ zhengce/gfxwj/sj/201905/t20190522_ 60487.html。

从第二阶段 SFA 回归结果可以看出，自变量的回归系数大多能通过显著性检验，且单边 LR 检验结果（LR test of the one-sided error）均显著，说明 3 个环境变量对政策协同效率的影响是显著的，对原始投入变量和非期望产出变量进行第二阶段调整是必要且合理的。

进一步，分析 3 个环境变量与投入松弛量和非期望产出松弛量的关系。根据式（2-2），第二阶段是环境变量对各投入松弛量和非期望产出松弛量的回归，因此若环境变量与松弛量呈正相关，则说明环境变量增加会导致松弛量也增加，即冗余增加，从而降低效率；反之若呈负相关，则环境变量增加有利于避免投入变量的浪费或降低非期望产出。具体分析每个环境变量的影响如下。

1. 城市化水平

该环境变量对投入变量和非期望产出变量的系数均为负，且对政策主体协同（X1）、政策目标协同（X2）和减污降碳综合绩效指数（Y2）的系数至少在 10%的显著性水平上显著，说明城市化水平越高，投入变量 X1、X2 及非期望产出 Y2 的松弛量越少，表明城市化水平的提升有助于政策协同效果更好地传递到政策目标主体，从而增强财政金融政策协同支持减污降碳的效率。

2. 政府规划

该指标通过各地区环境污染治理投资总额占各地区生产总值的比重计算，回归结果表明政府规划对政策主体协同和政策目标协同的系数为正，且仅对政策主体协同的系数显著。该结论反映出各地区的环境污染治理存在资金过度投入、低效粗放的问题，环境污染治理资金的投入往往会增加重污染项目或企业对治理成效的预期，进而削弱自身对环境污染治理的参与，甚至在牺牲环保效益的同时扩大规模，以保证自身经济效益，使得环境污染治理投资没有起到应有的作用。

3. 产业结构

本书用各地区工业增加值占各地区生产总值的比重代表产业结构。产业结构对所有投入变量和非期望产出变量的回归系数均为负，且对政策目标协同、政策内容协同和减污降碳综合绩效指数的系数均至少在 5%的显著性水平上显著。这一结果表明工业增加值占各地区生产总值的比重越高，投入或非期望产出变量的松弛量越小，越有利于政策协同效率的提升。基于该回归结果，本书进一步把时期分为 2005～2013 年和 2014～2019 年两个阶段，将产业结构对各投入变量和非期望产出变量的松弛量再次进行回归，发现在 2005～2013 年，回归系数大多为正；2014～2019 年回归系数大多显著为负。这一结果恰好符合我国产业优化调整的政策背景。2014 年是我国全面深化改革的元年，产能严重过剩相关行业①的"去产能"工作已深入推进；2015 年，供给侧结构性改革被正式突出强调；2016 年，习近平指出："供给侧结构性改革，重点是解放和发展社会生产力，用改革的办法推进结构调整，减少无效和低端供给，扩大有效和中高端供给，增强供给结构对需求变化的适应性和灵活性，提高全要素生产率。"②因此自 2014 年以来，作为能源消耗较高、产业结构调整的重点行业，工业的增加值占比越高，相应的政策实施力度越大，在政治势能影响下各政策执行主体之间的协同程度越好，反而能提高政策协同支持减污降碳的效率值。

（三）第三阶段 SBM-DEA 结果

运用第二阶段 SFA 回归得到的参数估计值，通过式（2-3）到式（2-5）的计算可以得到剔除环境因素及随机误差影响后的投入变量及非期望产出数据。将原始期望产出变量、修正后的投入变量及修正后的非期望产出变量数据再次代入第一阶段的非期望产出 SBM 模型中，得到经调整的、反映纯内部管理水平的政策协同效率值。调整后效率值为 1 的地区有广东（2017 年、2018 年、2019 年）、江苏（2017 年）和山东（2017 年）。

1. 时序变化特征

经第二阶段剔除各个地区受环境因素以及随机误差的影响后，全国各年效率均值及标准差如图 2-7 所示。

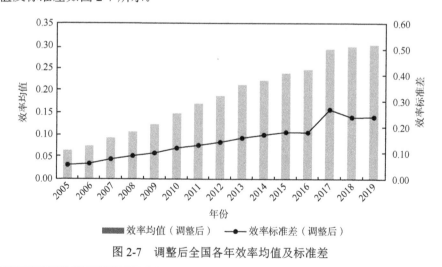

图 2-7　调整后全国各年效率均值及标准差

---

① 指"十二五"期间率先开展"去产能"的五大行业（钢铁、水泥、平板玻璃、电解铝、船舶）。

② 《习近平在省部级主要领导干部学习贯彻党的十八届五中全会精神专题研讨班上的讲话》，http://www.scio.gov.cn/31773/31774/31783/Document/1476763/1476763_1.htm。

从图 2-7 中可以看出，对比调整前，调整后各年效率均值的变化表现为逐年平稳上升的趋势。2016～2017 年的效率均值增长率为 18.7%，与往年相比效率均值的增长幅度较大，主要原因是 2016 年以后，在中央财政的引导下，金融资金更加聚焦于减污降碳领域。尽管早在 2006 年，中央已开始出台绿色金融相关的政策，但直至 2016 年 3 月，绿色金融体系被"十三五"规划明确提出，同年8 月，《关于构建绿色金融体系的指导意见》出台，建立绿色金融体系才正式上升到国家战略层面，才带来了 2016～2017 年政策协同效率的大幅增长。但这种快速增长在样本期间内并未持续，2018 年、2019 年的效率均值增长率分别仅为2.05% 和 1.34%。

2. 空间分布特征

经第二阶段剔除环境和随机因素对投入产出数据进行调整后，得到各地区在样本区间内的效率值[①]，分别计算各地区的效率均值和标准差，结果如图 2-8 所示。

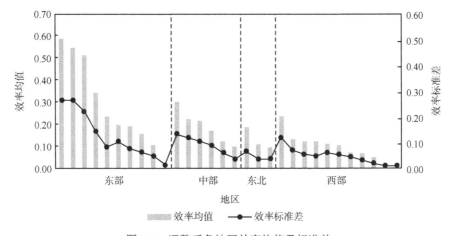

图 2-8　调整后各地区效率均值及标准差

从图 2-8 中可以看出，在剔除环境和随机因素影响后，政策协同效率均值和标准差最大的仍为广东（均值 0.586，标准差 0.266）。经第二阶段调整后，区域间差异大、区域内发展不平衡的现象依然存在。经过计算，东部、中部、东北部和西部地区调整后的效率均值分别为 0.291、0.192、0.135、0.098，东部地区的效率水平远高于其他地区；此外，区域内各省区市财政金融协同支持零碳金融发展的效率水平参差不齐。

从附表 A2 与图 2-8 的结果可以看出，东部地区的效率均值变化最为明显，

① 见附表 A2。

从 2005 年的仅有广东一省效率均值大于 0.2，到 2019 年沿海的多个省区市效率均值都超过了全国平均水平，甚至江苏和广东两省的效率均值均高于 0.8。我国东部地区政策协同支持减污降碳的效率提升明显优于其他区域，这离不开东部各省市经济的飞速发展和沿海地区的产业转移优势，更离不开高效的跨区域政策协同。

改革开放以来，广东作为排头兵，在全国率先实现了高水平对外开放，并成为全国第一经济大省，但人口数量较大、资源相对短缺等现实问题迫使广东较早开始考虑经济发展和生态环境保护之间的平衡。广东也不负众望，实证结果表明从 2005 年开始，广东的政策协同支持减污降碳的效率均值基本领先全国其他省区市，走出了一条更高效率、更加可持续的绿色发展道路，这与广东绿色金融起步较早、推进较快不无关系。21 世纪初，广东就已经奠定了良好的经济基础，同时领先的对外开放水平也使得当地金融机构和社会资本在财政资金的撬动与引导下能够充分发挥市场的决定性作用，优化地区资源配置。与此同时，广东充分借助现代金融资源，通过绿色驱动发展战略的实施，支持高污染、高排放的相关产业进行转型升级。2017 年以来，广东省广州市作为绿色金融改革创新试验区，充分发挥中国人民银行优惠利率资金对金融资金支持绿色产业的引导力度，推动金融机构扩大对减污降碳相关产业的资金投入，例如运用再贴现支持绿色票据融资等。虽然包括广州市在内的珠三角地区在绿色发展的进度上遥遥领先，但粤东、粤西和粤北这些经济欠发达的地区仍具有绿色发展水平较低、政策协同力度弱的区域特征，使得广东具有较大的区域发展差异性，对同样面临区域经济发展不平衡、政策协同效率地区差异大的全国提供了发展思路上的启示。

安徽（中部地区）、江苏和浙江三省，2010 年仅江苏的效率值尚可，而到 2015 年，三省的平均减污降碳效率均明显改观，这与 2011 年以来财政部和生态环境部牵头的跨省流域生态补偿机制试点政策息息相关。发源于安徽黄山、下游大部分入库浙江千岛湖的新安江，曾因 21 世纪初黄山的快速工业化和城市化面临着严峻的环境污染问题。2011 年以来，在财政部、生态环境部的推动下，安徽、浙江两省启动了全国首个跨省生态保护补偿试点，第一期试点中央财政每年拨付安徽 3 亿元用于污染源头治理，若入浙水质达标，浙江每年补偿安徽 1 亿元，否则反之。在中央财政资金的引导下，皖浙两省不断加大补偿力度，并吸引市场化补偿资金的参与。作为新安江之源，黄山市政府积极与社会资本共同设立绿色发展基金，并向银行争得 1 亿美元的贷款保障，同时还借助生态资源优势推动茶叶种植、流水养鱼等产业不断优化，环保、低碳等绿色理念逐渐深入人心，财政和金融协力将试点资金的杠杆效益最大化。2018 年以来，安徽、江苏两省协同实施的滁河流域跨省生态补偿机制也同样使得滁河流域污染治理设施薄弱等问题得到了系统化改进。

2004 年 3 月，国务院总理温家宝正式提出中部地区崛起战略。中部地区整体政策协同效率较为均衡。河南在中部地区崛起战略中一马当先，成为中部地区第一经济大省，在人口众多和经济规模大的基础上借助中部地区崛起战略的政策东风加速产业结构的优化调整，升级经济发展方式，在政策协同的效率上展现出独具特色的优势。安徽、江西、湖北和湖南位于长江中游，在长江经济带战略的引导下取得了相对均衡的政策协同效率。

东北地区受历史区域产业结构影响，能耗水平较高。此外，东北地区在财政金融政策推动实施力度、金融市场环境、绿色发展等方面都相对落后，整体上绿色金融发展水平并不乐观，因此政策协调支持减污降碳的效率值也相对落后。

西部地区地域辽阔，各省区市经济发展水平和减污降碳现状各异，主要原因可能是在长江经济带这一重大战略的辐射下，四川、重庆、云南等长江上游地区形成了较好的政策协同能力以及较高的绿色发展效率，尤其是四川。"十二五"期间，四川风力发电和光伏等新能源从无到有，水电发电量年均增幅超 18%，天然气产量年均增幅超 13%[①]，率先成为清洁能源消费大省。2015 年以来，随着《生态文明体制改革总体方案》和《关于构建绿色金融体系的指导意见》的出台，四川各级党委、政府积极响应国家要求，深入推进生态环境保护和绿色发展进程。2016 年，四川联合环境交易所成为全国非试点地区第一家碳交易机构，标志着四川正式加入碳交易的队列。同时，以四川成都和重庆为核心城市的成渝地区双城经济圈是我国西部地区金融实力最强、绿色金融实践最深入的地区。可见，四川无论是在能源结构优化调整上，还是绿色金融的实践上，都已经取得了比较显著的成效，为西部地区提供了政策协同高效支持减污降碳的典范。

总体而言，2005～2019 年各省区市财政金融政策协同支持减污降碳的有效性不足，但呈现逐年稳步增长的趋势；从空间布局来看，全国政策协同效率具有区域间差异较大、区域内发展不平衡的特点，但整体上各省区市效率增长趋势向好，随着支持减污降碳的更多财政金融政策逐渐落地，政策协同支持减污降碳的效率值还有更大的上升空间。

第六节　政策建议

社会主义市场经济具有鲜明的优势，在经济系统零碳转型的过程中，应充分发挥"全国一盘棋""集中力量办大事"的优势，完善财政金融协同政策顶层设计，创新政策体系，加快构建有力、有效的协同政策制度和激励机制，解决财政和金融系统管理体制、政策目标、政策工具的差异性导致的难以有效协同或支持

---

① 《四川创建国家清洁能源示范省》，https://www.sc.gov.cn/10462/10464/10465/ 10574/2016/5/9/10379508. shtml?list=8w2xf。

效率低下的问题，以"双碳"目标的实现为核心导向，以零碳转型和经济高质量发展为目标，以减污降碳和绿色产业投资为抓手，创新财政与其他政策协同路径，重点解决财政金融支持零碳金融发展效率在地区间不平衡的问题。

一、顶层设计明确战略和政策框架体系

首先，中央层面的政策制定主体要从零碳转型投融资总量和特点出发，制定明确的战略和政策框架体系，减少政策之间的摩擦和冲突，最大程度地发挥政策合力。应充分发挥中央财经委员会、中央金融委员会的核心作用，加强顶层设计和总体布局，统筹协调宏观经济政策针对碳达峰、碳中和阶段，财政金融协同支持的重点任务，设计适应不同阶段特点的政策组合。成立包括财政政策和金融政策在内的宏观政策协调专门部门。根据零碳金融发展的现实情况制定政策组合。例如，在财政绿色贴息和绿色公共投资方面，面对绿色发展领域众多的特点，在碳达峰和碳中和阶段设计不同的贴息标的债务和贴息力度，精准支持不同阶段的目标，合理规定财政贴息率和贴息期限，不"撒胡椒面"。统筹整合财政政策，解决绿色领域政策多但见效小的问题。及时、客观披露政策信息，增强政策透明度，在政府宏观调控过程中，避免出现政策不一致性或冲突，增加政策调控的可信性，避免机会主义和部门间扯皮推诿现象，提高政策协调配合效果。

其次，要加强政策协同平台和监管平台建设，解决政策执行主体信息差的问题，确保支持零碳金融发展有序、高效。建议建立财政金融部门长效协同机制，打破部门间信息壁垒，设立财政部、国家发展改革委、央行等财政金融政策执行部门，建立生态环境部、交通运输部、工信部等绿色产业政策执行部门参与的常态化沟通协调机制，开展跨层级、跨部门的高层交流、日常讨论，共同把握政策松紧和力度，促进财政、金融、产业部门一同发挥作用。针对财政政策、金融政策时滞不同的现实情况，建立政策跨周期设计和调节机制，消弭各政策执行主体的"短视主义""本位主义"。除考虑自身政策调控机制外，也要将政策间的相互作用因素纳入政策效用函数。针对绿色金融机构和绿色企业"点对点"财政支持，要强化政策监管平台建设，明确政策执行主体的监管责任，完善碳排放信息披露体系，全过程、全方位追踪绿色专项资金使用，严防一些企业的"漂绿"、绿款不绿用的情况。

二、创新财政支持金融的市场化、多元化融资机制

为加快解决零碳转型面临的巨大投资缺口，在现有财政支持金融的融资机制的基础上，增强创新和投入水平，更大力度地引入市场活水，精确释放流动性，

降低"双碳"目标实现过程中的直接投资压力。

首先，政府部门应在规范管理和严格监督的基础上扩充绿色 PPP 项目库，鼓励更多社会资本参与到零碳转型投资中。同时，创新绿色 PPP 项目，针对绿色 PPP 项目存在的过度依赖财政补贴、缺乏合理投资回报机制等问题，建立标准化的项目风险评估与分担机制，避免出现风险与收益错配现象。完善项目绩效考核和评价体系。丰富绿色 PPP 项目参与主体，降低参与门槛，吸引更多社会资本参与。利用私人部门对绿色环保领域的专业技术和管理经验，提升产品和服务质量与效率。长期收益稳定、风险可防可控是 PPP 项目行稳致远的关键，多方位培育稳定的 PPP 项目现金流，保证绿色项目合理收益。着力解决绿色 PPP 项目参与金融机构单一、融资手段单一、金融扶持政策单一的问题，发展多层次融资模式，以政府提供融资担保或付费的方式支持未来现金流不稳定或盈利能力薄弱的 PPP 项目。

其次，创新绿色金融政策工具，发挥结构性货币政策工具的作用。扩大碳减排支持工具惠及面，向各类金融机构提供低成本资金，引导金融机构在自主决策、自担风险的前提下，向碳减排重点领域内的各类企业一视同仁提供低成本资金。以"做加法"的方式支持碳中和重点领域投资和建设。扩大零碳基础设施领域 REITs 试点范围，将清洁能源领域、绿色转型领域纳入其中。

三、强化财政金融政策区域协同，突出区域政策重点

受地区经济社会发展现状和发展模式，以及资源禀赋的影响，财政金融协同支持零碳金融发展的效率在不同地区有很大的不同，应根据各区域的特点分类施策，处理好零碳金融发展过程中的整体和局部的问题。对绿色金融发展及地方财力相对落后的地区给予倾斜。打破区域间政策壁垒和碳交易、清洁能源交易行政壁垒。强化财税、金融区域协同。探索建立统一的财税补贴、优惠标准和碳核算体系，防止高耗能产业在地区间转移的套利空间。因地制宜确定各地产业结构调整方向和"双碳"行动方案，不搞齐步走、"一刀切"。防止财政金融政策在一些地区出现不适配、效率低下的问题。

对于东部地区，其地理位置和经济条件优越，金融市场繁荣发展，可以基于较好的财政金融政策协同基础集中力量优化减排降碳、支持绿色投资、探索新型金融产品服务的创新，并引导区域间协同，与其他周边地区共享技术优势和金融创新成果，带动区域间良性协同发展。中部和东北地区具有一定的经济基础，但相比东部地区缺乏财政和金融政策协同创新的活力，所以一方面应做好绿色金融市场的建设和培育，激发金融政策从被动参与向主动配合转变，另一方面应结合区域发展战略加速绿色产业结构升级和跨区域协同联动,促使效率实现质的提升。西部地区整体财政和金融政策协同能力弱，政策协同支持减污降碳的有效性提升

缓慢，但也存在川渝等地区率先发展起来的典范，区域内发展不平衡的情况显著。因此首先需要在坚持西部整体发展战略的同时向减污降碳执行压力大、经济欠发达的个别地区实施财政政策倾斜，适当扩大纵向转移支付规模，缓解其零碳转型、产业结构改造任务的压力。其次应加强区域间监督，建立符合区域特点的跨区域横向补偿机制。最后应培养并引进相关金融人才，切实推动西部地区金融服务向基层的渗透，系统增强其绿色金融服务能力，营造良好的财政金融政策协同环境。

四、探索财政货币政策协同支持零碳金融发展路径

为应对新冠疫情冲击带来的全球经济衰退，一些国家采取了财政货币政策协同的"赤字货币化"工具，以弥补财政资金缺口，以满足金融系统的流动性和融资需求。在零碳转型投资存在巨量缺口的背景下，发挥财政货币政策协同作用有助于弥补零碳转型资金缺口。以货币融资操作支持财政支出扩张，中央银行直接认购政府发行的绿色债券，缓解政府财政支出压力。由货币融资操作支持的财政扩张不仅能有效支持资金流向绿色低碳产业，由此产生的物资和人力资本积累、技术进步也将对长期经济增长起到作用。由货币融资操作支持的扩张性财政政策具有更大的乘数效应，且在货币融资操作下，财政支出扩张计划较减税计划具有更强的刺激作用。

创新财政政策和货币政策联动的政策性开发性金融工具应用于零碳转型投资。由财政部门提供绿色项目清单，由政策性银行按照市场化原则兼顾社会收益和经济收益的标准，在绿色项目库中自行选择，并直接与绿色项目单位进行签约。通过基金进行绿色项目投资。项目到期后，政策性银行再按市场化原则退出，保证绿色项目单位具有绝对的自主经营权；实行自负盈亏、自担风险的经营模式。政策性银行只行使股东权力，不参与项目经营决策。将项目经营权和利润让渡给市场。下一步，可以适当扩充政策性开发性金融工具应用场景，在低碳创新、低碳转型中打好财政货币政策组合拳。

参 考 文 献

安国俊. 2021. 碳中和目标下的绿色金融创新路径探讨. 南方金融，（2）：3-12.
陈诗一. 2009. 能源消耗、二氧化碳排放与中国工业的可持续发展. 经济研究，44（4）：41-55.
陈诗一，祁毓. 2022. "双碳"目标约束下应对气候变化的中长期财政政策研究. 中国工业经济，
　（5）：5-23.
樊威，陈维韬. 2019. 碳金融市场风险形成机理与防范机制研究. 福建论坛（人文社会科学版），
　（5）：54-64.

樊轶侠. 2023. 财政支持碳减排投融资的路径与政策创新研究. 经济纵横, （6）: 108-116.

李汉卿. 2014. 协同治理理论探析. 理论月刊, （1）: 138-142.

李可煜. 2023. 碳中和背景下零碳金融实现路径探究. 江南论坛, （5）: 43-47.

李全. 2022a. 数字战略: "十四五"期间数字经济新模式. 北京: 清华大学出版社: 55-56.

李全. 2022b. 新百年目标下中国高质量发展的路径研究. 人民论坛·学术前沿, （10）: 93-105.

李全, 张凯. 2022. 新常态下环境治理模式创新: 中央环保督察的政策效力如何?. 南开学报（哲学社会科学版）, （5）: 50-62.

李全, 宋高雅, 贾康. 2022. 新时代治理优化取向下财政紧平衡的路径选择. 经济学动态, （4）: 15-28.

李全, 赵歆彦, 吕春卫, 等. 2023. 碳中和债成为重要的零碳金融工具: 基于碳中和债的发行机制与分类研究. 清华金融评论, （2）: 38-40.

刘明明. 2021. 论中国碳金融监管体制的构建. 中国政法大学学报, （5）: 42-51.

吕炜. 2004. 体制性约束、经济失衡与财政政策: 解析 1998 年以来的中国转轨经济. 中国社会科学, （2）: 4-17, 204.

马海涛, 曹堂哲, 彭珮文, 等. 2022. 财政运行综合绩效评价的理论、指标与展望: 基于财政预算"行为–功能"的分析. 中央财经大学学报, （11）: 3-16.

梅晓红, 许崇正. 2015. 中国碳金融体系构建问题的研究. 经济问题探索, （10）: 89-96.

牛海鹏, 张夏羿, 张平淡, 等. 2020. 我国绿色金融政策的制度变迁与效果评价: 以绿色信贷的实证研究为例. 管理评论, 32（8）: 3-12.

秦婷. 2023. 构建中国式零碳金融体系. 清华金融评论, （2）: 12-13.

谭建生, 麦永冠. 2016. 碳债券发行经验和创新建议. 开放导报, （3）: 32-36.

王丽. 2018. 区域协同的财政路径选择: 从财政竞争走向财政合作. 学术论坛, 41（3）: 69-74.

王遥, 王文涛. 2014. 碳金融市场的风险识别和监管体系设计. 中国人口·资源与环境, 24（3）: 25-31.

魏丽莉, 杨颖. 2022. 绿色金融: 发展逻辑、理论阐释和未来展望. 兰州大学学报（社会科学版）, 50（2）: 60-73.

徐枫, 王帅斌, 汪亚楠, 等. 2023. 财政金融协同视角下的碳中和目标实现: 内涵属性、内在机理与路径选择. 国际经济评论, （1）: 152-173, 8.

张平, 郭青华, 许玥玥. 2022. 我国碳中和债券的实践、挑战与发展路径: 基于"下一代欧盟"绿色债券框架的比较研究. 经济纵横, （2）: 104-110.

郑佳. 2010. 中国基本公共服务均等化政策协同研究. 长春: 吉林大学.

钟茂初. 2022. "双碳"目标有效路径及误区的理论分析. 中国地质大学学报（社会科学版）, 22（1）: 10-21.

周志忍, 蒋敏娟. 2010. 整体政府下的政策协同: 理论与发达国家的当代实践. 国家行政学院学报, （6）: 28-33.

朱民, 潘柳, 张娓婉. 2022a. 财政支持金融: 构建全球领先的中国零碳金融系统. 财政研究, （2）: 18-28.

朱民, 郑重阳, 潘泓宇. 2022b. 构建世界领先的零碳金融地区模式: 中国的实践创新. 金融论坛, 27（4）: 3-11, 30.

朱民, Stern N, Stiglitz J E, 等. 2023. 拥抱绿色发展新范式: 中国碳中和政策框架研究. 世界经济，46（3）：3-30.

Li Q，Chen H M，Chen Y，et al. 2023a. Digital economy，financing constraints，and corporate innovation. Pacific-Basin Finance Journal，80：102081.

Li Q，Chen Y，Wan M F，et al. 2023b. The impact of central environmental inspection on institutional ownership：evidence from Chinese listed firms. Pacific-Basin Finance Journal，77：101934.

Li Q，Zhang K，Wang L，et al. 2022. Where's the green bond premium? Evidence from China. Finance Research Letters，48：102950.

附录　各省区市效率测算结果

表 A1　调整前部分地区效率测算结果[①]

地区	2005年	2006年	2007年	2008年	2009年	2010年	2011年	2012年	2013年	2014年	2015年	2016年	2017年	2018年	2019年
北京	0.032	0.044	0.058	0.104	0.148	0.262	0.096	0.108	0.288	0.148	0.189	0.175	1.000	0.609	1.000
广东	0.114	0.155	0.210	0.396	0.547	1.000	0.351	0.416	1.000	0.537	0.649	0.593	1.000	1.000	1.000

表 A2　调整后各省区市效率测算结果

地区	2005年	2006年	2007年	2008年	2009年	2010年	2011年	2012年	2013年	2014年	2015年	2016年	2017年	2018年	2019年
北京	0.062	0.070	0.088	0.096	0.115	0.135	0.148	0.166	0.186	0.195	0.212	0.223	0.218	0.243	0.250
天津	0.033	0.039	0.047	0.057	0.070	0.086	0.104	0.116	0.136	0.143	0.153	0.165	0.171	0.176	0.126
河北	0.100	0.117	0.140	0.158	0.175	0.208	0.244	0.260	0.287	0.287	0.294	0.316	0.334	0.354	0.320
山西	0.040	0.046	0.057	0.065	0.073	0.091	0.108	0.114	0.124	0.119	0.122	0.124	0.144	0.160	0.156
内蒙古	0.037	0.046	0.060	0.072	0.095	0.114	0.137	0.149	0.166	0.166	0.170	0.171	0.149	0.163	0.155
辽宁	0.075	0.088	0.107	0.125	0.148	0.181	0.214	0.235	0.269	0.270	0.276	0.210	0.218	0.241	0.220
吉林	0.034	0.041	0.052	0.060	0.071	0.085	0.102	0.113	0.129	0.129	0.135	0.141	0.141	0.145	0.110
黑龙江	0.052	0.059	0.069	0.077	0.084	0.102	0.120	0.129	0.143	0.141	0.145	0.147	0.149	0.157	0.126
上海	0.082	0.093	0.113	0.124	0.140	0.161	0.172	0.184	0.208	0.218	0.238	0.266	0.281	0.296	0.334
江苏	0.181	0.203	0.256	0.306	0.357	0.434	0.486	0.536	0.604	0.644	0.706	0.689	1.000	0.915	0.917
浙江	0.130	0.146	0.189	0.211	0.233	0.284	0.312	0.347	0.375	0.406	0.441	0.421	0.514	0.540	0.576
安徽	0.053	0.062	0.075	0.086	0.102	0.126	0.153	0.169	0.196	0.204	0.220	0.240	0.265	0.298	0.348
福建	0.063	0.074	0.092	0.103	0.121	0.147	0.172	0.190	0.220	0.232	0.258	0.283	0.317	0.358	0.386
江西	0.040	0.046	0.055	0.062	0.077	0.095	0.115	0.125	0.145	0.151	0.164	0.178	0.190	0.214	0.229
山东	0.185	0.210	0.269	0.317	0.353	0.412	0.452	0.516	0.560	0.624	0.634	0.624	1.000	0.726	0.665
河南	0.107	0.127	0.155	0.184	0.201	0.240	0.276	0.299	0.335	0.356	0.381	0.416	0.466	0.494	0.523
湖北	0.063	0.075	0.093	0.110	0.131	0.162	0.196	0.218	0.254	0.271	0.298	0.328	0.357	0.401	0.429

① 仅列出北京、广东两地调整前效率测算结果，对其他省区市效率测算结果感兴趣的读者可向作者索取。

续表

地区	2005年	2006年	2007年	2008年	2009年	2010年	2011年	2012年	2013年	2014年	2015年	2016年	2017年	2018年	2019年
湖南	0.064	0.075	0.093	0.108	0.132	0.164	0.199	0.220	0.254	0.270	0.295	0.319	0.342	0.370	0.374
广东	0.219	0.238	0.305	0.359	0.409	0.482	0.524	0.550	0.629	0.656	0.705	0.720	1.000	1.000	1.000
广西	0.040	0.048	0.061	0.069	0.078	0.097	0.117	0.128	0.148	0.152	0.168	0.181	0.179	0.201	0.202
海南	0.009	0.010	0.012	0.014	0.016	0.021	0.024	0.027	0.031	0.033	0.036	0.039	0.042	0.047	0.052
重庆	0.030	0.034	0.041	0.048	0.064	0.078	0.097	0.108	0.127	0.135	0.152	0.171	0.186	0.200	0.221
四川	0.074	0.087	0.108	0.123	0.145	0.177	0.214	0.239	0.274	0.287	0.308	0.335	0.380	0.418	0.444
贵州	0.020	0.023	0.028	0.032	0.040	0.047	0.057	0.067	0.083	0.090	0.104	0.115	0.129	0.145	0.161
云南	0.035	0.041	0.049	0.056	0.063	0.074	0.089	0.101	0.121	0.125	0.137	0.146	0.159	0.178	0.225
陕西	0.036	0.045	0.055	0.065	0.082	0.102	0.123	0.139	0.163	0.170	0.177	0.190	0.212	0.242	0.240
甘肃	0.019	0.023	0.028	0.031	0.035	0.042	0.050	0.055	0.065	0.065	0.067	0.070	0.071	0.080	0.085
青海	0.005	0.006	0.008	0.009	0.011	0.013	0.016	0.018	0.021	0.021	0.023	0.024	0.024	0.027	0.029
宁夏	0.006	0.007	0.009	0.010	0.013	0.017	0.020	0.022	0.025	0.025	0.028	0.030	0.032	0.035	0.035
新疆	0.025	0.030	0.035	0.040	0.043	0.055	0.065	0.072	0.085	0.089	0.091	0.093	0.103	0.117	0.128
均值	0.064	0.074	0.092	0.106	0.123	0.148	0.170	0.187	0.212	0.222	0.238	0.246	0.292	0.298	0.302

第三章　支持零碳金融发展的结构性货币政策

第一节　引　　言

随着全球经济逐步转向低碳甚至零碳发展，必然要求资金从高碳行业更多流向低碳领域。中央银行作为宏观调控的重要部门，可以通过绿色结构性货币政策的激励引导作用，纠正市场高碳偏好，同时也可将绿色因素纳入审慎监管框架中，缓解金融机构现有资产负债表从高碳到低碳转型的重置风险，推动金融机构实现自身的全面零碳转型。

本章第二节梳理了结构性货币政策支持零碳金融的理论基础、国际实践和争论。当前，国际上已有不少央行推出了绿色结构性货币政策，大体可分为四类：资产购买类、绿色信贷类、将绿色低碳因素纳入央行抵押品框架、与审慎监管框架相结合。中国人民银行是全球最早推出绿色结构性货币政策的主要央行之一，并在该领域处于全球前沿地位。

第三节对我国结构性货币政策的发展实践进行了总结，并对碳减排工具效果进行了实证分析。当前，国内外尚无针对我国碳减排支持工具效果的量化实证研究。为弥补这一空白，第三节运用双重差分法，实证评估碳减排支持工具对我国商业银行发放绿色贷款行为的影响。研究发现，碳减排支持工具起到了政策引导"信号"作用，有效推动了相关商业银行的绿色信贷增长，且并未对其财务业绩与风险管理造成显著负面影响。

虽然结构性货币政策在支持零碳金融发展、推动经济绿色低碳转型方面，已经展现出一定的成效，但也存在一些争论。例如，反对观点认为央行购买绿色资产可能违反"市场中性"原则，造成价格扭曲，并对央行投资组合质量造成负面冲击；绿色信贷政策会对储蓄和价格造成不必要的影响，存在潜在的政府失灵风险。但总体看，近年来各方已逐渐形成共识，央行应当在应对气候变化中发挥作用，同时需关注结构性货币政策的有效性和边界。为此，第四节建立了一个综合考虑定向降准、再贷款利率、再贷款质押率三种结构性货币政策工具的动态随机一般均衡（dynamic stochastic general equilibrium，DSGE）模型。模型模拟结果显示：一是虽然结构性货币政策整体上能够有效促进新兴低碳产业产出以及总产出的提高，但不同工具的效果存在很大差异。二是结构性货币政策在影响新兴低碳产业的同时，对传统高碳产业具有挤出效应，这在一定程度上可能加剧传统高碳产业的转型风险。三是由于结构性货币政策对市场流动性的定向干预，抑制了市场配置资源的作用，使政策利率并不能反映市场的真实利率水平，降低了利率传导效率，影响了货币政策传导机制有效运行。因此，央行在使用绿色结构性货币政策支持零碳金融时，应避免结构性货币政策长期化和常态化可能带来的结构性扭曲，以及由此导致的金融不稳定。同时，仅依靠央行绿色结构性货币政策支持零碳金融是不够的，还应与其他工具相配合，以取长补短、相得益彰。

当前，全球主要经济体除使用绿色结构性货币政策外，也都高度重视发展碳市场。为探究绿色结构性货币政策与碳市场的交互影响，第五节创新建立了一个同时包含绿色结构性货币政策、碳市场与气候友好技术部门的可计算一般均衡（computable general equilibrium，CGE）模型，对不同政策组合的实施效果进行模拟。模拟结果显示，碳市场可以促进高碳部门减排，但可能在短期对经济产生较大冲击，绿色结构性货币政策有助于缓解冲击；在碳市场未覆盖的行业领域，绿色结构性政策可以更多地发挥作用。两者协调配合，可以更好地促进减排，并保持经济稳定增长。

第六节在前几节的基础上，从完善我国绿色结构性货币政策及其配套措施、更好协调绿色结构性货币政策和碳市场互动联系等角度，提出了相关政策建议。

第二节　结构性货币政策支持零碳金融的理论基础、国际实践和争论

一、结构性货币政策的理论基础和已有实践

（一）结构性货币政策可以弥补传统总量型政策的不足

在经济转型和经济危机时期，传统总量型货币政策面临明显约束，政策传导和效果存在不足。相关约束主要表现在四个方面：一是经济发展不平衡。如各地区发展不平衡，不同产业和不同消费主体存在显著异质性。这导致总量型货币政策在不同区域、不同产业、不同消费人群的作用效果不同。结构性货币政策可通过加强对中小企业和低收入群体的支持，缓解总量货币政策带来的不平等问题。二是金融市场不健全。当出现经济或金融危机时，金融市场功能失灵，传统货币政策传导受阻，降低了货币政策有效性。结构性货币政策可增强市场流动性并调节流动性结构，有利于疏通货币政策传导渠道。三是货币政策空间有限。2008 年国际金融危机后，全球经济进入下行轨道、通胀持续低迷，主要发达经济体中央银行不断降低政策利率水平，低利率、零利率、负利率的货币环境进一步扩大，

在很大程度上压缩了传统货币政策空间。四是财政政策难以发挥作用。一般认为，货币政策的主要作用是调总量，财政政策的主要作用是调结构。在财政困难的情况下，用结构性货币政策进行激励是合理的。

新结构经济学及最优金融结构理论为结构性货币政策提供了理论基础。不同于传统结构经济学片面强调市场失灵和新古典学派片面强调政府失灵，新结构经济学既强调市场的决定性作用又强调政府的作用（林毅夫，2012）。其主要观点包括三个方面：经济体的要素禀赋结构随发展水平动态变化，经济结构应该与要素禀赋结构相匹配；经济发展水平是一条连续频谱，不能用传统二分法来看待问题；市场是配置资源最有效率的根本机制，政府必须发挥提供或改进基础设施以及补偿外部性等作用，以此使产业升级和多样化更加便利。在此基础上，林毅夫等学者指出，在经济发展过程的各个阶段，都有与之相匹配的最优金融结构，即金融体系中各个机构的比例构成及其相互关系需要与经济要素禀赋结构决定的内生产业、技术和企业特征相匹配（林毅夫和姜烨，2006）。转型国家金融体系中，对银行资金配置的大量干预等制度安排，本质上是限制条件下的必然选择（张一林等，2021）。

（二）结构性货币政策已有较多实践

全球金融危机后，发达经济体纷纷推出非常规流动性支持工具，通过货币政策工具引导资金流向特定经济领域，解决信贷市场功能失调问题。如美联储在2007年12月推出期限拍卖工具（term auction facility，TAF），扩大了存款类金融机构的可抵押物范围，美联储可通过调节TAF的拍卖总额，更精准地向市场注入流动性。2014年9月欧洲中央银行（简称欧央行）推出定向长期再融资操作（targeted longer-term refinancing operations，TLTRO）。满足最低存款准备金率和财务稳健要求的金融机构，可用合格抵押品，从欧央行获得长达4年的低息再贷款。

新冠疫情后发达经济体进一步强化结构性货币政策。随着2020年初新冠疫情的暴发及扩散，国际金融市场出现巨震，全球经济下行压力加大，各国央行重启非常规流动性工具。2020年3月，美联储宣布无限量量化宽松，包括无限量购买美债、机构抵押贷款和机构商业抵押贷款支持证券。欧央行推出1.85万亿欧元紧急购债计划，购买计划覆盖私人和公共部门的证券，并修改购债限制以及放松使用信贷额度的规则。这些非常规流动性工具有很强的结构性特征：一是强化对中小企业的支持，如美联储的大众借贷计划向中小企业提供6000亿美元资金。二是保障就业，如美联储薪资保护计划融资便利总金额约3500亿美元，重点帮助低收入群体增加就业。三是资金流向特定领域。发达经济体普遍扩大公司债券购买规模，如美联储的机构商业抵押贷款支持证券、欧央行购买的企业债以及日本央行的商业票据和公司债券等。四是资金流向特定地区。疫情前，欧央行严格按照各国出资比例决定各国债券的购买数量，以防欧央行为成员国的财政赤字融资。疫情后，欧央行放开了购债比例限制，更多购买受疫情冲击较大的西班牙、意大利等国家债券。

二、绿色结构性货币政策支持零碳金融发展的国际实践

（一）绿色结构性货币政策支持零碳金融的必要性

绿色结构性货币政策有助于纠正资金流向的高碳偏好，是建立零碳投融资体系、促进减排和低碳转型的重要工具。在零碳转型过程中，由于商业银行的逐利性质和对投资传统路径的依赖，资金更多流向发展成熟、风险较低的高碳行业，实际上表现为"碳偏好"（Dafermos et al.，2020）。而央行通过绿色结构性货币政策，引导资金流向绿色低碳部门，可以修正"碳偏好"的市场错配情况，纠正金融体系的相对价格扭曲，支持零碳目标的实现。

央行通过绿色结构性货币政策，也可以抵消气候变化风险对金融市场流动性、市场信心、金融稳定等方面产生的负面影响。首先，由气候变化风险导致的资产价格急剧调整会降低银行或金融中介资产抵押物质量，增加其信用风险以及获取短期流动性的难度，同时增加金融市场流动性风险。其次，气候风险对部分金融资产价值的负面冲击会通过金融系统扩大，降低市场信心，并对金融稳定和经济产出造成负面影响。最后，气候风险会导致央行资产负债表内资产价格下降，交易对手方信用风险上升，由此引发的亏损可能降低央行独立性和可信度。鉴于此，央行有必要制定针对气候变化风险的绿色结构性货币政策来降低气候风险对金融稳定和货币政策传导的负面影响，从而支持零碳金融平稳、有序发展。

（二）现行绿色结构性货币政策分类

第一类工具是资产购买类，典型代表是绿色量化宽松。绿色量化宽松是指央行在资产购买计划中增持绿色债券，或减持高碳债券，引导市场资金更多投资绿色债券，从而发挥政策引导作用，降低绿色企业融资成本，填补绿色投资缺口，达到推动低碳转型目的。

第二类工具是绿色信贷类，如向商业银行发放符合绿色标准的优惠利率再贷款。通过降低商业银行等金融机构支持绿色转型和零碳发展的资金成本，推动绿色和零碳转型。

第三类工具是将绿色因素纳入央行抵押品框架。央行抵押品框架和相关政策会影响央行对手方（如商业银行等）持有的资产组合选择，促使商业银行选择持

有更多可以被央行视为抵押品的资产。因此，将绿色因素纳入央行抵押品框架，可以支持绿色资产的发展，达到支持零碳发展的目的。

第四类工具是与审慎监管框架相结合，在考虑绿色因素的基础上实行差异化的准备金要求、资本充足率要求等。存款准备金率影响银行创造信贷的能力，当中央银行实行差异化的准备金要求时，可以针对绿色资产下调准备金率，达到促进绿色投资的目的，进而支持低碳转型（Campiglio，2016）。央行也可以根据气候风险的程度，为不同类型的资产赋予差异化的风险权重（Dikau and Volz，2019）。

（三）绿色结构性货币政策支持零碳金融的国际实践

1. 资产购买、抵押品框架管理：以欧央行为例

1）将绿色债券纳入央行资产购买

2015 年，欧央行启动公共部门购买计划（public sector purchase programme，PSPP），购买了大量主权国家、机构和超国家机构发行的绿色债券。2016 年 3 月，欧央行设立企业部门购买计划（corporate sector purchase program，CSPP），并通过 CSPP 购买绿色债券。2022 年 7 月 1 日起，欧央行终止其资产购买计划（包括 PSPP 和 CSPP）的资产净购买，仅就到期债务进行再投资。特别地，欧央行宣布将调整其持有的 3440 亿欧元公司债券资产组合，逐渐向更加低碳的发行人倾斜，以实现公司债券资产的去碳化。从 2022 年 10 月起，CSPP 到期赎回的资金将重点投向温室气体排放更低、减排力度更大、气候变化相关信息披露更透明的公司，并将从 2023 年第一季度开始，定期公布持有企业债券中与气候变化相关的信息。

欧央行在资产购买中纳入绿色债券，改善了绿色债券融资条件，促进了欧洲绿色债券市场发展。以 CSPP 为例，一是有助于改善符合 CSPP 条件的绿色债券发行人的融资成本。Todorov（2020）发现，CSPP 启动后，符合购买条件的公司债券收益率平均下降 30 个基点。de Santis 等（2018）也有类似发现，CSPP 设立前后，符合 CSPP 条件的公司债券利差下降约 25 个基点。Bremus 等（2021）进一步对绿色公司债进行研究，发现 CSPP 大幅降低了符合条件的绿色公司债的收益率。二是提高绿色债券发行量。与不符合 CSPP 购买条件的债券相比，符合条件的债券发行量显著增加（de Santis and Zaghini，2019）。数据显示，CSPP 启动以来，工业部门（公用事业、基础设施、交通和建筑等）绿色债券发行比例稳步上升，从 2016 年 3 月的不到 4%上升至 2018 年 9 月底的 9%以上。

2）改变抵押品规则

欧元系统的抵押品框架长期面临争议，研究发现欧央行的抵押品框架存在"碳偏好"，即更倾向于碳密集型公司（Matikainen et al.，2017；Dafermos et al.，2021）。

欧央行正逐步采取行动以改善这种情况。2021 年 1 月 1 日起，欧央行正式将符合相应条件的可持续发展挂钩债券纳入货币政策操作的合格抵押品范围，成为全球第一个将可持续发展挂钩债券纳入抵押品框架的央行，标志着欧元系统对可持续金融领域发展创新的大力支持。可持续发展挂钩债券一般包括"递增机制"，即如果发行人未能实现其承诺目标，则息票支付会增加，从而激励发行人努力实现目标。2022 年，欧央行对抵押品框架做出调整，纳入气候因素。欧元系统将限制高碳足迹的发行人被纳入抵押品框架的资产份额，最初将适用于非金融公司发行的有价债务工具，随着气候相关数据质量的提高，其他资产类别也可能纳入限制范围。如果技术条件成熟，该措施预计于 2024 年底前实施。

理论上，央行将资产纳入合格抵押品范围的标准要求及其实施的折扣率等因素，均会影响纳入合格担保品资产的价格与流动性（BIS，2015；Nyborg，2017；McConnell et al.，2020）。欧央行抵押品框架的改变，将有助于激励发行人注重气候因素，积极推动零碳转型。

2. 绿色信贷政策的国际实践

1）发达国家绿色信贷政策实践：以日本央行为例

一是推出贷款支持计划。2012 年 12 月，日本央行建立贷款支持计划（loan support program，LSP）。最初，LSP 被作为一项临时措施，有限期至 2014 年 3 月，后经过多次延期，目前有效期至 2024 年 6 月。2010 年 4 月至 2019 年 6 月，在日本央行指定的 18 个重点领域中，环境与能源领域获得信贷支持的比例最高，有 29.6%的资金流向该领域，远高于其他领域。

二是推出应对气候变化再贷款工具。2021 年 7 月，日本央行宣布推出应对气候变化的定向再贷款工具（climate response financing operations，CRFO）。日本央行对符合要求、提供抵押品的金融机构提供零息贷款，期限 1 年，并可展期至 2031 年 3 月。金融机构可自主决定资金使用方向，但投资或贷款应属于绿色信贷、绿色债券、可持续挂钩贷款及债券、转型金融五个范畴，且需遵守国际标准或日本出台的准则。

2）发展中国家绿色信贷政策实践

巴西将可持续发展目标和可持续发展议程融入农村信贷干预政策。巴西央行更多采取信贷干预措施，禁止金融机构向对环境有害的经济活动提供融资。如 2008 年，巴西央行出台第 3545 号决议，规定亚马孙流域的借贷者须出示遵守环境法规的证明才能获取贷款。2010 年，巴西央行在巴西发展银行框架内设立减少温室气体排放计划，向符合条件的农业活动提供贷款，以减少农业活动温室气体排放。2020 年，进一步激励农村信贷绿色化，对进行了农村环境登记并经过认证的贷款人，其营运资本贷款额度上限可提高 10%。

印度储备银行通过优先部门贷款计划（priority sector lending，PSL）引导金融机构增加绿色投融资。该计划始于 20 世纪 70 年代，要求所有商业银行，无论国有或私有，均需将银行净信贷或表外信贷等价头寸规模的 40%（以较高者为准）提供给农业、基础设施、教育和中小微企业等难以从正式渠道获得金融支持的部门，即"优先部门"。2012 年，印度储备银行将可再生能源（包括太阳能和其他清洁能源）纳入 PSL 支持范围，以支持经济的可持续发展。2015 年，PSL 支持范围进一步扩大，增加了优先对社会基础设施和小型可再生能源项目的贷款，以推动可持续发展。2020 年，PSL 支持范围进一步扩大，为农民安装太阳能水泵提供贷款，且提高了可再生能源领域的贷款上限，由 1.5 亿卢比上升为 3 亿卢比。

马来西亚央行通过信贷政策支持绿色技术发展和中小企业低碳转型。2022 年，马来西亚央行设立低碳转型融资工具，该融资工具资金总额 10 亿林吉特（约 2.4 亿美元），旨在鼓励并支持中小企业采用可持续的运营模式，以提升其应对气候变化的适应力，进而推动马来西亚 2050 年净零目标的实现。所有致力于向低碳可持续模式转型的中小企业均可申请，无须提供抵押品。符合条件的中小企业最高可获得 1000 万林吉特贷款，年利率最高为 5%，最长期限为 10 年。

3. 将绿色因素纳入审慎监管框架的国际实践

代表性措施总体分为四类（Feridun and Güngör，2020）。一是公布相关原则和指引，引导金融机构将气候变化风险纳入自身风险管理框架。如欧央行要求银行进行气候变化风险自评估并据此制订行动计划；澳大利亚审慎监管局鼓励经济实体开展气候变化风险评估、管理和披露，并计划推出气候风险审慎实践指南。二是强化金融机构气候风险信息披露，以便识别潜在金融风险。金融稳定委员会成立的 TCFD 制定了气候风险披露框架，已成为全球统一基准，多国央行、监管机构均支持使用 TCFD 框架建议。三是开展气候压力测试，评估气候变化风险对金融稳定的影响。四是以审慎政策工具支持绿色转型。研究和讨论较多的审慎监管工具主要包括：①资本充足率，如欧盟可持续金融高级专家组建议，为资本充足率引入"棕色资产惩罚"或"绿色资产支持"，引导金融机构和实体经济低碳转型；②逆周期资本缓冲，对高碳行业的信贷施加更高的资本缓冲，抑制高碳行业信贷增长；③流动性监管要求，欧洲银行业联合会建议，为鼓励银行增持绿色资产，应在流动性覆盖比率和净稳定资金比率计算中，降低对银行绿色资产的流动性资金要求，以鼓励银行配置绿色资产；④差异化存款准备金率，降低绿色贷款存款准备金要求；⑤信贷限制，包括银行对高碳行业的信贷投放总量或信贷占比的限制。

三、关于是否应使用结构性货币政策支持零碳金融的争论

（一）关于央行是否应该应对气候变化的争论

有观点认为，应对气候变化并非央行职能，不宜将气候变化因素纳入货币政策框架。一是支持环境可持续性、缓解气候变暖并非央行法定职责，央行应专注于核心任务，维护价格稳定。二是货币政策应对气候变化可能作用不大。理论上，传统的货币政策可平滑经济在其长期增长轨迹周围的波动，但对趋势影响较小，气候变化是长期过程，货币政策可能无法影响长期排放。三是根据丁伯根法则，更多的货币政策目标要求央行具有更多的政策工具，央行若将有限工具用于应对气候变化，可能难以保障价格稳定等政策目标的实现。四是气候变化问题具有全球性，需全球性解决方案，而货币政策具有主权性，各国货币政策目标并不一致。五是央行应对气候变化，可能使公众对央行产生过度的期望，同时将注意力从财政政策上移开。

但关于央行是否应支持应对气候变化的争议正逐渐减小。气候变化对金融稳定的影响正逐渐成为共识，央行的职能也在不断变化与扩展，自 2008 年全球金融危机后，维护金融稳定逐渐成为央行重要使命，央行不应忽视气候变化。从理论研究来看，为刻画最优货币政策路径，经济研究通常使用长期视角，央行可在为低碳转型做出贡献的同时充分履行其传统职能。

（二）关于绿色资产购买的争论

支持绿色资产购买的观点认为，传统上央行资产购买存在较明显的"碳偏好"。如欧央行公司债购买的 62.1%、英格兰银行公司债购买的 49.2%，都集中于制造业、电力行业和天然气生产部门，这些部门占欧元区和英国碳排放总量的一半以上。鉴于这种气候变化的市场失灵，央行传统的基于市场中性原则的资产购买可能不合适，应从"市场中性"原则转向"市场效率"原则，在保障实施货币政策能力的前提下，央行资产购买应考虑气候变化因素，引导金融机构减少购买高碳公司发行的债券，这实际上有助于降低金融风险，在更长期实现市场中性。

也有一些观点反对绿色资产购买政策。一是央行首要职责是维护宏观意义上的价格稳定，过多干涉低碳转型会对市场和相对价格造成干扰与扭曲。二是央行量化宽松属于非常规货币政策，是临时性措施，不能无限期进行。三是考虑到目前绿色金融市场规模较小、绿色资产相对稀缺，绿色资产购买政策可能

会扭曲金融市场，引起市场混乱，并导致绿色债券估值过高，形成"绿色泡沫"。四是可能影响货币政策传导。由于缺乏明确的分类标准和公认的市场标准，央行对"绿色"、污染性投资等缺乏客观定义，可能也缺乏法律基础来支持其绿色政策。如果某些机构因为气候因素被排除在量宽政策之外，货币政策传导可能会受到阻碍。五是对央行资产购买增加低碳要求，可能影响央行投资组合质量和可选范围。

（三）关于绿色信贷政策的争论

一种观点认为，对于金融机构信贷分配产生的负外部性，央行可发挥积极的市场纠正作用，引导资金远离碳密集型活动并投资绿色活动。实现全球气候目标不仅需要金融部门为可持续和绿色投资提供资金，还需要减少对环境有害活动的资金支持。当前，为实现利益最大化，不少银行和其他金融机构将资源更多分配给对环境和社会有害的活动。Stiglitz（1993）提出，在商业银行贷款所获回报与社会收益可能不一致，而政府拥有必要的信息来干预并纠正市场失灵的情况下，定向信贷、限制对某些活动的贷款等信贷政策是合理的。

一种相反的论点是公共干预会造成新的扭曲，导致潜在的政府失灵。历史上，信贷分配政策曾被广泛使用，很多情况下对储蓄和价格产生了不必要的影响，导致金融系统严重扭曲。绿色信贷政策同样也受到其可能引起市场扭曲的质疑。

（四）关于将绿色因素纳入审慎监管框架的争论

关于将绿色因素纳入审慎监管框架的争议多集中于审慎政策工具。一是政策工具效果存疑。如在资本充足率中引入"绿色支持因子"的提议，在设计上借鉴欧央行 2014 年推出的"中小企业支持因子"。但实证研究发现，"中小企业支持因子"未能显著增加银行对中小企业的信贷投放。二是存在潜在副作用。对绿色资产放松监管约束，可能导致绿色资产供不应求甚至产生资产泡沫。此外，低碳项目往往流动性更低、持有期限更长，绿色资产风险是否真的低于棕色资产仍有待检验，放松绿色资产监管可能对金融稳定产生负面影响。三是执行层面存在挑战。如当前资产分类标准尚不完善，绿色与棕色资产划分、识别存在难度，相关数据信息可能无法准确统计和报告。同时，为适应新的监管规则，监管机构、金融机构均需付出调整成本。

（五）关于央行不同政策目标间权衡的争论

控制碳排放与央行通胀目标之间可能存在冲突，尤其是在高通胀的背景下。首先，碳排放与通货膨胀之间具有直接关系。碳排放是经济活动的副产品，尤其是在交通、制造和能源生产等依赖化石燃料的行业。旨在减少碳排放的政策通常涉及碳定价、排放标准法规和可再生能源补贴等措施。而这些政策可能会增加生产和运输成本，增加通胀压力。这在企业仍未大规模采用清洁技术的短期内，影响尤为明显。当央行为了控制通胀而提高利率时，会抑制借贷和支出，可能导致企业借贷成本上升，包括那些投资于清洁技术或向低碳转型的企业。这反过来又会使这些企业更难获得转型所需融资。其次，如果央行选择优先支持向低碳模式转型的企业，如果未充分考虑转型成本，可能会增加通胀压力，使短期内控制通胀变得更加困难。

第三节　我国结构性货币政策支持零碳金融的实践及效果评估

一、我国结构性货币政策支持零碳金融实践居世界前沿

中国人民银行是最早推出绿色结构性货币政策的主要央行之一，并在该领域处于全球前沿地位（Larsen，2022）。自 2018 年起，中国人民银行已推出覆盖抵押品框架和再贷款两大类的三项绿色结构性货币政策。

（一）调整抵押品框架，纳入合格绿色债券和贷款

2018 年 6 月 1 日，中国人民银行决定扩大政策性银行和商业银行获得中期借贷便利（medium-term lending facility，MLF）的合格抵押品范围，新纳入 MLF 担保品范围的有：不低于 AA 级的小微企业、绿色和"三农"金融债券，AA+、AA 级公司信用类债券（优先接受涉及小微企业、绿色经济的债券），优质的小微企业贷款和绿色贷款。

研究显示，在该政策推出之际，我国共有价值约 4000 亿至 6000 亿元人民币的符合新政策要求的抵押品债券（Fang et al.，2020），而 2018 年我国发行的以人民币计价的绿色债券总规模则约 2200 亿元，因此推测该结构性政策推出之际符合新规要求的抵押品债券中绿色债券占比应少于 50%。而到 2022 年 6 月，根据中央结算公司数据，我国共有价值约 5000 亿元的绿色债券资产作为担保品。由此可见，2018 年 6 月中国人民银行推出调整抵押品框架的绿色结构性货币政策后，绿色债券作为抵押品的规模快速上升。

（二）支持绿色低碳发展的再贷款工具

再贷款工具涵盖了碳减排支持工具与煤炭清洁高效利用专项再贷款两项政策

（详细对比见表 3-1）。该两项政策均于 2021 年 11 月推出，通过提供再贷款的方式，采取"先贷后借"的直达机制，精准滴灌引导金融机构信贷投向，支持金融机构加大对绿色发展的信贷投放，降低企业融资成本。

表 3-1　两项再贷款绿色货币政策工具最新实施细则对比

对比内容	碳减排支持工具	煤炭清洁高效利用专项再贷款
实施期	2021 年至 2024 年末	2021 年至 2023 年末
支持领域	清洁能源、节能环保、碳减排技术	煤的大规模清洁生产、清洁燃烧技术运用等七个煤炭清洁高效利用领域，以及支持煤炭开发利用和增强煤炭储备能力
发放对象	21 家全国性金融机构、部分外资金融机构和地方法人金融机构	中国工商银行、中国农业银行、中国银行、中国建设银行、交通银行、国家开发银行、中国进出口银行，共 7 家全国性金融机构
政策额度	8000 亿元	3000 亿元
操作模式	"先贷后借"的直达机制，金融机构在自主决策、自担风险的基础上，向相关领域内的企业发放优惠利率贷款后，可向央行申请按照利率 1.75%、贷款本金的 60% 进行资金支持；按季操作	"先贷后借"的直达机制，金融机构在自主决策、自担风险的基础上，向相关领域内的企业发放优惠利率贷款后，可向央行申请按照利率 1.75%、贷款本金的 100% 进行资金支持；按月操作
使用期限	期限 1 年，可展期 2 次，最长为 3 年	期限 1 年，可展期 2 次，最长为 3 年
披露要求	申请碳减排支持工具时，须提供碳减排项目相关贷款的碳减排数据，并承诺对公众披露相关信息（按季度披露）	无

资料来源：中国人民银行官网概述，公开资料整理

　　两项政策在实施中存在一定的差异。碳减排支持工具的支持领域更为广泛，包含了清洁能源、节能环保、碳减排技术三个具有显著碳减排效应的行业，而煤炭清洁高效利用专项再贷款侧重于煤炭的清洁高效利用。同时，碳减排支持工具的发放对象包含了 21 家全国性金融机构、部分外资金融机构和地方法人金融机构，按照贷款本金的 60% 进行资金支持，而非 100% 给予支持，可以更好地发挥"杠杆撬动"作用。此外，碳减排支持工具要求金融机构在申请时，提供碳减排项目相关贷款的碳减排数据，并承诺对公众披露相关信息。

二、我国结构性货币政策支持零碳金融效果的实证分析：以碳减排工具为例

　　当前，国内外尚无聚焦我国碳减排支持工具效果的量化实证研究。为此，本

节通过运用双重差分法，实证评估碳减排支持工具对我国商业银行发放绿色贷款行为的影响，弥补目前国内针对该政策工具效果评估实证研究的空白。

（一）研究设计与数据说明

碳减排支持工具的推出与实施取决于央行。因此，对纳入支持范围的银行而言，碳减排支持工具的出台在一定程度上是外生事件，可视为准自然实验，符合双重差分法的设定前提。此外，碳减排支持工具属再贷款政策，对银行信贷的影响具有明显的结构差异，直接受到影响的机构为纳入政策支持范围的 18 家金融性金融机构，而其他金融机构无法得到再贷款的支持，因此可以较好地划分处理组与对照组。

本节选取 2015～2022 年 42 家 A 股上市银行作为研究对象，共覆盖 6 家国有大型商业银行、9 家股份制商业银行、15 家城市商业银行和 12 家农村商业银行，详见表 3-2。

表 3-2　样本银行选取概览（含碳减排支持工具支持情况）

政策支持情况	机构类型	具体银行
已纳入碳减排支持工具支持范围	国有大型商业银行（6 家）	中国工商银行、中国农业银行、中国银行、中国建设银行、交通银行、中国邮政储蓄银行
	股份制商业银行（9 家）	中信银行、中国光大银行、招商银行、上海浦东发展银行、中国民生银行、华夏银行、平安银行、兴业银行、浙商银行
未纳入碳减排支持工具支持范围	城市商业银行（15 家）	北京银行、上海银行、江苏银行、南京银行、苏州银行、杭州银行、齐鲁银行、长沙银行、重庆银行、成都银行、贵阳银行、西安银行、宁波银行、厦门银行、青岛银行
	农村商业银行（12 家）	上海农村商业银行、无锡农村商业银行、江苏张家港农村商业银行、江苏常熟农村商业银行、江苏苏州农村商业银行、重庆农村商业银行、兰州农村商业银行、浙江绍兴瑞丰农村商业银行、江苏紫金农村商业银行、长沙农村商业银行、青岛农村商业银行、郑州农村商业银行

资料来源：中国人民银行官网概述，公开资料整理

（二）统计分析

自碳减排支持工具创设以来至 2022 年第 4 季度，21 家全国性金融机构[①]累计发放碳减排支持贷款 6818.6 亿元，累计带动年度碳减排量 15 941.6 万吨二氧化碳当量。

[①]为保证数据的完整性与可比性，在直接带动效果分析部分，我们将第一阶段获批资格的 21 家全国性金融机构作为分析对象。使用数据区间类型为累计至 2022 年第 4 季度。

碳减排支持工具重点支持清洁能源领域，该领域获批贷款项目数与金额位居第一，为 5753 个项目、总计 6631 亿元，远超节能环保与碳减排技术领域。就减排效果来看，碳减排技术领域最佳，每万元贷款平均能够带动的年度碳减排量为 6637 吨二氧化碳当量，远超其他两大领域的减排效果，但在项目支持数量及贷款金额中均为最低[①]。

从绝对量看，国有大型商业银行发放碳减排贷款的规模居前。从相对值看，重视绿色发展的股份制商业银行碳减排支持工具使用强度更大，工具支持的碳减排贷款在其绿色信贷业务中占比更高。中国农业银行、中国建设银行累计碳减排贷款金额均在 900 亿元以上。股份制商业银行中，上海浦东发展银行、招商银行居前（图 3-1）。碳减排支持工具有效地推动了绿色信贷业务增长。将各银行累计至 2022 年 12 月的碳减排贷款总金额与其 2022 年末绿色贷款余额相除，得到银行碳减排支持工具的使用强度[②]。平均来看，碳减排支持工具累计带动的贷款金额占到 2022 年底绿色贷款余额的 3.88%，直接推动了绿色信贷业务增长（图 3-2）。

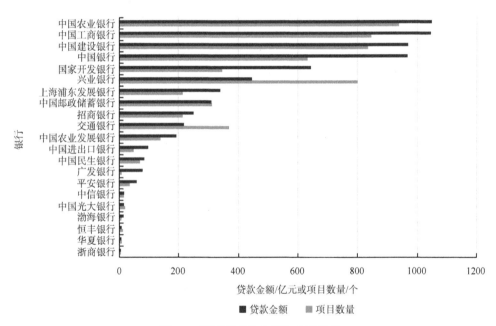

图 3-1　碳减排贷款金额与项目数量

---

① 以上碳减排贷款数据覆盖 21 家全国性金融机构，默认使用数据区间类型为累计至 2022 年第 4 季度，未特殊说明则下同。

② 截至成文，国家开发银行 2022 年度绿色信贷余额尚未在公开渠道发布，故正文中相关分析不包含国家开发银行碳减排支持工具累计金额与绿色贷款余额的对比。

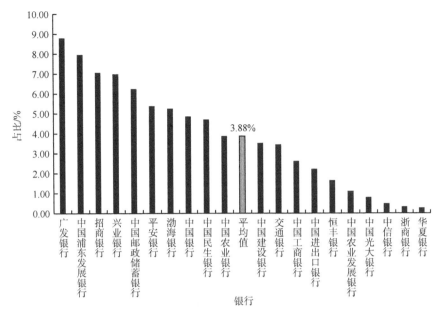

图 3-2　各银行累计碳减排贷款金额与 2022 年绿色贷款余额占比

　　资金成本优惠的激励作用较明显。各银行碳减排贷款的加权平均利率分布较为均衡，大部分集中在 3.1%～4.0%。资金成本基本与带动碳减排的效果呈现负相关关系，每万元带动的年度碳减排量越高，则贷款平均利率越低（图 3-3）。

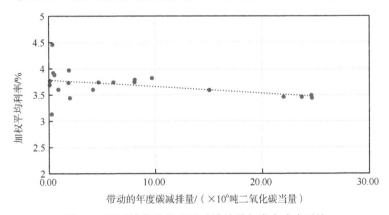

图 3-3　碳减排贷款带动碳减排效果与资金成本对比

（三）模型变量说明

　　考虑政策作用机制、绿色信贷重要性、数据可得性等因素，选取绿色信贷余额占比（green loan ratio，GLR）作为被解释变量。一是银行开展绿色信贷的情况是评估该工具的直接效果与间接示范引导效应的关键。一方面，碳减排支持工具直接激励被纳入支持范围银行增加绿色信贷资金投入；另一方面，碳减排支持工具发挥政策示范的信号效应，间接引导所有金融机构及社会资金对绿色低碳领域的投入，体现为全体银行绿色贷款水平的提升。二是作为绿色融资的主要来源，绿色信贷在我国绿色金融体系中的地位举足轻重。三是相比使用较为直观的绿色贷款带动碳减排量数据，银行绿色信贷余额数据的披露更为完整、可得性更强、口径更为统一。

解释变量遵循双重差分法的基本原理。碳减排支持工具实施于 2021 年 11 月，设置政策实施前后的时间虚拟变量 Post，2021 年 11 月之前，Post 取值为 0；2021 年 11 月之后，Post 取值为 1。按照是否被纳入碳减排支持工具支持范围，设置分组处理变量 Treat，若被纳入则视为处理组，Treat 取值为 1；如未被纳入则视为对照组，Treat 则为 0。关键解释变量为政策变量 DID，DID 是 Post 与 Treat 的交叉项，用于考察碳减排支持工具对引导银行绿色信贷投放的影响。

为了尽可能减少遗漏变量、宏观因素与时间趋势的影响，参考相关文献，选取了银行层面及宏观层面的多个控制变量。银行层面的控制变量包括资产行业份额（SHARE）、贷款拨备率（LPR）、存贷比（LDR）、存款比例（DR）、资本充足率（CAR）；宏观层面的控制变量包括 GDP 增速（GdpG）、货币供应量 M2 增速（M2G）。此外，为系统分析碳减排支持工具出台后，是否增强或削弱了银行绿色信贷水平变化对银行经济后果变量的影响，还选取了净资产收益率（ROE）、不良贷款率（NPLR）与银行风险（Zscore）三个指标用于进一步分析。以上变量的具体定义与计算方法参见表 3-3。

表 3-3　变量定义及计算方法

变量类型		变量名称	变量符号	计算方法
被解释变量		绿色信贷余额占比	GLR	绿色信贷余额/贷款总额（%）
解释变量		交叉项	DID	碳减排支持工具的净效应，Treat 与 Post 的取值相乘
		时间虚拟变量	Post	碳减排支持工具推出后（2021 年 11 月后）取 1，否则为 0
		分组处理变量	Treat	纳入碳减排支持工具支持范围取 1，否则为 0
控制变量	银行层面	资产行业份额	SHARE	单个银行总资产/全行业资产总额（%）
		不良贷款率	NPLR	不良贷款总额/贷款总额（%）
		存贷比	LDR	存款余额/贷款余额（%）
		贷款拨备率	LPR	贷款损失准备金余额/贷款余额（%）
		存款比例	DR	存款总额/总资产（%）
		资本充足率	CAR	按中国银行业监督管理委员会发布的《商业银行资本管理办法（试行）》统计披露，指商业银行持有的符合该办法规定的资本与风险加权资产之间的比率（%）
	宏观层面	GDP 增速	GdpG	GDP 同比增长率（%）
		M2 增速	M2G	广义货币供应量 M2 同比增长率（%）

续表

变量类型	变量名称	变量符号	计算方法
银行经济后果变量	净资产收益率	ROE	净利润/净资产（%）
	不良贷款率	NPLR	不良贷款总额/贷款总额（%）
	银行风险	Zscore	用于衡量银行破产风险或银行风险承担情况，Zscore 值越大，银行风险越小

（四）计量模型设定

针对碳减排支持工具，建立双重差分计量模型如下：

$$\text{GLR}_{it} = \alpha + \beta_1 \text{Treat}_i \times \text{Post}_t + \beta_2 \text{Treat}_i + \beta_3 \text{Post}_t + \gamma X_{it} + \mu_i + \lambda_t + \varepsilon_{it} \quad （3\text{-}1）$$

其中，i 表示银行个体；t 表示时间；X_{it} 表示相关控制变量；μ_i 表示银行个体固定效应；λ_t 表示时间固定效应；ε_{it} 表示随机扰动项。对于处理组银行，碳减排支持工具实施前后的绿色信贷占比差异为 $\text{diff}_1 = (\beta_1 + \beta_2 + \beta_3) - \beta_2 = \beta_1 + \beta_3$；对于对照组银行，对应的实施前后差异为 $\text{diff}_0 = \beta_3$；由此得到碳减排支持工具的净效应为 $\text{DID} = \text{diff}_1 - \text{diff}_0 = \beta_1$。此外，模型估计中的标准误均采用稳健标准误。

为进一步探究该政策实施后对银行业的影响，参考相关文献设定，在式（3-1）的基础上，利用交叉相乘的方式构建如下实证模型：

$$Y_{it} = \alpha + \theta_1 \text{DID}_{it} \times \Delta\text{GLR}_{it} + \theta_2 \text{DID}_{it} + \theta_3 \Delta\text{GLR}_{it} + \theta_4 \text{Treat}_i$$
$$+ \theta_5 \text{Post}_t + \gamma X_{it} + \mu_i + \lambda_t + \varepsilon_{it} \quad （3\text{-}2）$$

其中，Y_{it} 表示衡量银行财务绩效与风险水平的相关变量；$\Delta\text{GLR}_{it} = \text{GLR}_{it} - \text{GLR}_{i,t-1}$ 用于衡量银行绿色信贷余额占比的变化。式（3-2）中的 θ_1 反映了碳减排支持工具实施后，是否增强或削弱了银行绿色信贷变化对 Y_{it} 水平的影响。若 θ_1 显著为正，则说明碳减排支持工具的出台增强了银行绿色信贷变化对 Y_{it} 的影响；若 θ_1 显著为负，则反之；若 θ_1 不显著，则无法确定。

（五）实证结果与分析

实证结果表明，碳减排支持工具对商业银行绿色信贷业务开展起到了积极的"信号"引导作用。碳减排支持工具显著提高了商业银行绿色信贷占比，纳入支持范围银行的绿色信贷占比平均净增加 1.068%，占全体样本银行绿色信贷占比平均值的 20.50%，显著高于碳减排支持工具对绿色贷款的直接带动比例。

为增强结论的可靠性，分别利用平行趋势检验、安慰剂检验与变换时间频率检验等方式进行稳健性检验。平行趋势检验显示，碳减排支持工具实施前，处理组与对照组银行的绿色信贷变化不存在显著差异；而工具实施后 2021 年及 2022

年存在显著差异。安慰剂检验与变换时间频率检验显示，结果具有稳健性。

以净资产收益率（ROE）、不良贷款率（NPLR）与银行风险（Zscore）为被解释变量，采用式（3-2）做进一步的分析。结果显示，随着碳减排支持工具的推出，银行绿色信贷水平变化对银行财务绩效与不良贷款率的影响没有发生显著变化，而其对银行风险减弱的影响效应显著加强。

（六）结论

实证分析结果显示，我国绿色结构性货币政策在支持零碳金融发展方面，发挥了积极作用。碳减排支持工具显著提高了商业银行绿色信贷占比，纳入支持范围银行的绿色信贷占比平均净增加 1.068%。随着碳减排支持工具的推出，银行绿色信贷水平变化对银行财务绩效与不良贷款率的影响没有发生显著变化，而其对银行风险减弱的影响效应显著加强。

从绝对量看，国有大型商业银行发放碳减排贷款的规模居前；从相对值看，重视绿色发展的股份制商业银行碳减排支持工具使用强度更大，工具支持的碳减排贷款在其绿色信贷业务中占比更高。从价格方面看，资金成本优惠的激励作用较明显，每万元带动的年度碳减排量越高，贷款平均利率越低。

从支持领域看，现有的碳减排贷款主要集中在清洁能源领域；碳减排技术的减碳效果最佳，每万元贷款平均能够带动的年度碳减排量远超过其他两大领域，但该领域的项目明显不足。从相关调研及座谈了解到的可能原因包括：一是碳减排技术认定标准尚模糊、不全面；二是部分技术的环境效益和碳减排效应测算缺乏相应的方法论，难以准确估值；三是金融机构甄别有前景的碳减排技术的能力不足，开发有针对性产品的能力较弱，风险管理能力和手段亦有欠缺。

综合上述分析，下一阶段，一是动态评估结构性货币政策工具效果，优化工具覆盖范围和实施期限；二是为碳减排技术发展创造良好条件，促进碳减排支持工具加大对该领域的支持力度；三是强化中小金融机构能力建设，扩大政策效果。

第四节　支持零碳金融的结构性货币政策的主要问题与政策边界

一、支持零碳金融的绿色结构性货币政策：考虑金融因素的 DSGE 模型理论框架

（一）DSGE 模型框架

现有研究大多是通过计量模型针对定向降准等单一结构性工具效果进行检

验，由于数据、变量和计量技术不同，结论并不完全一致（马理等，2017；郭晔等，2019），而且计量方法无法在同一理论框架下研究结构性工具及其组合的效果。DSGE 模型则是理想的研究方法，目前，国内已有学者在 DSGE 框架下对某一特定结构性工具效果进行研究（冯明和伍戈，2018），但对各种工具效果进行综合分析的研究仍比较少见。为此，本节在 Smets 和 Wouters（2003）、Gelain（2010）和 Dib（2011）的基础上，借鉴彭俞超和方意（2016）、马勇和陈点点（2021）的做法，在传统总量货币政策基础上，增加了定向降准、再贷款利率、再贷款质押率三种结构性工具。模型具体如下。

1. 银行部门

银行存在垄断竞争，由一个连续的指数为 $i \in (0,1)$ 的银行组成。每家银行 i 从家庭获得存款 D_{it}^j，支付存款利率 R_{it}^{jD}。向企业贷款 L_{it}^j，获得贷款利率 R_{it}^{jL}。在银行间市场拆入（或拆出资金）B_{it}^j（拆出时 $B_{it}^j<0$），利率为 R_t^{jB}。从央行得到再贷款 M_{it}^j，利率为 R_t^{jM}。向央行缴纳准备金 $\alpha^j D_{it}^j$。银行 i 的资产包括贷款 L_{it}^j、准备金 $\alpha^j D_{it}^j$ 和拆出资金 B_{it}^j（拆入时为负债），负债包括存款 D_{it}^j 和再贷款 M_{it}^j。N_{it}^j 为银行的权益资产。因此银行 i 的资产负债表为

$$B_{it}^j + L_{it}^j + \alpha_t^j D_{it}^j = D_{it}^j + M_{it}^j + N_{it}^j \tag{3-3}$$

假设银行杠杆率（权益资产与负债之比）满足 $N_{it}^j/(D_{it}^j + M_{it}^j) = CA_t^j$。假设再贷款与已有贷款存在一定的比例关系：$M_{it}^j = \varpi_t^j L_{it}^j$，其中 ϖ_t^j 也称为质押率，即银行通过信贷资产质押获得央行再贷款的比例上限。银行 i 获得贷款收益，同时支付存款、银行间拆入和再贷款利息，银行利润函数为

$$\prod_t^j = \sum_{t=0}^{\infty} \beta^t \left[R_{it}^{jL} L_{it}^j + R_{it}^{jB} B_{it}^j - R_{it}^{jD} D_{it}^j - R_{it}^{jM} M_{it}^j - \frac{\kappa_D}{2} \left(\frac{R_{it}^{jD}}{R_{it-1}^{jD}} - 1 \right)^2 D_{it}^j \right.$$

$$\left. - \frac{\kappa_L}{2} \left(\frac{R_{it}^{jL}}{R_{it-1}^{jL}} - 1 \right)^2 L_{it}^j \right] \tag{3-4}$$

银行存款和贷款存在垄断竞争，优化和对数线性化得到：

$$\overline{R^{jD}}(r_t^B - r_t^{jD}) = \frac{\alpha^j}{1 - \alpha^j + CA^j} \overline{R^{jD}} \widehat{\alpha_t^j} + \frac{\kappa_D}{1 + \nu_D}(r_t^{jD} - r_{t-1}^{jD})$$

$$-\frac{\beta\kappa_D}{1+v_D}(r_{t+1}^{jD}-r_t^{jD}) \tag{3-5}$$

$$\overline{R^{jL}}\left[\widetilde{\varpi^j}r_t^B+(1-\widetilde{\varpi^j})r_t^{jM}-r_t^{jL}\right]=\widetilde{\widetilde{\varpi^j}}\widehat{\varpi^j}+\frac{\kappa_L}{v_L-1}(r_{t+1}^{jL}-r_t^{jL}) \tag{3-6}$$

2. 家庭部门

家庭部门在面对预算约束的情况下，选择适当的消费、工资和货币量来实现预期效用函数的最大化。家庭效用为：$E_0\sum_{t=1}^{\infty}\beta^tU_t$，$U_t=\frac{1}{1-\sigma_c}C_t^{1-\sigma_c}-\frac{1}{1+\sigma_l}\text{LA}_t^{1+\sigma_l}$

家庭的预算约束为

$$\frac{M_t}{P_t}+C_t+\frac{D_t^A+D_t^B}{P_t}=R_t^{AD}\frac{D_{t-1}^A}{P_t}+R_t^{BD}\frac{D_{t-1}^B}{P_t}+W_t\text{LA}_t+\frac{M_{t-1}}{P_t}+G_t$$

D_t^A、D_t^B 分别为家庭在 A 类银行和 B 类银行的资金配置，满足 $D_t^A/D_t^B=\eta_t/(1-\eta_t)$。$R_t^{AD}$ 为 A 类银行实际存款利率，R_t^{BD} 为 B 类银行实际存款利率，满足 $R_t^{AD}<R_t^{BD}$。最优化及对数线性化之后得到：

$$\widehat{c_t}=E_t\widehat{c_{t+1}}-\frac{1}{\sigma_c}E_t\left(\frac{\overline{\eta}\overline{R^{AD}}}{\overline{R^D}}\widehat{r_t^{AD}}+\frac{(1-\overline{\eta})\overline{R^{BD}}}{\overline{R^D}}\widehat{r_t^{BD}}-\widehat{\pi_{t+1}}\right) \tag{3-7}$$

家庭在劳动力市场存在垄断竞争，同时工资定价存在黏性。参考 Smets 和 Wouters（2003），工资对数线性化后满足：

$$\widehat{w_t}=\frac{1}{1+\beta}\widehat{w_{t-1}}+\frac{\beta}{1+\beta}E_t\widehat{w_{t+1}}-\frac{1+\beta\gamma_w}{(1+\beta)\sigma_c}\widehat{\pi_t}+\frac{\gamma_w}{1+\beta}\widehat{\pi_{t-1}}+\frac{\beta}{1+\beta}E_t\widehat{\pi_{t+1}}$$

$$+\frac{1}{1+\beta}\frac{(1-\beta\xi_w)(1-\xi_w)}{\xi_w\left(1+\frac{1+\lambda^w}{\lambda^w}\sigma_L\right)}\left[\frac{\sigma_c}{1-h}(\widehat{c_t}-h\widehat{c_{t-1}})+\sigma_L\widehat{la_t}-\sigma_t^L-\widehat{w_t}\right]+u_t^w \tag{3-8}$$

其中，$\widehat{w_t}$ 表示（对数线性化的）工资；$\widehat{\pi_t}$ 表示通胀率；u_t^w 表示工资冲击；ξ_w 表示工资黏性参数；γ_w 表示价格递减指数；λ^w 表示垄断竞争参数。

3. 厂商部门

企业有两种类型，其中传统高碳产业记为 A，新兴低碳产业记为 B，假设 $j(j=A,B)$ 类企业的生产函数满足：$Y_t^j=A_t^j(K_{t-1}^j)^e(\text{LA}_t^j)^{1-e}$。假设技术 $A_t^j=\alpha^jA_t$，

其中 α^j 为生产效率， A_t 为外生技术冲击，对数线性化之后满足：

$$\widehat{\alpha_t} = \rho_a \widehat{\alpha_{t-1}} + u_t^a \tag{3-9}$$

生产函数对数线性化：

$$\widehat{y_t^j} = \widehat{\alpha_t} + e\widehat{k_{t-1}^j} + (1-e)\widehat{la_t^j} \tag{3-10}$$

假设 W_t^j 表示工资， R_t^{kj} 表示资本收益率，MC_t 表示边际成本，最大化企业利润得到：

$$\mathrm{MC}_t = \frac{R_t^{kj}K_{t-1}^j}{\alpha Y_t^j} = \frac{W_t^j \mathrm{LA}_t^j}{(1-\alpha)Y_t^j}$$

假设两类企业的总产出满足 $Y_t = Y_t^A + Y_t^B$，资本品总量满足 $K_t = K_t^A + K_t^B$，总劳动满足 $\mathrm{LA}_t = \mathrm{LA}_t^A + \mathrm{LA}_t^B$，总的工资指数 $W_t = W_t^A + W_t^B$。对数线性化得到：

$$\widehat{mc_t} = (1-\alpha)\widehat{w_t^A} + \alpha\widehat{r_t^{kA}} - \widehat{\alpha_t} = (1-\alpha)\widehat{w_t^B} + \alpha\widehat{r_t^{kB}} - \widehat{\alpha_t} \tag{3-11}$$

总劳动的对数线性化：

$$\widehat{la_t} = -w_t^A + r_t^{kA} + k_{t-1}^{kA} = -w_t^B + r_t^{kB} + k_{t-1}^B \tag{3-12}$$

企业家利用自有资本和银行贷款购买资本，根据金融加速器机制，企业的外部融资溢价依赖于企业的净资产，即

$$E_t F_{t+1}^j = E_t S\left(\frac{Q_t^k K_t^j}{N_t}\right) R_{t+1}^{jl}$$

贷款利率满足 $\overline{\varpi^j} F_{t+1}^j Q_t^k K_t^j = Z_{t+1}^j L_t^j$。对数线性化之后得到：

$$\widehat{f_t^j} = \frac{\overline{R^k}}{\overline{F}}\widehat{r_t^{kj}} + \frac{1-\delta}{\overline{F}}\widehat{q_t} - \widehat{q_{t-1}} \tag{3-13}$$

$$\widehat{f_{t+1}^j} = \widehat{r_{t+1}^{jl}} + \varphi(\widehat{q_t^k} + \widehat{k_t^j} - \widehat{n_t^j}) \tag{3-14}$$

$$\widehat{n_t^j} = \gamma\overline{F}\left\{\chi\widehat{f_t^j} - (\chi-1)\widehat{r_t^{jl}} - \varphi(\chi-1)(\widehat{q_{t-1}^k} + \widehat{k_{t-1}^j}) + [1+\varphi(\chi-1)]\widehat{n_{t-1}^j}\right\} \tag{3-15}$$

$$\widehat{z_{t+1}^j} = \widehat{f_{t+1}^j} + \frac{1}{1-\chi}(\widehat{q_t^k} + \widehat{k_t^j} - \widehat{n_t^j}) \tag{3-16}$$

$$\overline{L^j}\widehat{l_t^j} = \overline{K^j}(\widehat{q_t^k} + \widehat{k_t^j}) - \overline{N^j}\widehat{n_t^j} \tag{3-17}$$

零售商处于垄断竞争，优化得到菲利普斯曲线：

$$\widehat{\pi_t} = \frac{\gamma_p}{1+\beta\gamma_p}\widehat{\pi_{t-1}} + \frac{\beta}{1+\beta\gamma_p}E_t\widehat{\pi_{t+1}}$$

$$+\frac{(1-\beta\xi_p)(1-\xi_p)}{\xi_p(1+\beta\gamma_p)}\left[(1-\alpha)\widehat{w_t}+\alpha r_t^k-\widehat{\alpha_t}\right]+u_t^\lambda \tag{3-18}$$

其中，$\widehat{\pi_t}$ 表示（对数线性化的）通货膨胀率；$\widehat{w_t}$ 表示工资；r_t^k 表示资本回报率；u_t^λ 表示价格冲击；γ_p 表示价格递减指数；ξ_p 表示价格黏性参数。

资本生产者为完全竞争市场，优化并对数线性化得到：

$$\hat{I}_t=\frac{\beta}{1+\beta}E_t\widehat{I_{t+1}}+\frac{1}{1+\beta}\widehat{I_{t-1}}+\frac{\varphi}{1+\beta}\hat{q}_t+\varepsilon_t^I \tag{3-19}$$

$$\varepsilon_t^I=\rho^I\varepsilon_{t-1}^I+u_t^I \tag{3-20}$$

$$\widehat{k_t}=(1-\delta)\widehat{k_{t-1}}+\delta\hat{i}_t \tag{3-21}$$

其中，φ 表示投资调整成本的倒数；δ 表示折旧率。

4. 市场均衡

最终厂商的总产出等于家庭消费、投资、政府消费总和，对数线性化得到：

$$\widehat{y_t}=(1-\delta k_y-g_y)\hat{c}_t+\delta k_y\hat{I}_t+g_y\hat{g}_t \tag{3-22}$$

其中，$k_y=\overline{K}/\overline{Y}$，$g_y=\overline{G}/\overline{Y}$。

假设政府支出满足：

$$\widehat{g_t}=\rho_g\widehat{g_{t-1}}+u_t^g \tag{3-23}$$

总工资、总资本、总的资本回报率和总产出满足：

$$\widehat{w_t}=\rho_1\widehat{w_t^A}+(1-\rho_1)\widehat{w_t^B} \tag{3-24}$$

$$\widehat{k_t}=\rho_1\widehat{k_t^A}+(1-\rho_1)\widehat{k_t^B} \tag{3-25}$$

$$\hat{r}_t=\rho_1\widehat{r_t^{kA}}+(1-\rho_1)\widehat{r_t^{kB}} \tag{3-26}$$

$$\widehat{y_t}=\rho_1\widehat{y_t^A}+(1-\rho_1)\widehat{y_t^B} \tag{3-27}$$

5. 货币政策

传统货币政策主要是利率工具，央行通过泰勒规则外生地决定利率：

$$\widehat{r_t^B}=\rho_r\widehat{r_{t-1}^B}+(1-\phi_m)(r_\pi\widehat{\pi_t}+r_y\widehat{y_t})+u_t^r \tag{3-28}$$

结构性货币政策依赖于新兴低碳产业占比，再贷款利率、准备金和再贷款质押率满足：

$$\widehat{r_t^{BM}}=\rho_M\widehat{r_{t-1}^{BM}}+\mu_1(\widehat{y_t^B}-\widehat{y_t})+u_t^M \tag{3-29}$$

$$\widehat{\alpha_t^B} = \rho_\alpha \widehat{\alpha_{t-1}^B} + \mu_2(\widehat{y_t^B} - \widehat{y_t}) + u_t^\alpha \tag{3-30}$$

$$\widehat{\varpi_t^B} = \rho_\omega \widehat{\varpi_{t-1}^B} + \mu_3(\widehat{y_t^B} - \widehat{y_t}) + u_t^\varpi \tag{3-31}$$

（二）参数校准和估计

模型的稳态参数根据校准得到。参考李璐等（2016），折现因子 β 选择 0.98，中间厂商生产函数中资本占产出比重 e 为 0.7，传统企业生产效率 α^A 标准化为 1，非传统企业生产效率 α^B 设为 1.3。名义存款利率为 $1/\beta = 1.0204$，通货膨胀率为 2%，因此实际存款利率 $\overline{R^D} = 1.0004$。参考彭俞超和方意（2016），将资本折旧率 δ 设定为 0.025。参考 Gelain（2010），家庭消费替代弹性的倒数 σ_c 为 2、劳动供给弹性的倒数 σ_l 为 3、实际货币弹性的倒数 σ_m 为 2，中间产品的替代弹性参数 λ^P 选为 0.2，家庭工资的替代弹性参数 λ^w 选为 3，传统企业风险溢价的稳态值选为 1.05，非传统企业融资溢价选为 1.15。根据 2013～2020 年支出法 GDP 数据，政府支出占 GDP 比例在 20%左右。参考温信祥和苏乃芳（2018），$\overline{\eta}$ 选为 0.85。2013 年 1 季度到 2021 年 4 季度，大型银行存款准备金率平均为 16.4%，中小型银行平均为 14%。参考马勇和陈点点（2021），传统银行和非传统银行的再贷款质押率稳态值分别为 0.4 和 0.5。根据 2013～2020 年的数据，国有工业企业和私营工业企业的资产负债率分别为 0.6 和 0.5。2015 年以来，MLF 利率平均约为 3%，定向支持小微企业和民营企业的定向中期借贷便利（targeted medium-term lending facility，TMLF）利率为 2.95%，因此传统银行再贷款利率 R^{AM} 为 1.0115，非传统银行再贷款利率 R^{BM} 为 1.01。大型银行和中小型银行的资本充足率分别为 0.2 和 0.176，大型银行存款利率约为 2%，小型银行存款利率约为 2.15%，两类银行的贷款利率约为 5.5%。根据存贷款利率可得，存款的替代弹性 ν^D 和贷款的替代弹性 ν^L 分别选择 25 和 11，传统企业和新兴企业违约率分别为 0.386 和 0.444（各参数估计值详见表 3-4）。

表 3-4 DSGE 模型的参数估计

参数	含义	先验分布	先验均值	先验标准差	后验均值
γ_w	工资递减系数	Beta	0.7	0.1	0.7603
γ_p	价格递减系数	Beta	0.7	0.1	0.8122
ξ_w	工资调整比例	Beta	0.1	0.05	0.2298
ξ_p	价格调整比例	Beta	0.1	0.05	0.5099
Ψ	融资溢价参数	Beta	0.1	0.05	0.1589

续表

参数	含义	先验分布	先验均值	先验标准差	后验均值
λ^w	垄断竞争参数	Normal	2	0.1	1.9875
ϕ	资本效用成本弹性的倒数	Normal	2	0.1	1.8945
κ_D	存款成本参数	Gamma	50	10	48.9365
κ_L	贷款成本参数	Gamma	50	10	49.2742
ρ_a	技术冲击的持续性	Beta	0.9	0.1	0.9871
ρ_g	政府支出冲击的持续性	Beta	0.9	0.1	0.9417
ρ_c	偏好冲击的持续性	Beta	0.9	0.1	0.3221
ρ_I	投资冲击的持续性	Beta	0.9	0.1	0.7324
ρ_m	再贷款政策的持续性	Beta	0.8	0.1	0.7136
ρ_α	差别准备金政策的持续性	Beta	0.8	0.1	0.7971
ρ_ω	质押率政策的持续性	Beta	0.8	0.1	0.8039
ρ_r	利率政策的持续性	Beta	0.5	0.1	0.9517
r_π	通货膨胀率系数	Normal	2.5	0.1	2.5734
r_y	产出缺口系数	Normal	2.5	0.1	2.1779
μ_1	再贷款政策的系数	Normal	1	0.1	0.9908
μ_2	差别准备金政策的系数	Normal	1	0.1	1.0118
μ_3	质押率政策的系数	Normal	1	0.1	1.0448

二、模拟结果分析

（一）结构性货币政策效果与总量政策的比较

通过脉冲响应分析分别观察存款准备金率、再贷款质押率和再贷款利率三种结构性货币政策的效果。同时，观察结构性政策对经济稳态的影响（表 3-5）。比较传统高碳产业和新兴低碳产业的产出变化可以发现，中小型银行再贷款利率减少 1 个百分点，可以带动新兴低碳产业产出提高 0.4575 个百分点，传统高碳产业产出降低 0.1733 个百分点，总产出小幅上升。定向降准 1 个百分点，带动传统高碳产业产出上升，新兴行业产出先小幅下降，此后上升，总产出小幅上升。再贷款质押率提高 1 个百分点，带动新兴低碳产业产出提高 0.1641 个百分点，传统高碳产业产出降低 0.0618 个百分点，总产出小幅上升。可见，结构性货币政策有效促进了新兴低碳产业产出以及总产出提高。

表 3-5　结构性政策和传统总量政策对稳态的影响

变量	基准情形	再贷款利率降低 1%	定向降准 1%	再贷款质押率提高 1%	市场利率下降 1%	准备金率普降 1%
传统高碳产业贷款利率	5.3489%	5.3489%	5.2646%	5.3489%	4.7638%	4.7916%
新兴低碳产业贷款利率	5.2443%	4.6826%	5.1770%	5.0511%	4.7770%	4.7992%
传统高碳产业贷款量相对变化率	—	−0.0597%	2.7589%	−0.0175%	21.4512%	20.3016%
新兴低碳产业贷款量相对变化率	—	12.0403%	1.0282%	3.9455%	7.4225%	7.0551%
总贷款量相对变化率	—	2.8779%	2.3388%	0.9446%	18.0454%	17.0857%
传统高碳产业产出相对变化率	—	−1.0886%	1.9811%	−0.3698%	15.0577%	14.2696%
新兴低碳产业产出相对变化率	—	7.1494%	0.7757%	2.3784%	5.5848%	5.3091%
总产出相对变化率	—	1.6630%	1.5785%	0.5481%	11.8936%	11.2767%
新兴低碳产业占比	33.4010%	35.2035%	33.1370%	34.0090%	31.5177%	31.6097%

通过稳态数值模拟，进一步观察存款准备金率、银行间市场利率两种传统总量型货币政策对经济稳态的影响，并与结构性货币政策效果进行比较。观察表 3-5 可见，结构性货币政策对传统高碳产业影响较小（再贷款利率和再贷款质押率均降低了传统高碳产业贷款数量和产出），主要是刺激新兴低碳产业的贷款和产出增加，总产出变化在 2%以内，其中降低再贷款利率对总产出的变化促进作用最大（1.6630%），提高再贷款质押率对总产出的促进作用最小（0.5481%）。传统利率政策和准备金政策对传统高碳产业影响明显大于新兴低碳产业，影响传统高碳产业和总产出变化都在 10%以上，对新兴低碳产业产出的影响不到 6%。而且，新兴低碳产业占比较基准情形明显下降，这表明传统总量政策不利于经济结构优化。总体来看，结构性货币政策对经济总量的影响小于传统货币政策，这与国内相关研究的结论一致（李雪和郭俊余，2022），这在一定程度上体现了结构性货币政策"精准滴灌"的效果。

另外，再贷款利率降低以及再贷款质押率的提高，能够有效优化产业结构（新兴低碳产业占比提高，而传统高碳产业占比下降），但定向降准对传统高碳产业贷款和产出的影响较新兴低碳产业更大，降低中小型银行存款准备金率反而使新兴低碳产业的比重小幅下降。可见，虽然结构性货币政策均有助于降低新兴低碳产业融资成本，促进信贷资源流向新兴低碳产业，但在产业结构优化升级方面，定向降准的政策效果并不理想。近年来，我国逐渐减少了定向降准的运用，更多通过"先贷后借"的直达方式加强对特定部门的信贷支持[①]，我们的发现为此提供了一定的理论支持。

（二）结构性货币政策的负面作用与政策边界

考虑到定向降准对总产出改进效果不佳，这里主要针对再贷款利率和再贷款质押率进行分析，其负面作用主要包括对传统高碳产业的挤出效应、对总量政策的替代效应及对经济结构的扭曲效应。结构性货币政策主要作用于中小银行和新兴低碳产业，但在实际经济运行中，结构性货币政策对大型银行及传统高碳产业不可避免产生挤出效应。观察结构性货币政策变化对传统高碳产业的动态冲击，再贷款利率降低 1 个百分点，或再贷款质押率提高 1 个百分点，中小银行的融资成本降低，融资规模扩大，相应地从银行间市场获得资金的需求减少，银行间利率提高，大型银行的存款利率提高，贷款利率提高，贷款规模缩小，产出下降。可见，结构性货币政策在影响新兴低碳产业的同时，对传统高碳产业具有挤出效应，这在一定程度上可能加剧传统高碳产业的转型风险。尤其是对于杠杆率较高的传统部门，贷款利率的提高和贷款规模的挤出将导致借新还旧能力下降，影响其债务的可持续性，可能引发违约和系统性风险。

观察结构性货币政策对利率政策动态冲击的影响。当利率下降 1 个百分点，将带动产出上行，但如果同时实施结构性货币政策，新兴低碳产业的产出波动减小，传统高碳产业的产出波动小幅增加。结构性货币政策对市场流动性的定向干预，抑制了市场配置资源的作用，使政策利率并不能反映市场的真实利率水平，降低了利率的传导效率，影响了货币政策传导机制的有效运行。可见，结构性货币政策在一定程度上具备了传统总量型货币政策的效果，如果结构性货币政策实施较多或力度较大，将不可避免地替代并扭曲传统总量货币政策。结构性货币政策支持经济转型升级的重要前提是新兴低碳产业的生产率高于传统高碳产业，但结构性货币政策仍是通过金融机构发挥作用，央行只是间接发挥结构调整的政策功能。结构性货币政策工具的市场性不足，可能会导致资源错配并加大结构扭曲。一方面，由于激励机制不健全，银行存在委托代理问题。许多新兴部门小微企业缺乏抵押品、贷款成本高，银行更倾向将贷款发放给传统高碳产业。另一方面，由于信息不对称，部分中小银行可能存在贷前审批和贷后管理流程不标准、风险管理能力不足等问题，一些低效的"伪新兴"企业可能获得中小银行的低成本贷款支持。

这里，假设新兴低碳产业的生产率下降，从而观察结构性货币政策可能带来的负面效果。当新兴低碳产业的生产率下降并低于传统高碳产业（=0.7）时，观察结构性货币政策对经济的动态冲击，随着再贷款利率下降和再贷款质押率提高，

---

① 参见《2020 年第四季度中国货币政策执行报告》。

传统高碳产业产出减小，新兴低碳产业产出增加，总产出增加。但是与基准情形（=1.3）相比，冲击的影响幅度更小，对总产出的影响不显著。与此同时，新兴低碳产业产出占比提高，资金更多流向生产效率低的部门，加剧产业结构不平衡，不利于经济结构优化。

三、总结

通过考虑中国经济金融特征的 DSGE 模型分析表明，从长期稳态影响和短期动态冲击来看，结构性货币政策有效促进了新兴低碳产业产出以及总产出的提高，但不同的政策工具效果并不完全相同。与再贷款质押率、定向降准等数量工具相比，作为价格工具的再贷款利率在优化经济结构、增进社会福利方面的效果最好，定向降准在这些方面的效果则并不理想。与传统总量货币政策相比，结构性货币政策对经济总量的影响较小，对社会福利的改进效果有限，这在一定程度上体现了结构性货币政策"精准滴灌"的效果，也说明结构性货币政策仍要从属于总量货币政策，仅作为传统总量政策的有益补充，对传统高碳产业的挤出效应、对总量政策的替代效应及对经济结构的扭曲效应等负面作用，仍需高度关注。

为此，在完善并发挥好结构性货币政策作用的同时，一方面，应做好政策效果评估和有序退出工作，避免结构性货币政策长期化、常态化。结构性货币政策的长期使用可能带来结构性扭曲，增加道德风险，不利于金融市场稳定。因此需把握结构性货币政策的度，避免结构性货币政策长期化和常态化。另一方面，发挥财政政策的结构性调节作用。货币政策本质上仍是总量政策，过多采用结构性货币政策将影响总量货币政策的效果。因此需加强财政政策的结构性调节作用，落实小微企业财税支持，同时加强货币政策与财政政策的协调配合，建立促进经济发展和结构优化的长效机制，共同推动经济高质量发展。

第五节　绿色结构性货币政策与碳市场的联动影响

一、绿色结构性货币政策与碳市场联动影响的理论分析

碳交易市场，也可称为碳排放权交易市场或简称为碳市场，对其所覆盖的企业设定碳排放总量限制，并遵循"排放者付费"原则，排放量超过配额的企业需要购买额外碳配额，排放量低于碳配额的企业可出售多余配额，通过交易机制以及由此形成的碳价，将温室气体排放带来的外部成本转化为企业承担的内部成本，以此鼓励市场参与者降低碳排放并进行低碳转型，进而实现减排目标。

理论上，碳市场和结构性货币政策之间可能存在交互影响。碳交易市场和结构性货币政策都是促进减排的重要抓手，全球主要经济体也多同时使用两项工具。碳市场通过碳配额的总量限制和碳价格机制发挥作用，影响企业的碳排放成本，进而将影响企业的生产、技术创新、研发投资等决策；而结构性货币政策通过为特定企业提供优惠贷款等方式，降低企业的融资成本，提供可用资金，对企业的减排技术创新等决策产生影响。因此，在碳市场存在的前提下，结构性货币政策的实施可能对碳排放需求和碳价格造成影响；在结构性货币政策的实施过程中，碳排放限额的设定，碳市场交易活动所产生的价格信号、金融衍生交易等，可能会对资金流向、政策传导等造成影响。

因此，厘清碳市场和绿色结构性货币政策之间可能存在的双向溢出效应与作用渠道，对于评估碳市场下结构性货币政策的效力，并进一步完善碳市场和结构性货币政策的协调机制，具有重要意义。

二、"绿色结构性货币政策+碳市场"组合的减排效果——基于CGE模型的政策模拟

（一）CGE模型基本框架

碳排放对经济体不同方面所造成的冲击不仅作用于单个群体或部门，还会通过产业链、价值链传导至经济系统的各个角落，产生涟漪效应并不断放大。本节基于潘浩然（2016）的模型设置方法，构建了中国能源碳动态CGE模型，模型基础框架如图3-4所示。

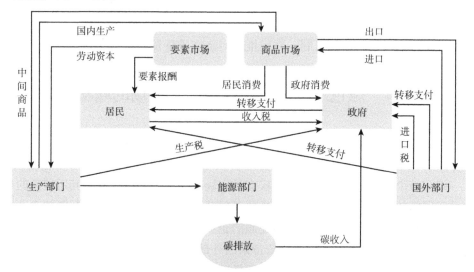

图3-4 CGE模型基础框架图

其中，碳模块包括碳税和碳市场两部分。碳税在模型中是外生给定的，分别对生产端和消费端能源产品的碳排放进行征收，碳税收入由碳税乘以碳排放计算所得。碳市场核心机制为碳排放权交易计划，碳排放配额被视为商品，其数量由政府控制，而碳价则取决于限额设置下的供需平衡。气候友好技术模块中，技术进步由投资驱动，部门气候友好投资的增加将促进减排技术创新，降低部门碳排放系数，具体下降幅度取决于部门融资利率优惠大小以及部门的减排难度。结构性货币政策方面，假设结构性货币政策为特定行业提供了融资优惠，即可以用更低的利率获得用于减排的资金，并通过降低碳排放系数、提高能源使用效率两种方式推动减排。

模型主要数据来源包括：第一，中国社会核算矩阵，依据 2017 年全国投入产出表，通过合并及拆分出包括煤炭、石油、天然气、火电及新能源电力等 29 个部门的能源投入产出。第二，中国社会核算矩阵中财税数据来源于《中国税务年鉴 2018》《中国财政年鉴 2018》，并选择 2017 年作为基准年。

完成 CGE 模型的构建及参数校准后，便可以对碳市场以及绿色结构性货币政策的减排效果进行政策模拟，整体结构如下：首先，分别模拟碳市场覆盖火电行业及绿色结构性货币政策作用在火电行业的减排结果，厘清碳市场及绿色结构性货币政策各自的减排机制；其次，观察当绿色结构性货币政策作用在碳市场覆盖行业时减排效果如何变化，并与第一部分结果进行对比，分析二者交互影响的机制；再次，仍假设碳市场只覆盖火电行业，模拟当绿色结构性货币政策作用在碳市场覆盖范围之外的行业时产生的结果，并分析减排效果存在差异的原因；最后，假设碳市场覆盖范围逐渐扩大，通过模拟不同碳市场情景下结构性货币政策作用在不同行业的减排结果来寻找最优减排政策组合。

（二）绿色结构性货币政策与碳市场各自减排效果模拟

1. 碳市场

假设碳市场覆盖范围从不覆盖任何行业变为覆盖单一火电行业，对火电行业排放限额的设置方式为：以无碳市场约束的火电行业排放额（49.67 亿吨）为起点，使排放限额下降 1 亿吨，模拟结果如图 3-5 所示。将火电行业排放限额设置为 48.67 亿吨后，火电行业的排放会降低 1 亿吨，而其他排碳行业还会额外贡献一定的减排量，社会总体排放共降低 1.36 亿吨，产生了 0.36 亿吨高于限额的超额减排效应。

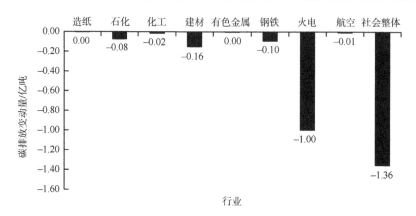

图 3-5　火电排放下降 1 亿吨，社会总碳排降低超过 1 亿吨

产生超额减排的原因可能为：一是规模限制效应，对火电行业排放限额降低后，火电行业规模下降，其他用电的排碳部门可用火电量减少，导致其他行业规模也随之下降，碳排放降低；二是能源结构效应，火电行业限额束紧会导致火电供应量减少，碳价格上升，火电行业成本提高，其他行业会采用水电、风电等清洁电力代替火电进行生产，其他部门碳排放强度降低，碳排放自然减少。

虽然碳市场限额下降可以带来超额减排，但超额减排的实现却是以产出的降低为代价（图 3-6）。火电行业排放限额的降低导致火电行业的产出下降，同时也进一步引发了以钢铁行业为代表的排碳部门产出的下降，以及以水电行业为代表的清洁能源行业产出的扩张。且限额下降幅度越大，排碳部门产出边际下降百分比越大，经济损失越严重。

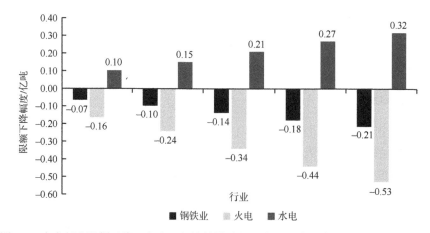

图 3-6　火电行业限额下降，火电、钢铁等排碳行业产出下降，清洁能源行业产出增加

2. 绿色结构性货币政策减排效果模拟

绿色结构性货币政策通过两种途径影响其作用行业以及其他行业的碳排放。对于其作用行业，首先，绿色结构性货币政策提供融资利率优惠，促进低碳技术创新，提高政策作用行业的能源使用效率，降低碳排放密度，减少行业碳排放，被称为减排效应。但与此同时，融资利率优惠提高了行业的能源使用效率，减少了能源使用数量，降低了其作用行业的成本，导致该行业规模的扩张，增加了行业碳排放，被称为规模扩张效应。绿色结构性货币政策最终如何影响其作用行业的碳排放则取决于减排效应以及规模扩张效应的大小。

其次，对于其他行业的碳排放，绿色结构性货币政策的实施同样存在两种影响。第一，降低作用行业的成本以及产品价格，提高了作用行业的生产规模，其他行业可用的该行业中间品数量增加，导致其他生产行业规模扩张，碳排放上升，被称为投入扩张效应。第二，提高作用行业的化石能源使用效率，使得作用行业生产过程中的能源使用情况发生变化，进一步影响其他行业的能源使用结构，被称为能源结构调整效应，由于这一效应涉及多种能源的使用结构调整，不同行业使用不同能源的碳排放系数也不尽相同，所以其导致部门碳排放的变动方向需要具体行业具体分析，但最终影响的是行业的碳排放密度，若行业碳排放密度提高，则排放增加，反之则下降。

基于以上机制，对无碳市场情景下结构性货币政策作用在火电行业的政策结果进行模拟。将结构性货币政策提供的融资利率优惠设定为从 0 到 20% 逐渐提高[①]，来模拟不同优惠利率下结构性货币政策的减排效果（图 3-7）。随着融资利率优惠力度加大，社会整体碳排放量越来越低。但随着优惠力度上升，再增加同等优惠利率所导致的排放边际变动逐渐降低，说明结构性货币政策的边际效力会随着优惠力度提高而逐渐下降。

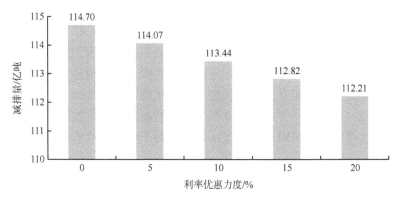

图 3-7　绿色结构性货币政策利率优惠力度越大，减排效果越好

---

① 若无特殊说明，后文中的绿色结构性货币政策融资利率优惠力度为 20%。

接下来，假定结构性货币政策作用在火电行业，并比较相关部门前后碳排放（图 3-8）。首先是火电行业，绿色结构性货币政策作用在火电行业时，减排效应对火电行业碳排放的下拉作用大于规模扩张效应的上推作用，火电行业碳排放量降低，且社会整体碳排放的下降也主要由火电行业排放降低所贡献。其他主要排碳行业中，建材、航空行业排放有所上升，剩余行业碳排放量都有所下降。说明对大部分行业而言，能源结构调整效应对部门排放的下拉作用，大于投入扩张效应对部门排放的上推作用。

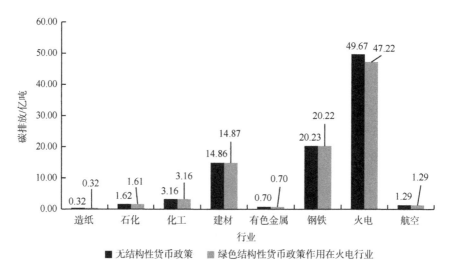

图 3-8　无碳市场情景下，结构性货币政策作用在火电行业前后分部门碳排放

3. 碳市场与绿色结构性货币政策减排效果对比

将碳市场与绿色结构性货币政策的减排效果进行比较，可以看出碳市场通过严格的总量限制大幅度降低了社会总体碳排放，是实现"双碳"目标的重要政策工具，但碳排放的降低却不是因为减排技术的进步，而是因为排放限额设置所带来的产出减少、规模下降，需付出一定的经济代价。而结构性货币政策虽然减排幅度相对碳市场较小，但其通过提供融资利率优惠，促进气候友好技术投资的方式减少碳排放，同时在一定程度上降低了企业的融资成本，实现了规模扩张，在实现碳排放密度降低的同时避免了经济损失，对于实现"双碳"目标不可或缺。

（三）绿色结构性货币政策作用在碳市场覆盖行业——减排效果消失，社会总排放不降反增

本节假设碳市场只覆盖火电行业，并将绿色结构性货币政策也作用在火电行业，来观察二者的交互影响。首先，设置排放限额使得碳价约为 55 元/吨，以贴

近现实碳价，在这一碳价下，火电市场排放限额为 42.87 亿吨。其次，设置不同情景进行模拟（表 3-6）。

表 3-6　碳市场覆盖火电行业后，绿色结构性货币政策作用在火电行业，社会总排放不降反增

模型情景设置	碳排放/亿吨	碳价格/（元·吨）	GDP/万亿元
BAU1	114.70	0	123.12
SCEN1.1	103.90（−9.42%）	55.23	122.80（−0.26%）
SCEN1.2	112.21（−2.17%）	0	123.26（+0.11%）
SCEN1.3	105.33（−8.17%）	28.90	123.10（−0.02%）

资料来源：中金研究院

注：括号内百分比数值代表与 BAU1 相比的变动比例

BAU1（基准情景 1，无减排工具）：碳市场不覆盖任何行业，无结构性货币政策。

SCEN1.1（情景 1.1，单一碳市场减排工具）：碳市场只覆盖火电行业，限额设置为 42.87 亿吨，无结构性货币政策。

SCEN1.2（情景 1.2，单一结构性货币政策）：碳市场不覆盖任何行业，结构性货币政策作用在火电行业。

SCEN1.3（情景 1.3，碳市场与结构性货币政策的组合）：碳市场只覆盖火电行业，限额设置为 42.87 亿吨，结构性货币政策作用在火电行业。

结果显示，当二者叠加在同一行业，政策组合减排效果不及单一工具。在碳市场覆盖火电行业后，结构性货币政策进一步作用在火电行业并未降低火电部门的碳排放（图 3-9）。究其原因，当结构性货币政策也作用在火电行业后，火电

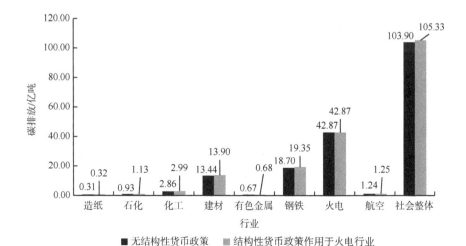

图 3-9　结构性货币政策作用在火电行业前后的部门碳排放

行业依然会在总排放等于限额处达到均衡，此时结构性货币政策影响的不再是火电总排放，而是火电行业对排放配额的需求，对配额需求的变动体现在碳价上。对比 SCEN1.1～SCEN1.3，碳价格从 55.23 元/吨下降至 28.90 元/吨，说明排放需求降低，碳价下降，绿色结构性货币政策作用在火电行业依然是减排效应更大，只不过排放需求的降低从表现在排放下降变为碳价下降。

进一步分析发现，两种工具叠加在火电行业还会导致其他排碳行业碳排放有所上升。究其原因，结构性货币政策通过减排效应与规模扩张效应影响作用部门碳排放，在无碳市场限额约束的条件下，减排效应占据主导，二者共同作用会导致火电行业排放下降。而当碳市场覆盖火电行业并实行了低于无碳市场情景排放的限额设置后，结构性货币政策对火电行业的减排效应依然存在，但由于排放额的设定，其排放被控制在限额上不能下降，故此时火电行业的规模扩张效应要比无碳市场情景下大很多，无碳市场情景的规模扩张效应只是因成本下降而发生的自然扩张，但碳市场情景下除了以上的自然扩张外，还需进一步扩张以弥补减排效应对火电碳排放的下拉，从而实现火电行业碳排放不变。

（四）碳市场覆盖火电行业，绿色结构性货币政策作用在其他行业——钢铁、建材、化工减排效果较好

假定碳市场只覆盖火电行业，但将绿色结构性货币政策（20%融资利率优惠）作用于碳市场覆盖范围之外的主要排碳行业。不同情景设置如下。

BAU2（基准情景 2）：碳市场覆盖火电行业，限额设置为 42.87 亿吨，无结构性货币政策。

SCEN2.1～SCEN2.7（情景 2.1～情景 2.7）：碳市场覆盖火电行业，限额设置为 42.87 亿吨，结构性货币政策分别作用于造纸、石化、化工、建材、有色金属、钢铁、航空行业[①]。

当结构性货币政策作用于碳市场覆盖范围外除石化的主要排碳行业时，均可以实现碳排放的降低，但减排幅度不尽相同，作用在钢铁、建材、化工行业时，减排效果比较明显（图 3-10）。

---

① 以上七个行业+火电行业为我国碳排放排名前八的行业，按照排放量排名为：火电、钢铁、建材、化工、石化、航空、有色金属、造纸。

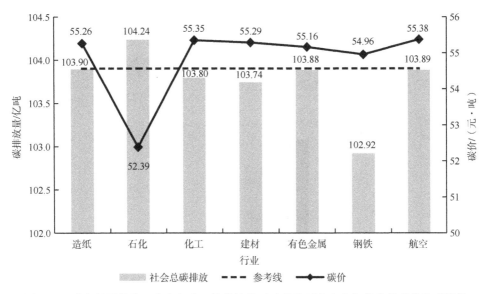

图 3-10 碳市场覆盖单一火电行业，结构性货币政策作用在火电行业外的碳价及碳排放

结构性货币政策降低社会整体碳排放，主要由作用行业的碳排放降低所拉动（图 3-11）。钢铁、建材、化工行业，是除火电外碳排放量排名前三的行业，结构性货币政策作用于这些行业后，减排效果也是前三，说明若想通过绿色结构性货币政策实现幅度较大的减排，应将其作用于碳市场覆盖范围外且排碳规模大的行业。

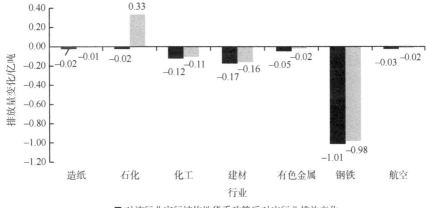

图 3-11 对碳市场以外行业实行结构性货币政策，碳排放下降主要由对应部门排放下降拉动

值得注意的是，当结构性货币政策作用于石化行业时，社会整体碳排放上升。石化行业是能源部门，其生产的产品为能源品，相比于一般产品，能源品产出变化

对其他行业的影响要大得多。结构性货币政策作用在石化这一能源部门后，石化行业扩张为其他行业带来的产出变化是作用在剩余行业的 10 倍之多（图 3-12）。而钢铁、建材等行业规模扩张的结果则是碳排放增加，这就是当结构性货币政策作用在石化部门，会导致社会整体碳排放上升的原因。

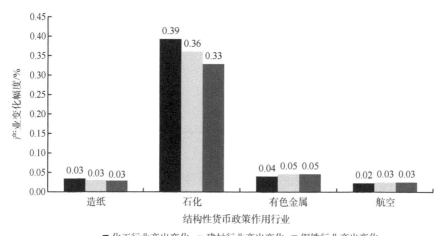

图 3-12　碳市场覆盖单一火电行业时，结构性货币政策作用在石化这一能源行业时，主要排碳行业的产出上升幅度更大

　　随着火电行业限额的逐渐降低，结构性货币政策作用在不同部门的减排效果都逐渐下降，说明随着碳市场限额的逐渐严格，结构性货币政策作用在火电以外的行业所能起到的减排作用也逐渐降低（图 3-13）。

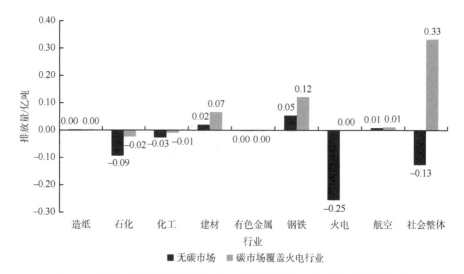

图 3-13　碳市场排放限额逐渐下降，绿色结构性货币政策减排效果下降

综合以上结果，在我国当前碳市场结构下，若想实现大幅度的碳排放下降，应将结构性货币政策作用于碳市场覆盖范围之外的高碳行业，且应该尽量避免将货币政策作用于能源部门（如石化），否则会导致高碳行业规模扩张，影响减排效果。

（五）碳市场覆盖范围逐渐扩大，绿色结构性货币政策作用于不同行业——难以通过单一结构性货币政策减排

下面按照行业总碳排放从多到少，逐渐扩大碳市场覆盖范围，首先覆盖排放量前四的火电、钢铁、建材、化工行业（后文简称为四大行业），随后进一步扩大覆盖范围到排放量前八的火电、钢铁、建材、化工、石化、航空、有色金属及造纸行业（后文简称为八大行业），并将结构性货币政策作用于不同行业来观察不同情景下"碳市场+结构性货币政策"的实施效果。

BAU3.1～BAU3.3（基准情景 3.1～基准情景 3.3）：碳市场分别覆盖火电、四大行业、八大行业，无结构性货币政策。

SCEN3.1.1～SCEN3.1.8（情景 3.1.1～情景 3.1.8）：碳市场覆盖火电行业，结构性货币政策分别作用于八大行业。

SCEN3.2.1～SCEN3.2.8（情景 3.2.1～情景 3.2.8）：碳市场覆盖四大行业，结构性货币政策分别作用于八大行业。

SCEN3.3.1～SCEN3.3.8（情景 3.3.1～情景 3.3.8）：碳市场覆盖八大行业，结构性货币政策分别作用于八大行业。

为了使不同碳市场覆盖范围下，结构性货币政策的作用效果具有可比性，我们将碳市场覆盖范围扩大后，新纳入碳市场行业的排放限额设置为该行业被碳市场覆盖前的碳排放。

结果显示，当碳市场覆盖范围扩大至四大行业以及八大行业后，20%利率优惠的绿色结构性货币政策难以实现排放的大幅度降低，最多只能为社会带来 0.04 亿吨的排放降低，排放降低幅度仅为 0.0385%（表 3-7）。究其原因，当碳市场覆盖行业范围扩大后，原本在碳市场外部的高碳行业也被施加了排放限额，对这些行业再实行绿色结构性货币政策的结果并不会导致碳市场覆盖行业总排放的变动，对排放需求的影响只会体现在碳价的变化上。

表 3-7 不同碳市场覆盖范围，20%融资利率优惠的结构性货币政策作用在不同行业的社会总排放（单位：亿吨）

结构性货币政策作用行业	碳市场覆盖单一火电	碳市场覆盖四大行业	碳市场覆盖八大行业
无结构性货币政策	103.90	103.90	103.90
造纸	103.90	103.89	103.91

续表

结构性货币政策作用行业	碳市场覆盖单一火电	碳市场覆盖四大行业	碳市场覆盖八大行业
石化	104.24	104.05	104.07
化工	103.80	103.92	103.91
建材	103.74	103.92	103.91
有色金属	103.88	103.86	103.91
钢铁	102.92	103.97	103.90
火电	105.33	103.99	103.86
航空	103.89	103.88	103.91

资料来源：中金研究院

　　无论结构性货币政策作用在什么部门，与碳市场覆盖四大行业相比，覆盖八大行业后火电行业的规模以及排放都有所下降，可用火电量的下降使得主要排碳部门排放均有所降低，社会总排放下降（表3-8）。其原因是，碳市场覆盖范围扩大后，所容纳的行业变多，可交易的排放限额增加，这使得碳市场内部行业的生产结构可以进行更为灵活的调整。当碳市场覆盖四大行业时，碳市场排放限额为77.87亿吨，四大行业只能在这一限额内进行碳排放配额的再分配，且再分配的结果会对包括后四部门在内的外部行业产生影响。而当碳市场覆盖八大行业时，后四部门的碳排放也被纳入总量限制，碳市场排放限额为81.02亿吨，可交易配额数量增加，这使得火电行业生产结构的调整更为灵活。

表3-8　绿色结构性货币政策作用于钢铁、火电行业时，碳市场覆盖范围扩大后的分部门碳排放（单位：亿吨）

行业名称	无结构性货币政策	绿色结构性货币政策作用在钢铁行业		绿色结构性货币政策作用在火电行业	
		碳市场覆盖四大行业	碳市场覆盖八大行业	碳市场覆盖四大行业	碳市场覆盖八大行业
造纸	0.31	0.31	0.31	0.31	0.31
石化	0.93	0.98	0.98	1.04	1.03
化工	2.86	2.90	2.90	2.94	2.94
建材	13.44	13.59	13.58	13.72	13.70
有色金属	0.67	0.68	0.68	0.68	0.68
钢铁	18.70	17.87	17.86	19.11	19.08
火电	42.87	43.51	43.47	42.11	42.03
航空	1.24	1.24	1.24	1.25	1.25
社会总排放	103.90	103.97	103.90	103.99	103.86

资料来源：中金研究院

当碳市场覆盖范围扩大，绿色结构性货币政策除了可以调整碳市场内部行业排放结构，还可以尽量避免减排所带来的经济损失。图 3-14 展示了碳市场覆盖四大行业以及八大行业时，绿色结构性货币政策作用在八大排碳行业的社会 GDP，参考线代表无结构性货币政策的 GDP。可以看出，无论绿色结构性货币政策作用在哪一个高碳行业，最终结果都是社会总 GDP 有所增加，降低了减排所带来的经济损失。

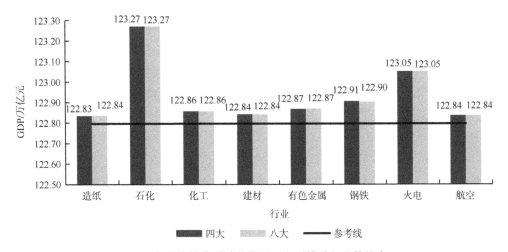

图 3-14　绿色结构性货币政策作用于主要排碳行业的社会 GDP

综合这一部分的研究结果，当碳市场覆盖范围扩大时，更多的高碳行业被纳入碳交易市场中，受碳市场总量限制机制的影响，当碳市场覆盖范围超过四大行业后，很难再通过绿色结构性货币政策大幅度降低社会碳排放，此时主要的减排手段应该是降低碳市场内行业的排放限额。但与碳市场覆盖单一火电行业不同的是，碳市场覆盖行业的增多也会带来可交易排放配额的增加，这使得碳市场内部行业的生产结构可以进行更为灵活的调整。并且绿色结构性货币政策还可以提高社会 GDP，降低减排带来的经济损失。

（六）模拟结果总结

从模拟结果看，主要有以下几点结论：一是碳市场仅覆盖火电行业且无绿色结构性货币政策时，由于规模结构效应和能源结构效应，将带动社会整体碳排放下降，但需付出一定的经济代价。二是碳市场和绿色结构性货币政策同时覆盖火电行业，由于绿色结构性货币政策可促进火电企业减排技术创新，使其对碳排放额的竞争有所缓解，从而推动碳价降低，整体减排效果弱于仅有碳市场的基准情景；由于电价相对较低，推动其他行业生产规模比基准情景扩大，因此对经济冲击更小。三是碳市场仅覆盖火电行业，绿色结构性货币政策作用在钢铁、建材、化工行业时的减排效果最为明显，可在一定程度上缓解碳市场对经济的冲击。

此外，不同行业实施减排的技术难度并不相同，造成其在不同的减排阶段所需投资的不同，应相应对绿色结构性货币政策的行业侧重做出调整。从我国实现"双碳"目标的技术路径上看，更有可能遵循由易到难的过程，先着手减排壁垒较低的行业，通过容易推广的节能减排技术减少排碳，以水、风、光等相对成熟的能源替代方式实现电力生产过程的零排放，并在非电领域提升电气化率，在这一过程中完成碳达峰目标。而在后期实现碳中和目标的阶段，则需要在前期的减排努力外，进一步开发当前在成本和可行性上面临较多障碍的绿色技术，如使用氢能、生物质燃料和碳捕捉技术实现余下大部分工业领域的零碳排放。因此，绿色结构性货币政策应从现阶段开始，逐步加大对减排壁垒较高领域的倾斜，弥补这些领域现阶段投资的不足，更好平衡"双碳"目标中各个阶段对于金融层面的不同需求。

第六节　完善支持零碳金融的绿色结构性货币政策的建议

一、完善我国绿色结构性货币政策及其配套措施的整体建议

一是在制定货币政策时，充分考虑气候变化相关风险对总产出、物价、就业、自然利率等方面的影响，高度关注金融机构因气候风险导致的行为变化对货币政策传导的冲击。

二是在完善并发挥好结构性货币政策作用的同时，避免结构性货币政策长期化、常态化，发挥财政政策的结构性调节作用。货币政策本质上仍是总量政策，过多采用结构性货币政策将影响总量货币政策的效果。因此需加强财政政策的结构性调节作用，落实小微企业财税支持，同时加强货币政策与财政政策的协调配合，建立促进经济发展和结构优化的长效机制，共同推动经济高质量发展。

三是在宏观审慎管理中应更加重视气候变化相关风险。通过完善金融业综合统计，强化金融机构信息披露要求等，及时掌握相关信息；开发气候风险分析模型，及时开展压力测试，适时将气候风险纳入宏观审慎框架。督促金融机构加强气候风险管理，开展压力测试和情景分析，将气候变化相关风险纳入风险管理框架，加强环境风险管理。加强气候变化相关风险分析与应对的国际合作。

四是不断丰富绿色金融产品和市场体系，吸引国内外投资者投资绿色金融资产。鼓励产品创新、完善发行制度、规范交易流程、提升透明度，持续推动绿色

金融产品创新和市场稳健发展。支持发行专门用于降碳减排项目的碳中和金融债，继续完善碳中和债券指数，为绿色债券投资提供基准，吸引更多国外投资者投资我国绿色债券。

二、完善我国碳减排支持工具的政策建议

一是加大碳减排支持工具对碳减排技术领域的支持力度，为其发展创造良好条件。第一，建立健全绿色低碳技术认定标准及信息共享机制。明确各领域绿色低碳技术标准目录及国家标准，建立绿色低碳技术认证机制和绿色低碳技术项目库。第二，鼓励金融机构在绿色低碳技术领域推动产品及服务创新。比如，创设长期低息贷款产品，重点支持关键领域核心技术攻关、初创企业融资。鼓励银行针对碳减排技术创新开展投贷联动业务。第三，健全风险缓释手段，如建立投资者退出机制、大力发展绿色保险等。第四，增强金融财税政策联动，推动完善财政奖补、税收减免、财政贴息等政策，将碳减排技术产业纳入政府性融资担保体系的支持范围。

二是强化中小金融机构能力建设，扩大政策效果。第三节的实证分析表明，我国碳减排支持工具已取得良好成效，也有包括地方法人金融机构在内的更多机构纳入碳减排工具支持范围。目前看，国有大型商业银行和注重绿色发展的股份制银行更多使用该工具。地方法人银行是支持地方中小企业绿色发展的生力军，可以通过加强对地方法人金融机构的能力建设，提高其使用政策工具支持经济绿色发展的能力。

三是动态评估我国绿色结构性货币政策工具效果，优化工具覆盖范围和实施期限。目前我国碳减排支持工具延期至2024年末，支持领域突出"小而精"，聚焦清洁能源、节能环保和碳减排技术。实践证明，工具对这三个领域的发展确实起到了比较好的促进作用。未来是否进一步拓展支持领域、是否继续延期，需要在动态评估的基础上，结合实体经济绿色低碳发展的资金需求，综合考虑政策效果与政策成本来确定。当前，从中长期看，结构性货币政策是有边界的，边际效应可能递减，经济转型更多要依靠改革和创新，结构性货币政策可在时机成熟时，逐步淡出。

三、更好协调绿色结构性货币政策与碳市场的政策建议

一是逐步降低碳市场火电行业排放限额，适当辅之以绿色结构性货币政策。当碳市场处于发展初期且只覆盖单一火电行业时，调低排放限额几乎完全由火电行业承担。可考虑逐步降低排放限额，同时适当辅之以绿色结构性货币政策支持，

在促进减排的同时减少对经济的冲击。

二是绿色结构性货币政策目前可更多着力于钢铁、建材等高碳行业。在当前碳市场仅覆盖火电行业的情景下，绿色结构性货币政策如同时作用于火电行业，虽有助于缓解碳市场对经济的短期冲击，但会削弱整体减排效果。如绿色结构性货币政策作用于碳市场覆盖之外的其他高碳行业，既可以对碳市场起到补充作用，促进钢铁、建材、化工等行业的低碳转型，从而带动整体减排，同时也可以缓解对经济的冲击。需要注意的是，从模型模拟情况看，由于石化行业产品是高碳能源品，实施绿色结构性货币政策，促进其低碳创新也有助于其扩大生产规模，直接或间接推动使用石化能源品的中下游行业的生产规模扩张，使社会总碳排放相较只有碳市场时更高，这意味着如考虑将石化行业纳入绿色结构性货币政策支持范围时，需更加谨慎。

三是有序扩大碳市场覆盖行业范围，绿色结构性货币政策则重在提升经济效益和减排质量。模拟结果表明，碳市场扩容增加可交易碳配额，企业能更加灵活地调整产量，对经济短期影响反而更小。因此，碳市场扩容应以可预见的、有序的方式逐步推进，制定明确的中长期实施规划，引导相关行业及早主动进行绿色低碳转型。随着碳市场覆盖范围扩大，对这些高碳行业再实行绿色结构性货币政策并不会导致碳市场覆盖行业排放的变动，但可以通过推动减排技术创新，促进企业在不超过碳排放总量的前提下扩大产出，提升经济效益和减排质量。

四是研究推动增强全国碳交易市场的金融属性。从国际实践看，金融机构往往在碳市场中发挥重要作用，如推出金融产品、进行资金托管、提供交易咨询等，从而提高市场的活跃度，使碳价能更好地反映市场供求，更好地引导资源有效配置。过去我国已经有分散的、地区性的碳市场，全国性碳市场也已启动运营。但是，碳市场仍然存在金融属性不足的问题，市场主体较为单一，主要为电力行业，亟须其他碳排放行业企业和金融机构的参与。当然，在碳市场建设过程中，随着金融交易规模扩大，对金融监管也提出了更高的要求。要防止碳价大幅波动，使市场能传递清晰、准确的碳价信号，需要建立完善、统一、高效的碳金融基础设施，如交易托管、产品登记等，同时也需要金融管理部门协同努力。

参 考 文 献

冯明, 伍戈. 2018. 定向降准政策的结构性效果研究：基于两部门异质性商业银行模型的理论分析. 财贸经济, （12）：62-79.

郭晔，徐菲，舒中桥. 2019. 银行竞争背景下定向降准政策的"普惠"效应：基于 A 股和新三
　　板三农、小微企业数据的分析. 金融研究，（1）：1-18.

李璐，刘斌，洪浩. 2016. 利率市场化进程中货币政策流动性效应问题研究——基于 DSGE 模
　　型的模拟分析. 金融发展评论，（1）：106-123.

李雪，郭俊余. 2022. 中国货币政策向收益率曲线传导的有效性：兼论结构性政策工具组合. 经
　　济社会体制比较，（1）：77-90.

林毅夫. 2012. 新结构经济学与中国发展之路. 中国市场，（50）：3-8.

林毅夫，姜烨. 2006. 经济结构、银行业结构与经济发展：基于分省面板数据的实证分析. 金融
　　研究，（1）：7-22.

马理，潘莹，张方舟. 2017. 定向降准货币政策的调控效果. 金融论坛，（2）：46-55，80.

马勇，陈点点. 2021. 经济转型升级与中央银行的多种政策工具研究. 世界经济，（7）：55-78.

潘浩然. 2016. 可计算一般均衡建模初级教程. 北京：中国人口出版社.

彭俞超，方意. 2016. 结构性货币政策、产业结构升级与经济稳定. 经济研究，（7）：29-42，
　　86.

温信祥，苏乃芳. 2018. 大资管、影子银行与货币政策传导. 金融研究，（10）：38-54.

张一林，林毅夫，朱永华. 2021. 金融体系扭曲、经济转型与渐进式金融改革. 经济研究，（11）：
　　14-29.

BIS. 2015. Central Bank of Operating Frameworks and Collateral Markets. BIS CGFS Papers No.53.

Bremus F，Schütze F，Zaklan A，et al. 2021. The Impact of ECB Corporate Sector Purchases on
　　European Green Bonds. Berlin：Discussion Papers of DIW.

Campiglio E. 2016. Beyond carbon pricing：the role of banking and monetary policy in financing the
　　transition to a low-carbon economy. Ecological Economics，121：220-230.

Dafermos Y，Gabor D，Nikolaidi M，et al. 2020. Decarbonising is Easy：Beyond Market Neutrality
　　in The ECB's Corporate QE. London：New Economics Foundation.

Dafermos Y，Gabor D，Nikolaidi M，et al. 2021. Greening the Eurosystem Collateral Framework：
　　How to Decarbonise the ECB's Monetary Policy. New Economics Foundation.

de Santis R A，Zaghini A. 2019. Unconventional Monetary Policy and Corporate Bond Issuance.
　　European Central Bank Working Paper No. 2329.

de Santis R A，Geis A，Juskaite A，et al.2018. The impact of the corporate sector purchase programme
　　on corporate bond markets and the financing of Euro Area non-financial corporations. Economic
　　Bulletin Articles，（3）：66-84.

Dib A. 2011. Monetary policy in estimated models of small open and closed economies. Open
　　Economies Review，22（5）：769-796.

Dikau S，Volz U. 2019. Central Banking，Climate Change，and Green Finance//Sachs J，Woo W，
　　Yoshino N，et al.Handbook of Green Finance. Sustainable Development. Singapore：Springer.

Fang H，Wang Y，Wu X，et al. 2020. The Collateral Channel of Monetary Policy：Evidence from
　　China. National Bureau of Economic Research Working Paper Series，26792.

Feridun M，Güngör H. 2020. Climate-related prudential risks in the banking sector：a review of the
　　emerging regulatory and supervisory practices. Sustainability，12（13）：5325.

Gelain P. 2010. The external finance premium in the Euro Area：a dynamic stochastic general equilibrium analysis. The North American Journal of Economics and Finance，（21）：49-71.

Larsen M L. 2022. Driving global convergence in green financial policies：China as policy pioneer and the EU as standard setter. Global Policy，13（3）：358-370.

Matikainen S，Campiglio E，Zenghelis D，et al. 2017. The Climate Impact of Quantitative Easing. Policy Paper，Grantham Research Institute on Climate Change and the Environment，London School of Economics and Political Science，36.

McConnell A，Yanovski B，Lessmann K，et al. 2020. Central bank collateral as an instrument for climate mitigation. Climate Policy，22（3）：339-355.

Nyborg K G. 2017. Central bank collateral frameworks. Journal of Banking & Finance，76：198-214.

Smets F，Wouters R. 2003. An estimated dynamic stochastic general equilibrium model of the Euro Area. Journal of the European Economic Association，（5）：1123-1175.

Stiglitz J E. 1993. The role of the state in financial markets. The World Bank Economic Review，7（1）：19-52.

Todorov K. 2020. Quantify the quantitative easing：impact on bonds and corporate debt issuance. Journal of Financial Economics，135（2）：340-358.

第四章　零碳金融信息披露的国际竞争和未来框架

第一节　引　　言

在当前全球气候变化日益加剧的背景下，环保和可持续发展问题已经成为全球政府、企业、公众关注的焦点。利用市场机制解决环境问题、推进零碳发展已然成为全球发展趋势。而企业作为市场交易的主体，是全球碳排放的主要来源之一，开展环境信息披露不仅是企业的社会责任，也是消除信息不对称导致市场失灵的重要手段。

碳信息披露，也称为碳披露或碳会计，是指企业向股东、投资者、监管机构和社会公众公开其碳排放数据、气候风险管理策略和可持续发展举措的过程。这一概念已经引起了国际社会的广泛关注，各国政府和国际组织纷纷推动企业实施碳信息披露制度，以提升碳排放的透明度和可持续性。

作为连接国民经济各领域的纽带，金融机构净零转型将成为支持绿色经济转型与高质量发展的关键。在此背景下，完善碳信息披露体系将为零碳金融市场环境奠定关键的制度基础，从而加速推动实体经济脱碳。放眼全球，零碳信息披露制度被广泛提及，多个国家和地区正在积极订立碳信息披露的指南标准与准则框架，而借鉴碳信息披露体系构建的全球发展经验，无疑会为完善中国零碳金融信息披露体系提供理论支持。

一、国际市场碳信息披露制度的建立情况

企业碳排放超标具有严重的负外部性，追求股东利益最大化的企业，仅依靠自身的力量已经无法控制其对环境的影响，因此，在实现零碳转型的过程中需要政府和社会公众的监督。企业是零碳转型过程中的主力军，虽然监管机构制定关于企业碳排放的监管政策是最直接的控制手段，但仅依靠监管机构的硬性监管制度可能会产生"政商合谋"、监管不到位等问题，因此还需要社会公众的监督。而实现社会监督的前提是企业能够如实披露碳信息。碳信息披露是企业与投资者和社会公众等全面沟通企业碳信息的桥梁，是企业积极承担社会责任的体现。

Fagotto 和 Graham（2007）认为制定有效的气候变化政策的第一步是要求那些温室气体的主要排放者全面披露他们的排放信息。

在碳信息披露制度方面，又分为自愿披露和强制披露两类，这两类披露制度要如何权衡，才能充分发挥披露制度的政策效果，仍是值得探讨的问题。因此，本部分将通过具体罗列各个国家和地区对两类碳信息披露制度的选择来阐述其碳信息披露制度的建立情况。

第一，欧盟各国上市公司环境信息披露多采用强制披露为主，自愿披露为辅，强制披露与自愿披露相结合的模式。欧盟企业环境信息强制披露制度以污染物排放和转移登记为主，其法律依据是《奥胡斯公约》《污染物排放与转移登记制度》。目前，欧盟上市公司环境信息披露的载体主要是环境报告和财务报表。2012 年法国实施了《Grenelle II 法案》，其中第 225 条包含强制企业社会责任信息披露的内容，要求公司在年报中披露其环境及社会业绩方面的信息。之后出台的法规细则列出了 40 个业绩指标，总体来说可以分为三类：社会（就业、劳资关系、健康与安全等）、环境（污染与废弃物管理、能源消耗等）和可持续发展（社会影响、利益相关方关系及人权等）。其中一些指标对于上市公司来说是强制性的。

第二，美国企业的碳信息披露属于法律法规要求的强制性披露项目。2010 年 2 月，SEC 就气候变化披露刊发诠释指引，要求公司在企业财务报告中披露与气候变化有关的业务风险信息。美国实行的涉及公司环境信息披露的法律包括《清洁水法》《固体废弃物处置法》《资源保护与回收法案》《有毒物质控制法案》《超级基金法》等。这些法律从不同的方面对公司的环境信息披露做出了严格的法律要求，违反相应法律规定的公司可能面临民事和刑事上的双重惩罚。

第三，澳大利亚采取的是强制性碳信息披露政策。澳大利亚证券交易所要求公司在"不遵守就解释原则"基础上，披露任何与经济、环境及社会可持续发展相关的风险，以及披露公司如何加以管理的应对措施。另一项基于"不遵守就解释原则"的规定是公司须为董事、高级行政人员及雇员制定操守守则（或其摘要），并就此进行披露。操守守则应处理环境、社会及公司治理事宜。此外，若澳大利亚的公司达到排放量、能源生产及耗量上限，必须每年报告有关资料。澳大利亚于 2007 年颁布了《国家温室气体和能源报告法案〈2007〉》，为澳大利亚企业报告温室气体排放、温室气体项目以及能源生产和消费等情况提供了独立的报告框架。2014 年出台的《国家温室气体和能源报告（保障机制）规则〈2015〉》建立了保障机制的雏形，对特定的设施设置了报告、履约和管理等方面的排放要求，保障机制继而于 2016 年 7 月 1 日起生效。

第四，日本采用的是自愿性碳信息披露政策。自 1999 年开始到目前为止，环境省颁布的《环境会计指南》经历了两次修订，不断趋于完善。日本的环境信息披露独立于企业的财务会计信息披露，采取编报环境报告书单独披露的模式，现行编报的环境报告书不具有强制性，由企业自愿编报，有统一格式，能较好地体现环境会计信息的完整性和直观性，信息使用者也可全面、完整地掌握企业包括碳信息在内的环境信息。日本企业的环境报告只有得到独立的第三方鉴证后才能得到社会的认可。

二、碳信息披露制度建立的重要意义

碳信息披露制度可分为强制碳信息披露制度、自愿碳信息披露制度两种方式。强制碳信息披露是指企业依照法律规定采取法定的方式在规定的时间内向政府、社会公众等就碳相关事项进行披露，让有关主体了解企业的碳管理行动与绩效。目前，部分国家和地区已经对碳排放量与碳能源消耗量的披露做出了规定，企业如果不能依法披露，则面临着法律制裁风险。自愿碳信息披露则是指企业自发地、主动地向社会公众等利益相关方披露碳相关信息，以获得内部和外部利益相关方的认可。目前国际上比较有影响力的碳信息披露框架包括碳信息披露项目（carbon disclosure project，CDP）提出的披露框架、GRI 提出的披露框架、ISSB 提出的披露框架和气候相关财务信息披露工作组提出的披露框架。本部分将从理论和实践结合的视角，通过自愿碳信息披露制度与强制碳信息披露制度这两种信息披露方式分析碳信息披露制度建立的重要意义与负面影响。

（一）强制碳信息披露制度

强制碳信息披露能够保障上市公司的碳信息供给，通过设定碳信息披露内容框架，可以保障各公司披露的碳信息具有可比性，提高信息披露质量。以强制性企业社会责任披露为例，部分研究发现虽然强制性企业社会责任披露会负面影响公司价值，但对减少污染是有利的。在中国的一项研究中，Chen 等（2018）表明，强制性的企业社会责任披露降低了投资者的企业价值，但与减少污染有关。Liu 等（2021a）指出了强制性企业社会责任报告的重要性，即当制造业企业没有被强制发布企业社会责任报告时，其二氧化硫排放量可能更高。Shane 和 Spicer（1983）还表明，那些污染数据被非自愿地向公众发布的公司会遭受负面的股票反应。Chen 等（2018）研究发现，强制披露企业社会责任的企业在披露碳信息之后的盈利能力会有所下降，但受披露任务影响最大的城市，其工业废水和二氧化硫的排放水平也有所下降。这些发现表明，强制性企业社会责任披露改变了企业行为，并产生了以股东为代价的正外部性。这些发现表明，投资者重视强制性的信息披露。Jouvenot 和 Krueger（2019）研究发现当强制排放披露要求被引入时，财务动机推动企业减少温室气体排放。

（二）自愿碳信息披露制度

根据自愿披露理论（Verrecchia，1983），业绩良好的企业往往自愿披露业绩不佳的企业难以模仿的信息，避免了利益相关者的逆向选择，实现了超额回报，促进了资本市场资源的有效配置（Clarkson et al.，2008），如降低了企业资本成本（Dhaliwal et al.，2011）。例如，一些关于自愿披露企业社会责任报告的研究：Christensen（2016）认为，自愿披露企业社会责任报告与减少引人注目的不当行为有关；因此，自愿披露企业社会责任报告有可能提高企业的实际社会责任绩效。此外，不自愿披露其企业社会责任业绩的公司可能会受到投资者的惩罚，如果企业不披露社会责任信息，投资者就必须进行代价高昂的信息搜索（Matsumura et al.，2014）。

三、碳信息披露制度负面影响

（一）强制碳信息披露制度

由于公司进行碳信息披露要承担必要的披露成本，因此部分公司可能选择执行最低的披露标准，导致披露的信息质量无法满足投资者需求。以 ESG（环境、社会和治理）信息披露为例，虽然强制性 ESG 披露规则的主要目的是加强 ESG 信息的供应，但目前尚不清楚这些规定是否确实改善了 ESG 信息环境。例如，一些国家可能会发布包含低标准和松散准则的披露要求，而一些公司可以选择只在表面上遵守披露要求（Leuz et al.，2003；Burgstahler et al.，2006）。此外，一些公司可能在引入强制性披露要求之前就已经自愿报告了高质量的 ESG 信息，这意味着额外的披露要求可能不会对这些公司产生很大的影响。Krueger 等（2021）研究发现，强制性 ESG 披露增加了 ESG 报告的可用性和质量，特别是在 ESG 表现较差的公司中。强制性 ESG 报告有助于改善公司的财务信息环境：在 ESG 披露成为强制性规定后，分析师的盈利预测变得更加准确，而且分散程度更低。在现实方面，强制性 ESG 披露颁布后，负面的 ESG 事件变得不太可能发生，股价崩溃的风险也会下降。

（二）自愿碳信息披露制度

虽然自愿的碳信息披露实践可以洞察到企业何时以及为什么认为企业进行碳排放管理有益，但企业碳信息披露在质量上差异很大，而且缺乏可比性，同时不可避免潜在的印象管理问题。企业通过新闻稿、广告、财务报告和其他自愿披露渠道披露的碳信息，如披露在独立的企业社会责任报告或 ESG 报告中，有时被视为自我赞扬、缺乏可信度和"绿色清洗"（Dhaliwal et al.，2011，2012）。例如，一些关于自愿性企业社会责任披露的研究：Ingram 和 Frazier（1980）在企业年度报告中考察了企业社会责任绩效与企业社会责任自愿披露之间的关系，发现企业社会责任绩效与企业社会责任自愿披露没有显著关系，说明企业自愿性披露可能存在"言行不一"的现象。此外，Christensen 等（2022）表明，企业社会责任自愿性披露水平越高，评级分歧越大。而 Pinnuck 等（2021）发现大量独立的企业社会责任报告被重申。这些发现对企业自愿披露的可靠性提出了质疑。

此外，披露成本也是不可忽视的问题，避免某些成本的愿望可能会影响企业在企业社会责任报告中披露的信息量。例如，公司可能保留企业社会责任信息，以降低其专有成本。根据这一观点，Ryou 等（2022）表明，随着产品市场竞争的激烈，自愿的企业社会责任披露的可能性、频率和时间都会减少。与其他类型的自愿披露类似，公司可以自愿提供更少的披露，以降低诉讼成本。近年来，法律专业人士观察到，如果利益相关者认为此种披露包含重大误导或虚假信息，自愿企业社会责任披露会增加公司的诉讼风险（Henriques，2022；Kuratek et al.，2020）。近年来，随着企业提供的自愿企业社会责任报告的大幅增加，ESG 相关诉讼风险的上升也被金融媒体和专业从业者清楚地观察到（Henriques，2022）。几篇论文提出的证据表明，企业社会责任披露可能与诉讼风险有关（Choi and Jung，2021；Freund et al.，2023）

第二节　各国（地区）对零碳信息披露制度的诉求

信息不对称是导致市场失灵的主要原因之一。乔治·阿克尔洛夫、迈克尔·斯彭斯和约瑟夫·斯蒂格利茨构建起了信息经济学分析体系，并提出了信息不对称会导致市场的逆向选择问题和道德风险问题。在证券市场中，上市公司与投资者、证券服务机构和监管机关之间都存在着严重的信息不对称，而解决这一问题的直接途径便是构建信息披露制度。

在国家（地区）层面，碳信息披露制度在建立之初，国家（地区）对碳信息披露制度的诉求都是在针对多元、复杂甚至难以量化的碳信息，结合好定量与定性要求的基础上，兼顾投资者、政府部门、监管机构、第三方机构等利益相关者的信息需求。

本节将从国际市场上市公司信息披露制度设计的理论发展和具体的实践情况出发来分析各国（地区）对零碳信息披露制度的诉求，以为促进我国碳信息披露制度的成熟发展提供借鉴。

一、各国（地区）信息披露制度的发展

国际上关于上市公司信息披露制度的研究最早可以追溯到 1720 年的英国，当年著名的"南海泡沫事件"直接推动了《反金融诈骗和投机法》的出台，此后 1844 年英国出台的《合股公司法》，首次确立起了强制性信息披露的原则。在 20 世纪初，美国各州开始出台自己的州级证券法，其中一个核心内容便是通过信息披露制度防止欺诈和保护投资者的合法权益。1911 年，得克萨斯州通过了第一部州级的证券法，此后，各州纷纷陆续出台了自己的州级证券法，这些法律统称为"蓝天法"。1933 年，美国《证券法》出台，1934 年美国《证券交易法》出台，至此，美国证券市场初步形成了上市公司信息披露制度。美国的上市公司信息披露制度经历了由硬信息披露到综合信息披露的过程。与此同时，学界关于上市公司信息披露制度的研究经历了建构、发展、反思和完善的过程。

1933 年，美国《证券法》出台，该法是世界上最早正式确立起信息披露制度的法律。该法作为美国第一部联邦级别的证券法，解决了此前州级证券法难以规范跨州证券交易行为的问题，并通过直接向投资者披露信息的方式，优化了信息披露制度的投资者保护水平。这一阶段，学界关于上市公司信息披露制度的研究主要集中于信息披露的原则、要求等方面，并且已经开始重视信息披露制度对于普通投资者权益的保护（Hughes，1948）。

20 世纪七八十年代，乔治·阿克尔洛夫、迈克尔·斯彭斯和约瑟夫·斯蒂格利茨构建起了信息经济学理论体系，提出了市场会由于信息不对称而出现逆向选择问题（Akerlof，1970）和道德风险问题（Arnott and Stiglitz，1988）。与此同时，伴随着美国上市公司信息披露制度的不断完善，学界关于上市公司信息披露制度的研究呈现出逐渐精细化的趋势。在这一阶段的研究中，学者开始将注意力集中于信息披露制度中的某一特定领域，如信息披露与否的界定规则（Brudney，1979）、为了监管目的而强制披露公司规划信息的弊端（Goldring，1981）等。总体而言，这一阶段学界对于信息披露制度的态度普遍上比较乐观，研究成果多表明上市公司信息披露制度是有效的。

21 世纪初，以"安然、世通丑闻"为代表的金融丑闻狂潮，引发了学界关于上市公司信息披露制度的深刻反思。此外，在这一阶段，也有学者对信息披露制度的实际意义和价值进行了反思。例如，Manne（2006）运用"水力学理论"分析了强制信息披露制度的影响，认为强制信息披露制度的收益十分有限，但是成本却十分高昂；Hermalin 和 Weisbach（2012）经过研究认为，更好的信息披露制度并不必然减轻代理问题，反而可能加重代理问题，并增加相关的成本。此外，Davidoff 和 Hill（2013）、Haeberle 和 Henderson（2018）等也对上市公司信息披露制度进行了深刻反思。概括而言，自 21 世纪初的金融丑闻狂潮以来，学界渐渐

转变了此前对于上市公司信息披露制度的乐观态度，开始在反思的同时，积极寻找优化和完善该制度的可行路径。

二、各国（地区）市场零碳金融相关的诉求及披露情况

（一）美国

诉求：美国的碳信息披露要求通常侧重于投资者保护和金融市场的稳定，碳信息披露诉求强调透明度和合规性。美国的投资者也越来越关注企业的环保绩效和气候风险，希望企业能够揭示碳定价的情况，以便其更好地评估公司的经济风险和发展机会。美国 ESG 信息披露的监管机构为美国 SEC、纽约证券交易所及纳斯达克证券交易所。对于 ESG 或者可持续信息的披露要求，主要来源于美国 SEC 对上市公司的法规和披露文件要求。在纽约证券交易所及纳斯达克证券交易所上市的公司不仅要满足证券交易所对其的信息披露要求，同时也受美国 SEC 的监管。2021 年，由美国众议院金融服务委员会通过的《2021 年 ESG 信息披露简化法案》将披露政策转化为强制性披露，要求公司公开其在环境保护、社会责任、公司治理方面的表现，主动披露其经营过程中产生的污染环境、破坏生态系统等风险。

披露情况：2019 年安永全球气候风险披露指数，审查了 2018～2019 年报告期间 34 个市场中一系列行业的 950 多家公司的披露情况。报告发现，美国公司在披露质量方面得分最高，平均为 63 分，并且同比改善幅度最大，与 2018 年相比增加了至少 21 分。这可能归因于股东决议的盛行和集体诉讼的威胁。美国市场中的银行在气候风险披露质量方面表现最佳。他们在治理和风险管理方面也优于澳大利亚同行。这种改进的表现得益于人们对基础设施实际影响的认识不断提高，以及几家银行股东投票表决的"限制高碳融资"决议。在运输业方面，美国拥有的众多技术领先的公司，披露质量得分明显高于全部行业的平均水平。在房地产和建筑行业，美国市场的公司表现较好，通常涵盖了 TCFD 建议的所有领域。

（二）澳大利亚

诉求：澳大利亚碳信息披露的诉求在于促进企业全面履行社会责任，将 ESG 融入各类公司的信息披露和企业的管理实践当中，以适应未来气候政策。澳大利亚的碳信息披露要求企业公开其温室气体排放数据，强调风险管理和减排目标的公开，要求大型企业报告温室气体排放。澳大利亚于 2007 年发布了《国家温室气体和能源报告法案〈2007〉》，为企业和设施的碳排放、能源生产、能源消耗规定了临界点，要求超过的设施和企业向气候变化、能源、环境和水部（Department of Climate Change，Energy，the Environment and Water，DCCEEW）提交碳排放报告。随后又颁布了一系列碳排放计量标准和制度规范、报告及鉴证条例等实施细则，要求从 2008 年起碳排放高的企业与企业集团必须通过政府提供的信息平台向相关部门报告碳排放信息。另外，澳大利亚还建立了专门的数据库和软件系统，为碳数据的保存、浏览、运算、检索做好基础工作。

披露情况：根据 2019 年安永全球气候风险披露指数，澳大利亚的银行业在披露覆盖率方面得分为 100%，保险公司在披露质量方面表现领先，得分在 50% 到 60% 之间。普华永道 2022 年净零经济指数显示，2021 年，澳大利亚的碳强度降低了 3.3%。澳大利亚工党政府通过了到 2030 年将温室气体排放量比 2005 年降低 43% 的计划，比之前的目标提高了 15%。尽管拥有亚太地区到 2030 年最雄心勃勃的国家自主贡献目标脱碳率，但澳大利亚的 7.2% 与世界上其他大部分国家要求的 15.2% 相去甚远。

（三）法国

诉求：法国对碳信息披露的诉求在于以气候变化与促进能源结构转型为目标，强化绿色经济的发展核心，加强对资产管理者与机构投资者的 ESG 管制，引导金融机构参与可持续发展。根据相关法律法规，大型企业必须报告其碳排放数据，并制订减排计划，以满足法定减排目标。同时，法国政府鼓励企业采用 TCFD 的标准，要求企业报告气候相关的财务和非财务信息。在绿色金融立法层面，法国是第一个将绿色金融上升到法定义务层面的国家，并通过调整税收促进产业改革和绿色转型，并逐渐建立起绿色金融法律体系。在国际合作中，法国致力于将巴黎打造成世界的绿色金融中心，并且积极参与国际多边合作，将自身先进的绿色金融发展成果分享给国际社会，为发展中国家提供绿色金融援助资金等，在全球绿色金融的发展上起到了极其重要的带头作用。总的来说，法国在碳信息披露方面的诉求强调法规合规、TCFD 标准的采用和气候报告的一体化。法国政府和监管机构希望通过这些措施，促使企业更积极地参与气候行动，减少温室气体排放，推动可持续发展，以应对气候变化的挑战。

披露情况：根据 2019 年安永全球气候风险披露指数，法国的银行业在披露覆盖率方面得分为 100%，在房地产和建筑行业方面，法国的公司表现较好，通常涵盖了 TCFD 建议的所有领域。安永可持续金融指数分析了全球 140 家财富和资产管理公司，分析发现，法国资产管理公司的平均可持续发展披露率为 55%，公司治理信息披露率为 62%。30% 的英国资产管理公司未报告其环境资产管理规模，而法国和瑞士的这一比例则高达 40%。这可能是由于英国采取了一些行动，如制定旨在增加公司 ESG 信息披露的绿色金融战略，以及根据 TCFD 的建议，英国金融行为监管局于 2020 年引入更严格的气候风险报告规则。值得注意的是，只有

40%的法国资产管理公司、22%的英国公司以及 20%的德国和瑞士公司报告称对其环境决策能力进行了积极投资。

（四）英国

诉求：英国碳信息披露更强调金融部门的作用，鼓励金融机构和企业披露气候相关的金融信息。金融机构需要考虑气候风险，报告其与气候相关的资产和负债，以确保金融系统的稳定。另外，英国在可持续金融和绿色债券市场方面处于领先地位。企业需要通过碳信息披露来证明其项目和投资符合可持续金融标准，以吸引环保投资和可持续融资，支持低碳经济的发展。除此之外，英国政府通过设立示范案例，鼓励公共部门、政府机构和大型国有企业积极参与碳信息披露，树立榜样，有助于向企业传达碳信息披露的重要性。

此外，英国碳信息披露的诉求也包括保持企业经济增长的同时不断降低碳排放水平，尽量降低实现减排目标的成本，最大化英国绿色转型过程中的社会和经济收益。英国的目标是实现 2050 年温室气体净零排放，推动金融体系绿色化发展。一是设定共同的认识和愿景，积极应对气候和环境因素导致的金融风险；二是明确各政府部门的职责，建立沟通协调机制；三是建立清晰、统一的绿色金融体系和标准；四是增加透明度，设立严格的气候信息披露要求并建立长效机制。英国拟于 2025 年成为世界上第一个全面强制性要求气候相关信息披露的国家。

披露情况：安永可持续金融指数使用 200 多个独立的参数来观察全球 140 家财富和资产管理公司的 ESG 信息披露。该分析是在集团层面进行的，因此调查的 140 家公司不包括银行或保险公司的"专属"子公司。在样本涵盖的四个国家中，英国公司的平均可持续发展披露率最高（60%），其次是法国（55%）、瑞士（51%）和德国（43%）。这在一定程度上反映了英国资产管理公司面临着日益增长的环境披露要求，因为英国金融行为监管局准备实施 TCFD 的建议。同时，英国资产管理公司在公司治理信息披露方面的表现也明显优于欧洲同行，这是因为财务报告理事会的管理准则规定了严格的公司治理报告要求。重点是要认识到监管机构在推动加大披露力度中的作用，安永预计随着监管议程的步伐加快，英国公司与其欧洲同行之间的差距将缩小。

（五）日本

诉求：日本碳信息披露的诉求在于推动企业实现能源革命、产业转型、技术换代等改革目标，在全球绿色转型大变局中重新确立全球产业竞争力，参与制定新规则，主导国际经济新秩序。政府通过法律规定了企业的碳信息披露义务，包括报告温室气体具体排放数据等，并通过建立碳市场，鼓励企业积极参与排放权交易，这就再次要求他们提供准确的碳信息披露以确保合规。除此之外，日本关注企业对气候相关风险管理的创新情况，企业需要识别和报告与气候变化相关的风险，并披露其碳减排计划和采用的低碳技术，这一举措在确保企业应对环境的可持续性变化的同时推动了日本企业的科技创新。日本政府也鼓励金融机构采用 TCFD 的标准，以确保金融系统能够充分考虑气候风险，并推动可持续融资。

披露情况：根据安永可持续金融指数分析，日本的保险公司在披露质量方面表现领先，得分在 50%到 60%之间。普华永道 2022 年净零经济指数显示，尽管日本的碳排放水平适中，但于 2021 年提高了碳排放强度。

（六）印度

诉求：印度碳信息披露的诉求在于将企业的增长、盈利能力和价值与企业的可持续发展、道德和责任商数直接挂钩，提升企业碳信息透明度和问责制水平，使监管机构、投资者、贷款人和利益相关者对企业有更深入的了解。印度要求大型公司披露其温室气体排放数据和能源消耗情况，强调碳信息披露的透明度诉求，以确保投资者和公众能够查询与评估企业的环保绩效。印度政府颁布的 *National Action Plan on Climate Change*（国家气候行动计划，NAPCC）明确了印度对碳减排和可持续发展的承诺，要求企业在其碳信息披露中反映其对 NAPCC 目标的贡献，以确保与国家气候政策的一致性。印度证券交易委员会发布了指导方针，要求上市公司披露其气候相关风险和机会，以及 ESG 履行成果。总的来说，印度的法律法规和政策明确表明了其碳信息披露的诉求在于确保印度企业在气候行动和可持续发展方面扮演更积极的角色，同时为投资者和监管机构提供所需信息来评估企业的环保与社会责任绩效。

披露情况：根据 2019 年安永全球气候风险披露指数，印度的保险公司表现较差，其披露质量得分低于 10%。随着能源需求激增，印度的碳强度在 2021 年增长了 2.9%，这主要是由于其对煤炭的持续依赖。2021 年，印度提高了减排方面的相关承诺，即到 2030 年将排放强度从之前的 33%～35%降低 45%，这意味着根据其 2021 年的表现，需要弥合的差距更大。

除上述主要国家（地区）外，其他国家和地区的碳信息披露情况如表 4-1 所示。

表 4-1　其他国家和地区碳信息披露情况

国家和地区	碳信息披露情况
俄罗斯	根据 2019 年安永全球气候风险披露指数，银行业气候风险披露质量的得分均低于 10%，保险公司是表现最差的，其披露质量得分低于 10%。俄罗斯零售、健康和消费品行业的公司没有披露任何有关其温室气体排放量的信息
韩国	根据 2019 年安永全球气候风险披露指数，银行业在披露覆盖率方面得分为 100%
中国台湾	根据 2019 年安永全球气候风险披露指数，银行业气候风险披露质量的得分均低于 10%

续表

国家和地区	碳信息披露情况
中国香港	根据 2019 年安永全球气候风险披露指数，香港零售、健康和消费品行业的公司没有披露任何有关其温室气体排放量的信息。在香港会计师公会进行的一项研究中，65%的受访香港上市公司在编制报告时参考了 GRI 准则。公司应遵从最新发布的准则，与国际的可持续发展报告准则保持一致，这无疑将有助于提高 ESG 披露的可比性、透明度与可见度
菲律宾	根据 2019 年安永全球气候风险披露指数，菲律宾银行业气候风险披露质量的得分均低于 10%，电信与技术行业在气候披露质量方面的得分接近 10%或更低，零售、健康和消费品行业的公司没有披露任何有关其温室气体排放量的信息，采矿业总体质量得分低于 5%。菲律宾的碳排放强度水平相对适中，但 2021 年的碳排放强度提高了
新西兰	根据 2019 年安永全球气候风险披露指数，新西兰银行业气候风险披露质量的得分均低于 10%，保险公司是表现最差的，其披露质量得分低于 10%。普华永道 2022 年净零经济指数显示，新西兰超过了国家自主贡献所指示的脱碳率目标。新西兰在 2021 年的碳强度降低幅度为 6.7%，是亚太地区碳强度降幅最大的国家
德国	根据 2019 年安永全球气候风险披露指数，德国保险公司在披露质量方面表现领先，得分在 50%到 60%之间。根据安永可持续金融指数分析，德国资产管理公司的平均可持续发展披露率为 43%，公司治理信息披露率为 50%。另外，只有 20%的德国资产管理公司报告称对其环境决策能力进行了积极投资
瑞士	根据安永可持续金融指数的分析，欧洲资产管理公司的可持续发展披露水平在不同市场之间存在很大差异。分析发现，瑞士资产管理公司的平均可持续发展披露率为 51%，公司治理信息披露率为 64%。另外，40%的瑞士资产管理公司未报告其环境资产管理规模，20%的瑞士公司报告称对其环境决策能力进行了积极投资
新加坡	根据 2015 年毕马威企业社会责任调查报告，自 2011 年新加坡交易所发布"上市公司可持续发展报告指南"以来，自愿性可持续发展报告的采用率一直很低。在 2011 年发布新加坡交易所指南后，2013 年至 2015 年间，新加坡最大的 100 家公司的碳报告情况仅小幅增长（4%）

资料来源：四大事务所披露的报告信息

第三节　碳信息披露的实际影响

一、现行碳信息披露制度与执行之间的关系

国际市场关于企业碳信息披露制度效果研究大体可以划分为两大类：一类认为制度效果显著。Epstein 和 Freedman（1994）认为公司进行社会信息披露的主要原因是按有关制度和规定办事。Frost（2007）以澳大利亚为例，认为随着环境信息强制披露指引的落实，公司披露的环境信息数量与质量都有显著的提升，因此制度的运行对企业环境信息披露有促进作用。Eisner（2004）调查了美国环境管理制度与规则变革的效果，指出环境管理制度提升了企业环境绩效，推动了企业披露更多的环境信息。Hughes 等（2001）研究也表明，与环境有关的制度或规范

对环境信息披露有实质性的影响。另一类则认为制度效果不显著。Mitchell 和 Doane（2002）以澳大利亚、新加坡等 7 国为例，实证文化和国内政治因素对环境信息披露具有决定性影响，相反，法律制度和公平市场对企业环境信息披露的重要性影响不明显。

二、碳信息披露供求两端成本、收益分析

本节将分别从碳信息披露的供给端（上市公司）与需求端（利益相关者）两个方面来讨论碳信息披露带来的成本问题和社会收益。

（一）碳信息供给端——上市公司

上市公司是碳信息披露的主要供给者，是否披露以及披露多少碳信息取决于上市公司对披露成本与收益的权衡。

根据 Leuz 和 Wysocki（2016）的研究，总结上市公司碳信息披露的成本主要有：①公司披露的直接成本，包括会计报告的编制、认证和传播。这些直接成本可能是巨大的，特别是考虑到管理机会成本时。②披露可能产生间接成本，因为提供给资本市场参与者的信息也可能被其他各方使用。例如，关于业务线或产品盈利能力的详细信息可能会向竞争者透露专有信息，从而导致专有成本。竞争者可以从一个公司不进行某些披露的事实中推断出信息。③披露对管理者来说是高成本的，因为他们可能会因为向投资者披露坏消息而面临巨大的个人成本。④股东诉讼的风险使得公司自愿提供披露信息的成本提高，尤其是当这些信息是前瞻性的时候。⑤披露活动有可能对现有的融资或其他关系产生间接成本（如政治关系）。

但同时，上市公司进行碳信息披露的收益也不容小觑。主要体现在资本市场的收益、公司自身经营治理的收益和社会收益三个方面。

第一，资本市场的收益。①公司披露碳信息可以缓解逆向选择问题，并通过在投资者之间建立公平的竞争环境来增强市场的流动性（Verrecchia，1982）；②披露会降低投资者发现并利用私人信息进行交易的可能性,实现股票更好的流动性,降低流动性风险（Welker，1995；Leuz and Verrecchia，2000；Brown and Hillegeist，2007；Ng，2011）；③披露可以减少非生产性搜索成本，对信息披露监管者来说是非常有用的（Verrecchia，1982）；④更多的披露和更好的报告可以改善经济中的风险分担，从而降低市场风险溢价。

第二，公司自身经营治理的收益。①更好的披露和报告可以减少信息不对称，更好的报告改善了外部各方的监督，如机构投资者和分析师，这反过来可以避免管理决策中的低效率（Bushman and Smith，2001；Lambert et al.，2007）；②更

好的披露和报告可以提高投资决策和投资效率（Bens and Monahan，2004；Bushman et al.，2006；Goodman et al.，2014）。

第三，社会收益。①理论上认为，披露和报告的影响范围往往超出了提供信息的公司，从而产生信息溢出效应和外部效应（Dye，1990；Admati and Pfleiderer，2000）；②重述和误报不仅会使重报公司在股票市场上受到惩罚，而且会对其竞争对手产生信息溢出效应。

（二）碳信息需求端——利益相关者

根据利益相关者理论，企业碳信息披露可视为企业回应利益相关者利益需求的一种方式，企业的碳信息披露行为是因为企业感知到利益相关者给企业带来的压力或驱动力，即利益相关者对企业产生了影响。企业越重视利益相关者的诉求与期望，企业的碳信息披露就会越积极，披露程度就会越高。Deegan 和 Blomquist（2006）、Ullmann（1985）指出组织对不同利益相关者的回应存在很大差异，这取决于不同利益相关者对组织的影响力（如资源的供应）。现有的文献梳理发现，目前有关利益相关者与企业碳信息披露的研究还不是很多，多围绕某个或某几个利益相关者研究其与企业碳信息披露的关系。

第一，政府。Luo 等（2012）研究发现，温室气体信息披露的主要驱动力量来自公众和政府，而与投资者的影响不相关。Tauringana 和 Chithambo（2015）实证研究发现政府部门颁布的相关指南对公司温室气体的披露水平具有显著的影响，表明政府颁布的非强制性的指南同样会对公司温室气体相关信息的披露产生促进作用。Liu 和 Anbumozhi（2009）研究发现，中国政府会对中国上市公司的环境信息披露产生正向的显著影响。2008 年，国务院国有资产监督管理委员会《关于中央企业履行社会责任的指导意见》的实施进一步证明了中国政府对企业社会和环境信息披露的管制影响力。

第二，投资者。Hummel 等（2019）认为温室气体排放信息披露对投资者具有重要意义。他们研究发现，投资者将企业的温室气体排放作为股票价值的一个负面部分来定价，导致估值折扣现象。类似地，Ilhan 等（2023）认为机构投资者重视和要求气候风险的披露。Cotter 和 Najah（2012）以全球大公司为样本检验了机构投资者集体行动对气候变化信息披露的影响，研究发现有影响力的利益相关者，即机构投资者的影响与企业通过沟通渠道进行的气候变化信息披露成正比。在企业社会责任报告披露方面，Naughton 等（2019）认为，当投资者对企业社会责任的信心强烈时，这种信息需求激励管理者披露企业社会责任信息。企业响应投资者和利益相关者对信息需求的愿望，促使其进行企业社会责任披露（Islam and van Staden，2018；Michelon et al.，2020）。例如，企业的社会责任披露可能会受到机构投资者偏好（Pawliczek et al.，2021）或维权股东（Baloria et al.，2019）的影响。

第三，债权人。Roberts（1992）研究发现高负债的公司，其债权人会对公司政策产生重大影响，这种影响力来源于债权人的贷款收回能力和停止继续放贷能力，因此，经理人更愿意披露社会和环境信息以满足债权人对公司环境问题的预期。Hossain等（1995）研究指出财务杠杆的作用：较高的债务依赖度会促使公司披露更多的环境信息。另外，社会和环境信息披露能够使公司以较低的成本从银行获取资金。由于出借机构控制一定的资源，公司往往会与他们保持良好的利益相关者关系，并进行较多的信息披露与沟通，通常这种倾向性取决于出借人的影响力。如果公司大量借款，出借人有权索回贷款，故对公司产生影响力。从债权人的角度分析，破坏环境会导致更多的惩罚或罚款，那么公司就有可能无法偿还贷款，从而损害债权人的权利和利益，所以当一家公司依赖外部资金时，债权人的监管要求公司披露更多的信息（Leftwich et al.，1981）。债权人往往要求公司更加诚信，并就最新状况进行及时披露，以避免公司的机会主义行为。

第四，客户。客户的购买行为会产生"加强"和"惩罚"两种结果。"加强"会使购买行为重复发生，而"惩罚"会产生购买抑制效应。企业已经逐步认识到了客户导向的重要性。客户导向被定义为"为了达到公司长期盈利的目的，在不影响其他利益相关者利益的前提下，将客户利益放在首位的一系列经营思想"（Moorman et al.，1993）。客户导向的实践要求公司营造一种适合的企业文化和收集客户的需求信息，这些信息将被应用于产品的设计与生产销售（Strong and Harris，2004），并通过披露向客户传递信息。随着客户对全球气候变暖问题的日益关注，对商品的"低碳环保"要求会越来越高，进而影响客户的购买倾向。因此，我们预期公司会感知到越来越多的来自客户的低碳要求和压力，采取积极的行动减少对气候变化的影响，并通过碳信息披露树立自身的"低碳环保"形象。Jira和Toffel（2013）使用CDP供应链项目（一项跨国公司要求分布在49个国家的数以千计的供应商提供碳信息的集体行动）的数据，研究表明在以下情况下供应商更愿意分享碳信息：①当采购商普遍要求提供碳信息时；②当采购商需要用到碳信息时；③当供应商隶属于盈利水平较高的行业时；④当供应商来自温室气体管制的国家时。该研究还发现这些因素对供应商分享信息的全面性和公开性也会产生影响。

第五，媒体。Brown和Deegan（1998）研究认为，由于媒体关注度的提高，公众对环境问题更加关心时，那么，环境信息披露的增加应该与这种关注度的提升相匹配（基于合法性理论，披露政策应该是这一关注度的函数）。Li等（1997）、Bewley和Li（2000）研究表明媒体关注与环境信息披露相关。他们研究发现，媒体关注度较高的公司要比那些媒体关注度较低的公司，披露环境负面消息的可能性更大。另外，媒体关注度对包括碳信息在内的企业社会责任信息的披露水平有显著的影响（Brammer and Pavelin，2004）。陈华等（2015）以 2011 年 A 股上市公司为样本分析媒体关注对企业自愿性碳信息披露的影响，研究发现媒体关注与企业自愿性碳信息披露水平呈显著正相关。

第四节　中国对零碳信息披露的诉求

随着气候变化给全球生态环境、金融环境带来的影响越来越大，且联合国以及全世界多个发达国家纷纷着手于环境治理与零碳信息披露的改革，我国作为世界大国之一，不论是从政治、经济还是文化的角度出发，都要跟上世界的步伐，完善零碳信息披露制度框架。

第一，建立完善的零碳信息披露制度是我国目前经济发展需求之一。自新中国成立以来，我国经济获得了飞速发展，而现阶段，我国经济已经由高速增长阶段过渡到高质量发展阶段。但与此同时，在发展中出现的一系列问题不容小觑。碳排放增加是国家发展中难以避免的，不少发达国家在快速发展期间也都经历了碳排放增加的时期。如英国、法国在 1991 年就已经实现了碳达峰，美国在 2007年实现了碳达峰，日本、韩国分别在 2012 年与 2018 年实现了碳达峰。但我国政府已经意识到了必须采取积极措施应对气候变化和推动低碳发展，而建立零碳信息披露制度是实现高质量经济发展的重要一环。同时，建立相关的碳排放制度，也能够保障我国的碳排放权利。在发展的过程中，碳排放是不可避免的，发展中国家的碳排放增加不能成为发达国家站在道德制高点上制裁发展中国家的借口和手段。建立我国自己的零碳信息披露制度，能够让世界看到我国积极为气候变化贡献力量的同时保证自身的发展需求。

第二，建立零碳信息披露制度能够有效推动全球在供应链上的减排责任分配，最终实现各国减排成本与收益的匹配。21 世纪以来，全球供应链正在加速重构中，但我国仍然是全球供应链区域中心之一。[①]一方面，建立零碳信息披露制度能够让世界各国看到我国应对碳排放的决心，带动供应链上依赖我国的其他国家进行相应的碳排放管理。另一方面，我国积极承担减排责任，此举释放的积极信号也会在一定程度上巩固我国在全球供应链中的中心地位，反向促进我国的经济发展。

第三，在碳信息的披露内容考量上，我国可以参考由世界资源研究所和世界可持续发展工商理事会制定的《温室气体核算体系》。该体系中，将温室气体的排放划分成三个范围。有关碳排放范围的界定如表 4-2 所示。

---

① 中国拥有 41 个工业大类，207 个中类，666 个小类，是全球唯一拥有联合国产业分类中全部工业门类的国家，我国与全球供应链上下游都有着紧密联系。见 https://www.gov.cn/xinwen/2019-09/21/content_5431841.htm。

表 4-2 碳排放范围

范围	定义	具体内容
范围 1	来自公司拥有和控制的资源的直接排放	固定燃烧：锅炉、燃气炉、燃气热电联产中使用的天然气、液化石油气、瓦斯油、煤油等
		移动燃烧：燃烧产生温室气体的燃料的组织拥有或租赁的所有车辆
		无组织排放：有意或无意的泄漏，如设备的接缝、密封件、天然气运输过程中的甲烷泄漏等
		过程排放：在工业过程和现场制造过程中释放的温室气体。例如，在水泥制造过程中产生 CO_2、工厂烟雾、化学品等
范围 2	企业由购买的能源（包括电力、蒸汽、加热和冷却）产生的间接排放	如从公用事业公司或其他供应商处购买的电力的生产和分配
范围 3	公司价值链中发生的所有间接排放（不包括范围 2）	外购原料与燃料的开采和生产
		相关的运输活动：运输原料、燃料；职工差旅；上下班通勤；运输废弃物等
		范围 2 之外与电力有关的活动：开采、生产和运输生产电力的燃料；外购转售给最终用户的电力；生产被输配系统消耗的电力
		租赁资产、特许和外包活动
		使用售出的产品和服务

资料来源：《温室气体核算体系》

　　总体来说，范围 1 中的固定燃烧和移动燃烧，以及范围 2 的碳排放核算起来较为容易，应当是企业重点披露的内容。而由于全球供应链布局较为复杂，范围 3 的碳排放足迹难以判断，所以我国的碳信息披露要求应重点集中在范围 1 与范围 2 中。同时，我国也应鼓励企业积极探索范围 3 的排放量核算。

　　第四，我国应主张强制与自愿相结合的披露制度。在强制披露内容方面，可对企业在行业上进行划分，强制要求重点行业内如水电、煤矿等企业披露范围 1 的内容。重点企业外的其他企业，可强制披露范围 2 的内容。关于范围 3 的内容，企业可选择在成本收益相匹配的情况下进行自愿披露。当然，国家需要出台相关的政策指引，规定企业定期披露的周期，并规定企业的定性、定量披露内容。

　　第五，我国应加强对碳核算基础设施和市场基础设施的建设。碳核算基础设施建设是强制性披露的前提，是夯实碳排放统计基础数据，提高碳排放数据质量的关键。由于目前我国碳核算工作尚处于起步阶段，企业碳核算相关的人员、流程、技术等均较为薄弱。目前，我国企业层面的碳核算主要借鉴 IPCC 的核算方法，部分大城市如北京、上海、广州等制定了当地的核算方法，但总的来说，我国碳排放核算方法、规定尚未统一，碳排放核算边界不清晰。加强碳核算基础设施建设能够保证碳排放数据的真实性、准确性。市场基础设施建设中信息中介的建设是自愿性信息披露的前提。目前,我国企业自愿性披露碳信息的意愿并不强,而高质量的信息中介是企业进行自愿披露的动力来源之一。第三方鉴证方的参与能够提升我国碳排放交易数据的真实性和透明性,提升企业碳信息披露意识。

第五节　中国制度框架

一、中国碳信息披露内容

结合我国的实际情况,我们应该充分考虑,我国企业应该披露哪几方面的碳信息。由于目前我国并没有针对企业碳信息披露的统一标准,表 4-3 梳理了以往有关碳信息披露的政策。

表 4-3　我国碳信息披露政策梳理

年份	文件名称	具体内容
2003	《关于企业环境信息公开的公告》	二、必须公开的环境信息 　　公开的环境信息内容必须如实、准确,有关数据应有 3 年连续性。 （一）企业环境保护方针。 （二）污染物排放总量,包括: 　　1. 废水排放总量和废水中主要污染物排放量; 　　2. 废气排放总量和废气中主要污染物排放量; 　　3. 固体废物产生量、处置量。 （三）企业环境污染治理,包括: 　　1. 企业主要污染治理工程投资; 　　2. 污染物排放是否达到国家或地方规定的排放标准; 　　3. 污染物排放是否符合国家规定的排放总量指标; 　　4. 固体废物处置利用量; 　　5. 危险废物安全处置量。 （四）环保守法,包括: 　　1. 环境违法行为记录; 　　2. 行政处罚决定的文件; 　　3. 是否发生过污染事故以及事故造成的损失; 　　4. 有无环境信访案件。

续表

年份	文件名称	具体内容
2003	《关于企业环境信息公开的公告》	（五）环境管理，包括： 　1. 依法应当缴纳排污费金额； 　2. 实际缴纳排污费金额； 　3. 是否依法进行排污申报； 　4. 是否依法申领排污许可证； 　5. 排污口整治是否符合规范化要求； 　6. 主要排污口是否按规定安装了主要污染物自动监控装置，其运行是否正常； 　7. 污染防治设施正常运转率； 　8. "三同时"执行率。
2013	《国家重点监控企业自行监测及信息公开办法（试行）》	第五条　企业自行监测内容应当包括： （一）水污染物排放监测； （二）大气污染物排放监测； （三）厂界噪声监测； （四）环境影响评价报告书（表）及其批复有要求的，开展周边环境质量监测。
2021	《企业环境信息依法披露管理办法》	第十二条　企业年度环境信息依法披露报告应当包括以下内容： （一）企业基本信息，包括企业生产和生态环境保护等方面的基础信息； （二）企业环境管理信息，包括生态环境行政许可、环境保护税、环境污染责任保险、环保信用评价等方面的信息； （三）污染物产生、治理与排放信息，包括污染防治设施，污染物排放，有毒有害物质排放，工业固体废物和危险废物产生、贮存、流向、利用、处置，自行监测等方面的信息； （四）碳排放信息，包括排放量、排放设施等方面的信息； （五）生态环境应急信息，包括突发环境事件应急预案、重污染天气应急响应等方面的信息； （六）生态环境违法信息； （七）本年度临时环境信息依法披露情况； （八）法律法规规定的其他环境信息。
2021	《企业环境信息依法披露格式准则》	第十九条　纳入碳排放权交易市场配额管理的温室气体重点排放单位应当披露碳排放相关信息： （一）年度碳实际排放量及上一年度实际排放量； （二）配额清缴情况； （三）依据温室气体排放核算与报告标准或技术规范，披露排放设施、核算方法等信息。

资料来源：生态环境部官网

通过梳理我国相关碳排放披露政策，可以看出我国对环境信息披露的公司要求主要集中于重污染企业及其他对于环境影响较为重大的企业。除了定性方面信息的披露，直至 2022 年，我国才针对温室气体的排放核算方法出台了标准文件。这说明我国碳排放信息的披露意识仍未实现大范围普及，且在定量披露方面，我国的排放标准、测算口径还未完全统一。这会使得公司披露的碳信息可比性差，不利于监管部门进行核查与监督。

在文献研究方面，我国学者的主要研究内容集中于如何通过企业的碳排放信息建立一套完整的评价体系。陈华等（2013）、李慧云等（2015）提出，企业碳信息的披露应当包括碳风险机遇及应对策略、碳交易、碳排放量、碳减排举措和成效、碳信息审计鉴证、碳减排管理机构、激励考核机制、碳核算方法、碳投资和创新等。

综合以上信息，在碳信息披露主题方面，我国可先从重点企业强制披露、其他企业自愿披露出发，逐渐过渡到全部上市公司和重点企业均进行碳信息的披露。在内容的披露方面，结合我国出台的政策和相关文献，可参考表 4-4。

表 4-4　碳信息披露内容

类别	细类	具体内容	定量信息
环境保护	相关政策	企业针对环境保护出台的政策、制度、规定等	
	管理方式、框架	企业针对环境保护的管理方式、管理框架	
气候变化风险和机遇	气候变化带来的风险	现有或潜在的经营风险、投资风险等，公司应对策略	
	气候变化带来的机遇	现有或潜在的发展机遇，公司发展战略调整	
碳排放信息	能源消耗信息	能耗总量、分种类能源使用量、能耗强度	能源消费总量、能源消费强度（单位产值、单位产品能源消费量）、各种类能源消费量
	核算方法或数据依据	说明核算方法、过程、边界等，或提供第三方核查报告等经应对气候变化主管部门认可的其他证明文件	
	温室气体排放信息	能源消耗、工艺过程、设施使用过程中直接和间接排放的温室气体名称、排放量、排放强度	直接和间接排放的温室气体量、温室气体排放强度（单位产值、单位产品温室气体排放量）、较上一年度温室气体减排量
碳减排措施和成效	减排措施	相关行政处罚、诉讼和仲裁等	
	减排获得的政府激励	减排获得的相关荣誉	
		节能减排等工作获得的政府补助	补助资金量

续表

类别	细类	具体内容	定量信息
碳排放权资产	排放配额	碳排放配额	碳排放配额量（免费配额量、有偿配额量）
	碳资产开发情况	碳资产开发量	自愿开发温室气体减排项目
	碳交易情况	碳排放权交易信息	碳排放权交易量及费用

资料来源：国内相关政策

二、对中国企业如何披露碳信息的讨论

我国是世界上最大的发展中国家，正处于快速发展阶段。实现"双碳"目标，完善我国的碳信息披露制度刻不容缓。而对于企业的碳信息披露，应该采取自愿披露还是强制披露制度，应定期披露还是不定期披露，都是值得商榷的问题。

（一）碳信息自愿披露与强制披露的权衡

碳信息披露可分为强制碳信息披露和自愿碳信息披露两种方式。强制碳信息披露是指企业依照法律规定采取法定的方式在规定的时间内向政府、社会公众等就碳相关事项进行披露，让有关主体了解企业的碳管理行动与绩效。目前，部分国家和地区已经对碳排放量和碳能源消耗量的披露做出了规定，企业如果不能依法披露，则面临着法律制裁风险。自愿碳信息披露则是指企业自发地、主动地向社会公众等利益相关方披露碳相关信息，以获得内部和外部利益相关方的认可。

首先，强制碳信息披露制度有一定的优势，但同时存在一定的弊端。一方面，强制碳信息披露能够保障上市公司的碳信息供给，通过设定碳信息披露内容框架，可以保障各公司披露的碳信息具有可比性，提高信息披露质量。以强制性企业社会责任披露为例，部分研究发现虽然强制性企业社会责任披露会负面影响公司价值，但对减少污染是有利的。在中国的一项研究中，Chen 等（2018）表明，强制性的企业社会责任披露降低了企业价值，但与减少污染有关。Liu 等（2021a）指出了强制性企业社会责任报告的重要性，即当制造业企业没有被强制发布企业社会责任报告时，其二氧化硫排放量可能更高。这些发现表明，强制性企业社会责任披露改变了企业行为，并产生了以股东为代价的正外部性。Ioannou 和 Serafeim（2019）研究发现，可持续性披露法规能够显著增加公司的可持续性信息披露，即使没有强制要求采用保证或具体准则的法规，企业也会寻求更具可比性和更高可信度的信息进行披露。

另一方面，由于公司进行碳信息披露要承担必要的披露成本，因此部分公司

可能选择执行最低的披露标准，导致披露的信息质量无法满足投资者需求。以 ESG 信息披露为例，虽然强制性 ESG 披露规则的主要目的是加强 ESG 信息的供应，但目前尚不清楚这些规定是否确实改善了 ESG 信息环境。例如，一些国家可能会发布包含低标准和松散准则的披露要求，而一些公司可以选择只在表面上遵守披露要求（Leuz et al.，2003；Burgstahler et al.，2006）。此外，一些公司可能在引入强制性披露要求之前就已经自愿报告了高质量的 ESG 信息，这意味着额外的披露要求可能不会对这些公司产生很大的影响。

其次，自愿碳信息披露制度也面临同样的问题，需要权衡利与弊。一方面，自愿碳信息披露行为本身可以反映出企业的环境绩效表现，表明了企业对其碳排放管理活动表现的信息，以及对提高透明度和风险管理水平的承诺（Chen et al.，2018）。根据自愿披露理论（Verrecchia，1983），业绩良好的企业往往自愿披露业绩不佳的企业难以模仿的信息，避免了利益相关者的逆向选择，实现了超额回报，促进了资本市场资源的有效配置（Clarkson et al.，2008），降低了企业资本成本（Dhaliwal et al.，2011）。

另一方面，虽然自愿的碳信息披露实践可以洞察到企业何时以及如何进行碳排放管理，但企业碳信息披露在质量上差异很大，而且缺乏可比性，同时不可避免潜在的印象管理问题。企业通过新闻稿、广告、财务报告和其他自愿披露渠道披露的碳信息，如披露在独立的企业社会责任报告或 ESG 报告中，有时被视为自我赞扬、缺乏可信度和"绿色清洗"（Dhaliwal et al.，2011）。这些发现对企业自愿披露的可靠性提出了质疑。

此外，披露成本也是不可忽视的问题，避免某些成本的愿望可能会影响企业在其社会责任报告中披露的信息量。例如，公司可能保留企业社会责任信息，以降低其专有成本。根据这一观点，Ryou 等（2022）表明，随着产品市场竞争的激烈，自愿的企业社会责任披露的可能性、频率和时间都会减少。

最后，自愿与强制相结合可能是解决碳信息披露问题的有效办法。Sullivan 和 Gouldson（2012）以英国零售业为例，分析了公司和他们的投资者之间的争论，即投资者认为公司没有为其提供对决策有用的气候变化相关信息，公司认为投资者在决策时根本就没有使用他们提供的气候变化相关信息，最后提出强制报告方式只能部分解决这一问题，而一种自愿与强制相结合的报告方式将是解决这一问题的最好方法。

综上所述，强制性披露与自愿性披露各有优缺点，我们提出可以将两者相结合，即规定企业必须披露的内容框架，在此基础上，鼓励企业披露更多的相关信息。

（二）碳信息定期披露与不定期披露的权衡

目前我国企业的碳信息披露形式以定期披露为主，且多数碳信息是随着企业定期报告或 ESG 报告的发布而披露。2008 年 1 月，国务院国有资产监督管理委员会印发《关于中央企业履行社会责任的指导意见》，规定有条件的企业要定期发布社会责任报告或可持续发展报告。2020 年 12 月 31 日，生态环境部发布《碳排放权交易管理办法（试行）》，规定"重点排放单位编制的年度温室气体排放报告应当定期公开，接受社会监督"。但是定期披露与不定期的披露仍各有优劣势。

定期披露相比不定期披露，会具有稳定的时间信息和较为确定的信息性质，信息挖掘者可以有针对性地进行信息挖掘，其相关的信息成本相对较低，意味着挖掘信息所要承担的风险也较低，这刺激了相关参与者的信息挖掘活动，提高了定期披露信息被提前知晓和反映的概率。定期信息的及时披露，可以有效降低交易成本，减少市场信息不对称问题。定期披露也会影响投资者决策。研究表明我国投资者对定期披露的及时性有较高的要求。但也有研究表明，定期披露并不会正向影响信息质量。Lambert 等（2007）研究发现，SEC 缩短定期披露时间却增加了审计相关程序，降低了整体审计质量。而企业定期披露碳信息目前已经成为对于其的基本要求，这在一定程度上增强了企业之间的可比性，也便于研究者和监管机构针对一定时期内的企业碳信息进行调查。

与定期披露不同，非定期披露在时间和信息性质上均具有不确定性，因此，非定期披露对市场改变的影响具有显著性。目前对于非定期披露的影响研究主要集中在重组、收购、增发、回购、公司配股这五方面，针对碳信息不定期披露的研究较少，但是我们可以从其他信息的不定期披露对公司的影响加以权衡。根据信号理论，企业披露非定期的碳信息可能会给市场及投资者传递积极的信号，即该公司注重企业碳排放对于气候变化的影响，也在一定程度上缓解了企业外与企业内的信息不对称问题。但是，该行为或许会被视作企业的"漂绿"行为，降低了信息披露的质量，进而对公司产生负面影响。

鉴于我国的碳信息披露制度仍处于起步阶段，建议企业按照国家要求定期披露相关信息，同时也允许企业不定期披露对企业或气候影响较大的行动或公告。

第六节　技术进步与零碳金融信息披露制度

一、大语言模型介绍

（一）大语言模型的原理

2022 年 11 月，ChatGPT 的横空出世轰动全球，在短短两个月内，其全球活跃用户已经达到了 1 亿。ChatGPT 实际上属于大语言模型的一种。大语言模型在本质上属于深度神经网络，它主要通过对大量的文本语料库进行自监督学习，用以提取文本中的语言特征，并且重新生成符合我们语言习惯的新文本。在技术层面，大语言模型采用包括了输入嵌入、定位编码、编码器、解码器的翻译架构，而目前的大语言模型主要有三大技术路线：BERT、T5、GPT。不同技术路线的特点及优缺点如表 4-5 所示。

表 4-5 大语言模型三大技术路线特征概况

名称		参数量	数据集	优点	缺点	应用
BERT		11 亿/34.8 亿	WK，BC	模型较轻量；擅长自然语言理解任务	需要大量下游精调样本	反思元素分类、情感识别
T5		22 亿/77 亿/110 亿	4C	灵活支持多任务学习；擅长多语言任务	稳定性不足；输入限制 512 个字符	阅读理解、人机对话
GPT	GPT-3	67 亿/1750 亿	WK，JN，WT，2C	生成类人文本；支持逻辑推理	缺乏输出质量控制；模型复杂	内容创作、数学推理
	Instruct GPT	60 亿/1750 亿	CT	优化人机交互接口；提升生成文本质量	没有开源；内容不可靠	对话机器人，其他同 GPT-3

资料来源：刘明等（2023）

注：WK 代表维基百科英语语库；BC 代表 BooksCorpus，图书馆语库；2C 代表 OpenAI 过滤后的 Common Crawl 数据集；4C 代表 T5 团队过滤后的 Common Crawl 数据集；JN 代表 Gutenberg、Smashwords 和 ArXiv 等杂志的语料库；WT 代表 WebText 语料库；CT 代表研究者与用户和 AI 的对话及反馈数据集

（二）大语言模型在金融、气候变化中的运用

在金融领域，Liu 和 Anbumozhi（2009）建立了 FinBERT，用于金融领域的自然语言处理，其通过大量的训练任务与微调，在分析金融术语、概念和语境时具有更高的敏感性和专业性。FinBERT 具有广泛的应用前景，其可用于与金融信息相关的情感分析、文本分析、对信息中的公司进行实体识别、主题建模、问答、事件提取等，未来也可以考虑将其用于金融风险管理和金融监管合规性等领域。

气候变化给企业带来了多方面的影响，该影响具有高度不确定性，我们难以预测气候变化导致的物理冲击和监管风险，且不同行业的公司受到气候变化的影响是不同的。

公司在披露与气候变化、零碳金融相关的信息时，由于标准不统一，披露出的内容具有较低的可比性。基于此，Webersinke 等（2021）通过收集公司气候报告、研报、新闻等方式建立了一个大型的、与气候变化、碳足迹相关的语言文本库，通过大语言模型 Climate BERT 进行文本分析，这有助于推进不同学科的人员针对气候变化的研究。Sautner 等（2023）选取了 2002～2020 年来自全球 34 个国家和地区的 10 673 家公司作为研究样本，用机器学习关键字算法构建了公司级的气候变化敞口指数，用以识别行业内公司受气候变化风险影响的异质性；该指数

可用于预测与零碳转型相关的重要实际产出，具有较高气候变化风险敞口的公司未来可能创造更多的颠覆性绿色技术就业机会并提高绿色专利申请数量。

大语言模型强大的文本分析能力或许可以用于分析中国上市公司的零碳金融信息披露内容。本书利用 A 股上市公司在年报、调研等文本披露中涉及零碳金融信息的语料训练出识别公司披露的零碳金融信息的模型。这有利于我国形成统一的零碳金融披露制度，同时利于监管机构对披露出的信息进行核查。同时大语言模型可以识别、量化定性的零碳金融信息披露，或者可以发现企业是否存在"漂绿"行为；也可以从多维度和多口径的定性披露中提取、聚类零碳金融信息。随着大语言模型的发展，甚至可以构造专门的零碳金融指数，活跃资本市场。从投资者的角度来看，大语言模型的发展也可以助力于机构投资者构建可持续投资量化策略。这是一个新兴技术，但也是一个具有无穷潜力的工具与市场。

二、大语言模型在零碳金融信息披露中的应用

在零碳金融信息披露领域，大语言模型的应用十分重要。这里以气候风险信息披露研究为例，介绍如何将大语言模型应用到企业零碳金融信息披露中，从而为实践提供参考。

气候变化已不再是一个遥远的概念，而是直接影响到企业战略、运营效率和市场竞争力的现实问题。从极端天气事件对供应链的冲击，到绿色消费趋势对产品市场的重塑，再到全球碳排放政策的日益严格，企业必须面对一系列与气候变化相关的风险和机遇。这些风险与机遇通过不同渠道作用于企业经营的不同方面。不同企业采取了不同的策略来应对气候变化带来的风险与机遇。因此，气候变化对于企业的个体影响无法一言以蔽之。例如，应对全球变暖、严格限制排放的法律政策迫使传统能源企业考虑其业务的可持续性和未来转型，但同时也赋予了新能源、电动汽车、储能等新赛道广阔的发展前景。我们该如何衡量这些企业层面的气候变化风险与机遇呢？

理想的衡量指标需要能够分解气候变化对单一企业不同方面的影响，如物理影响、转型机遇和政策风险等。市场对于气候变化与企业关系的判断在金融领域至关重要，因为市场参与者决定了价格与资源分配进而影响着实体经济应对气候变化的具体举措。对于政府和监管机构而言，这些衡量指标能够帮助他们评估和预测企业如何应对净零转型，以及对经济发展的影响。

法兰克福金融管理学院的萨克瑞斯·索特内尔教授、劳伦斯·范·伦特教授、格里戈瑞·沃尔科夫教授与上海财经大学张瑞申副教授合作撰写的论文《企业层面的气候变化敞口》（"Firm-level Climate Change Exposure"）（简称论文）提出了利用机器学习方法构建大语言模型，然后利用文本数据来衡量气候变化给企

业个体带来的多重风险与机遇，并构造了覆盖来自 34 个国家和地区超过 10 000 家企业的气候变化敞口数据。该论文发表在国际主流学术期刊《金融学期刊》（The Journal of FINANCE）上。

为了衡量企业的气候变化风险，论文使用了财报电话会议——企业管理层、卖方分析师、机构投资者等市场参与者之间的电话会议，讨论企业的财务业绩以及当前和未来的发展。财报电话会议可以被看作信息交换的市场，不仅包含企业管理层的观点，还包含分析师的观点。因此，电话会议不是公司高管的独角戏，也不容易受到"漂绿"的影响。同时，与财报或者 ESG 报告相比，电话会议具有明显的前瞻性，包含更多管理层对于企业未来发展的规划和判断。

论文首先确定了一系列表述气候变化及气候变化所涉及的物理影响、转型机遇和政策风险等方面的关键词，其次通过计算这些关键词占财报电话会议讨论的比重来确定企业层面的气候变化敞口。在其他基于文本数据的研究中，关键词通常是由研究者预先指定（如 Loughran-McDonald 情绪词典）或者基于研究者预先指定的文本来确定的（如利用政治新闻来识别政治相关的关键词）。使用这类方法来确定气候变化相关的关键词却十分困难。一方面，气候变化对于企业的经济影响千头万绪。人为罗列的关键词很难做到面面俱到，并且容易带来人为错误。另一方面，利用气候变化相关的政府文件，如 IPCC 的一揽子报告来确定关键词同样不够准确。这是因为政策制定者、媒体和金融市场参与者在描述气候变化时关注的要点往往有区别，使用的术语差异也很大。将 IPCC 报告中关于气候变化的关键词直接应用到财报电话会议中难免会出现各说各话的尴尬。

为了应对这一挑战，论文利用了一种基于机器学习的算法来识别气候变化关键词。这种算法基于少数一些明显的气候变化关键词可以在财报电话会议文本中自主识别出更多的气候变化关键词。其背后的原理是当人们提及诸如"气候变化""全球变暖""碳排放""可再生能源"等宽泛的气候变化相关词汇时，算法往往会同时给出意义相关联的词汇。例如，算法基于"可再生能源"可以发现"风能""太阳能"等可再生能源的形式，而基于"太阳能"算法可以发现"屋顶太阳能"和"光伏电池板"等关键词。

为了区分企业受到气候变化影响的不同方面，论文进一步将气候变化关键词细分为三个方面：转型机遇、政策风险和物理影响。此外，论文还进一步区分了财报电话会议中气候变化相关内容的"语调"，即气候变化相关讨论是正面的还是负面的，以及关于气候变化的讨论是否涉及"风险"或"不确定性"。

论文提出的一系列气候变化敞口指标代表了各组气候变化关键词占财报电话会议讨论的比重。这一系列指标展现出了优秀的颗粒度。它们能够反映出同行业内不同公司所采取的不同的应对气候变化的策略。例如，埃克森美孚与道达尔能源同属能源企业，处于相似的监管环境，但两家企业采取了不同的策略以应对气候变化带来的挑战。埃克森美孚专注于低排放技术并提高化石燃料使用效率来实现减排。然而这一策略被市场普遍认为过于消极。道达尔能源则广泛涉足多种可再生能源，通过变革能源模式以应对气候变化。气候变化风险敞口指标准确地捕获了两家公司在气候变化方面的异同。两家公司的政策风险气候变化敞口数值相似，然而道达尔能源的转型机遇气候变化敞口是埃克森美孚的七倍。

论文提出的气候变化敞口指标与企业气候变化的"基本面"紧密相关。气候变化敞口指标高的企业在绿色创新和绿色技术上投资更多。论文发现，转型机遇和政策风险气候变化敞口高的公司未来会招聘更多绿色技术相关的人才并且申请更多绿色技术专利。这一结果意味着论文提出的气候变化敞口指标能够预测实体经济后果，这将对净零转型方面的监管、政策制定和投资都具有重要意义。

尽管如此，气候变化敞口指标是基于管理层与分析师在电话会议中的讨论内容而构造的，其本质上代表了市场对于气候变化的关注。Sautner 等（2023）根据数据统计发现，自 2002 年以来，全球 10 000 家企业的平均气候变化敞口呈现增长趋势。然而，在 2020 年上半年全球市场受到新冠疫情的普遍影响，气候变化敞口指标相应地呈现出深"V"走势。2021 年后，随着全球应对气候变化共识的不断加强，气候变化敞口快速上升，并在 2022 年逐步稳定甚至小幅回落。有趣的是，2022 年的回落主要来自政策风险气候变化敞口的回落，而转型机遇则在高位企稳。

中国企业走在了应对气候变化的前列。基于论文提出的转型机遇气候变化敞口指标，中国企业（仅限于有财报电话会议的中国企业，主要是跨境上市的中国企业）的气候变化转型机遇几乎一直领先欧盟和美国企业。这可能得益于光伏、新能源和电动汽车等行业在过去 20 年间的蓬勃发展。

论文提出了一套基于机器学习算法从财报电话会议文本中计算企业气候变化风险敞口的方法，并且建立了覆盖来自 34 个国家和地区超过 10 000 家企业的气候变化敞口的开源数据库。论文作者将持续更新这一数据库帮助企业、投资者、政府机构和学者获得可靠、可理解的企业气候变化敞口指标。

三、区块链技术的运用

（一）区块链介绍

区块链是近年来备受关注的话题之一。顾名思义，区块链是由一个又一个保存着一定信息的区块组成的链条，该链条被保存在一定数量的服务器（节点）中，整个系统中若有一个服务器能够工作，那么整个区块链就是安全的。区块链有两大特点：一是数据安全性高，难以被修改，因为想要修改区块链中的信息，必须取得超过一半节点的同意；二是去中心化，即不同的节点掌握在不同的主体中。

区块链是一个新兴话题，但却成长得很快。自 2008 年区块链概念被提出后，短短十余年时间区块链技术已经有了巨大的发展。具体发展进程如表 4-6 所示。

表 4-6　区块链发展进程

时间	事件
2008 年	比特币的创始人中本聪首次提出区块链的概念，区块链被运用于加密货币中
2014 年	"区块链 2.0" 成为一个关于数据库的术语，学者认为这是一种编程语言，用户可以通过区块链编程写出精密且智能化的协议
2019 年 1 月	国家互联网信息办公室发布了《区块链信息服务管理规定》，正式上线了我国区块链信息服务备案管理系统
2019 年 10 月	习近平强调，要"把区块链作为核心技术自主创新的重要突破口"
2021 年	发展迅速期，相关政策已超 60 项，区块链被写入"十四五"规划纲要，全方位推动区块链技术赋能各领域发展，强调各领域与区块链结合
2022 年	蚂蚁集团研发的区块链存储引擎 LETUS 首次对外开放；北京微芯区块链与边缘计算研究院长安链团队成功研发全球支持量级最大的区块链开源存储引擎 Huge
2023 年	区块链技术公司 Conflux Network 与中国电信达成合作；全国医保电子票据区块链应用启动仪式在浙江省杭州市举行

注：《习近平主持中央政治局第十八次集体学习并讲话》，https://www.gov.cn/xinwen/2019-10/25/content_5444957.htm?eqid=a51dfac1000c189a000000066474c00c

随着区块链技术在全球范围的普及，区块链越来越多地被用于各个行业中。截至目前，区块链已被用于物联网和物流、公共服务、数字版权、保险、公益、司法和金融等多个领域。在金融领域，区块链主要在股权登记、证券交易所、信用证、国际汇兑等方面发挥着作用，即运用区块链技术，可以去掉第三方中介，在降低成本的同时，快速完成交易。

（二）区块链与零碳金融信息披露

目前区块链在零碳金融领域的运用主要集中在如何使用区块链技术创建碳交易市场以及进行企业的碳排放管理，鲜有学者或企业将区块链技术与企业碳信息披露相结合，但是通过现有研究，在未来，我国可以考虑通过区块链技术，让第三方监管机构对企业披露出的碳排放量进行核准，以及对企业碳排放量进行智慧规划。

区块链技术在企业零碳金融信息披露领域的应用，一方面便利企业核算碳排放数据，另一方面便利监管机构对企业碳信息披露的核查。宋得民等（2022）提出通过建立一个包括油气公司、第三方技术核查机构以及地方碳排放部门的区块链，构建了一个"超级碳账本"，公司可以用相关设备记录各个生产环节的碳排放信息，地方碳排放部门与第三方机构也可以追溯核查。周莉等（2020）提出通过区块链可构建"共享账簿"，由管理机构、监管机构输入业务规则与企业碳排放配额等，实时记录企业温室气体排放数据。严振亚和李健（2020）指出了我国碳交易市场存在交易标准不统一、产品单一化、交易主体信息不对称且行政干预程序多等缺陷，提出应将区块链技术应用于碳交易平台，使得企业信息公开透明，提高数据准确性。

国际社会也在探索将区块链技术用于气候变化与碳排放管理上。法国路易·巴切利耶研究所推广使用基于区块链的分布式账本技术，推动实施《巴黎协定》。联合国气候变化倡导者马森巴·蒂奥耶认为，区块链技术可以加强对影响气候变化行动的监测和报告，提高气候变化行动的可追溯性、透明度及成本效益。

基于以上讨论，我国未来可以将区块链技术广泛运用于碳交易排放市场。全国分配给企业的碳排放额一经确定，便可由区块链技术永久保存，同时防止数据被篡改。企业在获得碳排放配额后也可以在基于区块链的平台上进行交易，环保部门与第三方监管机构可以实时监督每个节点的交易真实性以及最终的排放量是否符合配额规定。

但是区块链技术的运用是机遇，也同样是挑战。首先，我国目前并没有统一的碳交易市场，碳金融的建设是缓慢的。在此领域运用区块链技术必然需要国家有关机构出台完善的制度与政策。这是一场马拉松，需要长期的资金与技术投入。其次，目前我国针对碳排放交易的监督机制是缺失的。重点排放企业可能会披露不真实的资料，监管机构的权责分配也不明确，社会公众在监管环节发挥的作用还不够大。因此对于很多企业自愿披露出的信息，其真实性、准确性均是未知的。最后，对于企业碳排放的核算较为困难。不同企业可能会用到不同的核算方法，且并不是所有的碳排放都能够被监测并记录下来，这也会导致区块链中的信息不准确。

总而言之，区块链技术可以统筹碳排放份额，提高碳排放交易信息与碳排放量的准确性，大大减少监管机构核查企业碳排放披露的时间成本，但是要想获利于区块链技术，还需要国家从政策、技术、资金等方面提供持续性的支持。

第七节　本　章　小　结

碳信息披露制度是推动实现"双碳"目标的必然要求，未来碳信息披露制度的完善涉及政策、法规和技术等多个方面。一是完善监管政策和法规，制定更严格的碳信息披露标准和要求，明确企业的责任和义务，加大监管力度。二是提供技术支持和工具，开发和推广碳排放计量与报告系统，帮助企业准确测算和报告碳排放数据。三是提高数据透明度和可验证性，建立公开、透明的碳信息披露平台，使企业的碳排放数据和披露报告可供公众与监管机构查阅、验证。四是鼓励企业自愿披露，通过激励措施，鼓励企业自愿披露更多的碳排放数据和减排行动计划，提升企业的环境责任感。五是加强国际合作和标准统一，推动国际碳信息披露标准和方法的统一，减少企业面临的多样化要求和负担。

参 考 文 献

蔡秉坤，晶晶. 2023. 区块链赋能西部地区"双碳"目标的实现机理及法治理路. 西华师范大学学报（哲学社会科学版），（5）：43-50.

陈华，陈智，张艳秋. 2015. 媒体关注、公司治理与碳信息自愿性披露. 商业研究，（11）：149-154.

陈华，王海燕，荆新. 2013. 中国企业碳信息披露：内容界定、计量方法和现状研究. 会计研究，（12）：18-24，96.

蒋义宏，陈辉发. 2007. 上市公司年报披露及时性问卷调查报告与分析. 上海立信会计学院学报，（1）：32-40.

金博. 2017. 基于信息披露的市场效率研究. 长春：吉林大学.

李慧云，符少燕，王任飞. 2015. 碳信息披露评价体系的构建. 统计与决策，（13）：40-42.

刘明，吴忠明，廖剑，等. 2023. 大语言模型的教育应用：原理、现状与挑战：从轻量级 BERT 到对话式 ChatGPT. 现代教育技术，（8）：19-28.

人民网. 2021. 关于区块链，你想知道的都在这里. http://kpzg.people.com.cn/n1/2021/0621/c437610-32136167.html[2023-09-23].

人民网. 2022. 数字中国创新大赛·区块链赛道助力产业创新. http://fj.people.com.cn/n2/2022/0304/c181466-35160352.html[2023-09-23].

宋得民，王得成，丁鹏，等. 2022. 基于区块链的智慧碳排放管理. 油气与新能源，34（5）：76-83.

王硕. 2016. 区块链技术在金融领域的研究现状及创新趋势分析. 上海金融，（2）：26-29.

严振亚，李健. 2020. 基于区块链技术的碳排放交易及监控机制研究. 企业经济，39（6）：31-37.

张宇. 2017. 区块链智联世界：去中心化的信用中介 2.0. 经贸实践，（22）：147.

周莉，张生平，侯方森，等. 2020. 基于区块链技术的碳交易模式构建. 中国水土保持科学，18（3）：139-145.

Admati A R, Pfleiderer P. 2000. Forcing firms to talk：financial disclosure regulation and externalities. The Review of Financial Studies，13（3）：479-519.

Akerlof A. 1970. The market for "lemons" quality uncertainty and the market mechanism. The Quarterly Journal of Economics，84：488-500.

Arnott R J, Stiglitz J E. 1988. The basic analytics of moral hazard. Scandinavian Journal of Economics，90（3）：383-413.

Baloria V P, Klassen K J, Wiedman C I. 2019. Shareholder activism and voluntary disclosure initiation：the case of political spending. Contemporary Accounting Research，36（2）：904-933.

Bartov E, Marra A, Momenté F. 2021. Corporate social responsibility and the market reaction to negative events: evidence from inadvertent and fraudulent restatement announcements. The Accounting Review, 96 (2): 81-106.

Bens D A, Monahan S J. 2004. Disclosure quality and the excess value of diversification. Journal of Accounting Research, 42 (4): 691-730.

Bewley K, Li Y. 2000. Disclosure of environmental information by Canadian manufacturing companies: a voluntary disclosure perspective//Patten D M. Advances in Environmental Accounting & Management. Bingley: Emerald Group Publishing Limited: 201-226.

Bogart G. 2021. Using blockchain to address the IPCC's climate change mitigation strategies. The Environmental Law Reporter, 51: 10296.

Brammer S, Pavelin S. 2004. Voluntary social disclosures by large UK companies. Business Ethics: A European Review, 13 (2/3): 86-99.

Brown N, Deegan C. 1998. The public disclosure of environmental performance information: a dual test of media agenda setting theory and legitimacy theory. Accounting and Business Research, 29 (1): 21-41.

Brown P, Niederhoffer V. 1968. The predictive content of quarterly earnings. The Journal of Business, 41 (4): 488.

Brown S, Hillegeist S A. 2007. How disclosure quality affects the level of information asymmetry. Review of Accounting Studies, 12 (2/3): 443-477.

Brudney V. 1979. Insiders, outsiders, and informational advantages under the federal securities laws. Harvard Law Review, 93 (2): 322-376.

Burgstahler D C, Hail L, Leuz C. 2006. The importance of reporting incentives: earnings management in European private and public firms. The Accounting Review, 81 (5): 983-1016.

Bushman R, Engel E, Smith A. 2006. An analysis of the relation between the stewardship and valuation roles of earnings. Journal of Accounting Research, 44 (1): 53-83.

Bushman R M, Smith A J. 2001. Financial accounting information and corporate governance. Journal of Accounting and Economics, 32 (1/2/3): 237-333.

Chen Y C, Hung M, Wang Y X. 2018. The effect of mandatory CSR disclosure on firm profitability and social externalities: evidence from China. Journal of Accounting and Economics, 65 (1): 169-190.

Chi W C, Wu S J, Zheng Z. 2020. Determinants and consequences of voluntary corporate social responsibility disclosure: evidence from private firms. The British Accounting Review, 52 (6): 100939.

Choi S, Jung H. 2021. Effects of the litigation risk coverage on corporate social responsibility. Applied Economics Letters, 28 (21): 1836-1841.

Christensen D M. 2016. Corporate accountability reporting and high-profile misconduct. The Accounting Review, 91 (2): 377-399.

Christensen D M, Serafeim G, Sikochi A. 2022. Why is corporate virtue in the eye of the beholder? The case of ESG ratings. The Accounting Review, 97 (1): 147-175.

Clarkson P M, Li Y, Richardson G D, et al. 2008. Revisiting the relation between environmental performance and environmental disclosure: an empirical analysis. Accounting, Organizations and Society, 33（4/5）: 303-327.

Cotter J, Najah M M. 2012. Institutional investor influence on global climate change disclosure practices. Australian Journal of Management, 37（2）: 169-187.

Davidoff S M, Hill C A. 2013. Limits of disclosure. Seattle University School of Law, 36（2）: 599.

Deane F. 2021. Effective global carbon markets: network emissions trading using disruptive technology. Climate and Carbon Law Review, 15（1）: 118-120.

Deegan C, Blomquist C. 2006. Stakeholder influence on corporate reporting: an exploration of the interaction between WWF-Australia and the Australian minerals industry. Accounting, Organizations and Society, 31（4/5）: 343-372.

Deshpandé R, Farley J U, Webster Jr F E. 1993. Corporate culture, customer orientation, and innovativeness in Japanese firms: a quadrad analysis. Journal of Marketing, 57（1）: 23-37.

Dhaliwal D S, Li O Z, Tsang A, et al. 2011. Voluntary nonfinancial disclosure and the cost of equity capital: the initiation of corporate social responsibility reporting. The Accounting Review, 86（1）: 59-100.

Dhaliwal D S, Radhakrishnan S, Tsang A, et al. 2012. Nonfinancial disclosure and analyst forecast accuracy: international evidence on corporate social responsibility disclosure. The Accounting Review, 87（3）: 723-759.

Dye R A. 1990. Mandatory versus voluntary disclosures: the cases of financial and real externalities. The Accounting Review, 65（1）: 1-24.

Eisner M A. 2004. Corporate environmentalism, regulatory reform, and industry self-regulation: toward genuine regulatory reinvention in the United States. Governance, 17（2）: 145-167.

Epstein M J, Freedman M. 1994. Social disclosure and the individual investor. Accounting, Auditing & Accountability Journal, 7（4）: 94-109.

Fagotto E, Graham M. 2007. Full disclosure: using transparency to fight climate change. Issues in Science and Technology, 23（4）: 73-79.

Freund S, Nguyen N H, Phan H V. 2023. Shareholder litigation and corporate social responsibility. Journal of Financial and Quantitative Analysis, 58（2）: 512-542.

Frost G R. 2007. The introduction of mandatory environmental reporting guidelines: Australian evidence. Abacus, 43（2）: 190-216.

Fruman A A. 1978. Disclosure of future-oriented information under the securities laws. The Yale Law Journal, 88（2）: 338.

Goldring G F. 1981. Mandatory disclosure of corporate projections and the goals of securities regulation. Columbia Law Review, 81（7）: 1525.

Goodman T H, Neamtiu M, Shroff N, et al. 2014. Management forecast quality and capital investment decisions. The Accounting Review, 89（1）: 331-365.

Griffin P A, Lont D H, Sun E Y. 2017. The relevance to investors of greenhouse gas emission disclosures. Contemporary Accounting Research, 34（2）: 1265-1297.

Haeberle K S, Henderson M T. 2018. A new market-based approach to securities law. University of Chicago Law Review, 85（6）: 1313-1394.

Henriques M P. 2022. No good deed goes unpunished: growing ESG litigation risks. The National Law Review, 11 (159): 53.

Hermalin B E, Weisbach M S. 2012. Information disclosure and corporate governance. The Journal of Finance, 67 (1): 195-233.

Hossain M, Perera M H, BTan L M. 1995. Voluntary disclosure in the annual reports of New Zealand companies voluntary disclosure in an emerging capital market: some empirical evidence from companies listed on the Kuala Lumpur stock exchange. Journal of International Financial Management & Accounting, 6 (1): 69-87.

Hughes A W. 1948. Disclosure requirements in over-the-counter trading. The Yale Law Journal, 57 (7): 1316-1321.

Hughes S B, Anderson A, Golden S. 2001. Corporate environmental disclosures: are they useful in determining environmental performance?. Journal of Accounting and Public Policy, 20 (3): 217-240.

Hummel K, Schlick C, Fifka M. 2019. The role of sustainability performance and accounting assurors in sustainability assurance engagements. Journal of Business Ethics, 154 (1): 733-757.

Ilhan E, Krueger P, Sautner Z, et al. 2023. Climate risk disclosure and institutional investors. The Review of Financial Studies, 36 (7): 2617-2650.

Ingram R W, Frazier K B. 1980. Environmental performance and corporate disclosure. Journal of Accounting Research, 18 (2): 614-622.

Ioannou I, Serafeim G. 2019. The consequences of mandatory corporate sustainability reporting. Social Science Electronic Publishing, (5): 452-489.

Islam M A, van Staden C J. 2018. Social movement NGOs and the comprehensiveness of conflict mineral disclosures: evidence from global companies. Accounting, Organizations and Society, 65: 1-19.

Jira C F, Toffel M W. 2013. Engaging supply chains in climate change. Manufacturing & Service Operations Management, 15 (4): 523-700.

Jouvenot V, Krueger P. 2019. Mandatory corporate carbon disclosure: evidence from a natural experiment. Available at SSRN 3434490.

Krueger P. 2015. Climate change and firm valuation: evidence from a quasi-natural experiment. Léman: Swiss Finance Institute: 15-40.

Krueger P, Sautner Z, Tang D Y, et al. 2021. The effects of mandatory ESG disclosure around the world. Léman: Swiss Finance Institute: 21-44.

Kuratek C, Hall J, Huber B M. 2020. Legal liability for ESG disclosures. Cambridge: The Harvard Law School.

Lambert R, Leuz C, Verrecchia R E. 2007. Accounting information, disclosure, and the cost of capital. Journal of Accounting Research, 45 (2): 385-420.

Leftwich R W, Watts R L, Zimmerman J L. 1981. Voluntary corporate disclosure: the case of interim reporting. Journal of Accounting Research, 19: 50-77.

Leuz C, Nanda D, Wysocki P D. 2003. Earnings management and investor protection: an international comparison. Journal of Financial Economics, 69 (3): 505-527.

Leuz C, Verrecchia R E. 2000. The economic consequences of increased disclosure. Journal of Accounting Research, 38: 91-124.

Leuz C, Wysocki P D. 2016. The economics of disclosure and financial reporting regulation: evidence and suggestions for future research. Journal of Accounting Research, 54 (2): 525-622.

Li Y, Richardson G D, Thornton D B. 1997. Corporate disclosure of environmental liability information: theory and evidence. Contemporary Accounting Research, 14 (3): 435-474.

Liu X B, Anbumozhi V. 2009. Determinant factors of corporate environmental information disclosure: an empirical study of Chinese listed companies. Journal of Cleaner Production, 17(6): 593-600.

Liu Z, Huang D G, Huang K Y, et al. 2021b. FinBERTt: a pre-trained financial language representation model for financial text mining. Yokohama: The Twenty-Ninth International Joint Conferences on Artificial Intelligence.

Liu Z, Shen H T, Welker M, et al. 2021a. Gone with the wind: an externality of earnings pressure. Journal of Accounting and Economics, 72 (1): 101403.

Luo L, Lan Y C, Tang Q L. 2012. Corporate incentives to disclose carbon information: evidence from the CDP global 500 report. Journal of International Financial Management & Accounting, 23(2): 93-120.

Macey J R. 2004. Efficient capital markets, corporate disclosure, and Enron. Cornell Law Review, 89 (2): 394-422.

Mahoney P G. 1995. Mandatory disclosure as a solution to agency problems. The University of Chicago Law Review, 62 (3): 1047.

Manne G A. 2006. The hydraulic theory of disclosure regulation and other costs of disclosure. Alabama Law Review, 58 (3): 473.

Matsumura E M, Prakash R, Vera-Muñoz S C. 2014. Firm-value effects of carbon emissions and carbon disclosures. The Accounting Review, 89 (2): 695-724.

Michelon G, Rodrigue M, Trevisan E. 2020. The marketization of a social movement: activists, shareholders and CSR disclosure. Accounting, Organizations and Society, 80: 101074.

Mitchell J, Doane D.2002, An ombudsman for humanitarian assistance? Disasters, 23(2): 115-124.

Moorman C, Deshpande R, Zaltman G.1993. Factors affecting trust in market research relationships. Journal of Marketing, 57 (1): 81-101.

Moser D V, Martin P R. 2012. A broader perspective on corporate social responsibility research in accounting. The Accounting Review, 87 (3): 797-806.

Naughton J P, Wang C, Yeung I. 2019. Investor sentiment for corporate social performance. The Accounting Review, 94 (4): 401-420.

Ng J. 2011. The effect of information quality on liquidity risk. Journal of Accounting and Economics, 52 (2/3): 126-143.

Pawliczek A, Skinner A N, Wellman L A. 2021. A new take on voice: the influence of BlackRock's "Dear CEO" letters. Review of Accounting Studies, 26 (3): 1088-1136.

Pinnuck M, Ranasinghe A, Soderstrom N, et al. 2021. Restatement of CSR reports: frequency, magnitude, and determinants. Contemporary Accounting Research, 38 (3): 2376-2416.

Roberts R W. 1992. Determinants of corporate social responsibility disclosure: an application of stakeholder theory. Accounting, Organizations and Society, 17（6）: 595-612.

Ryou J W, Tsang A, Wang K T. 2022. Product market competition and voluntary corporate social responsibility disclosures. Contemporary Accounting Research, 39（2）: 1215-1259.

Sautner Z, van Lent L, Vilkov G, et al. 2023. Firm-level climate change exposure. The Journal of Finance, 78（3）: 1449-1498.

Shane P B, Spicer B H. 1983. Market response to environmental information produced outside the firm. The Accounting Review, 58（3）: 521-538.

Strong C A, Harris L C. 2004. The drivers of customer orientation: an exploration of relational, human resource and procedural tactics. Journal of Strategic Marketing, 12（3）: 183-204.

Sullivan K. 2016. Sustainability disclosure: getting ahead of the curve. London: Deloitte Development LLC.

Sullivan R, Gouldson A. 2012. Does voluntary carbon reporting meet investors' needs?. Journal of Cleaner Production, 36: 60-67.

Tauringana V, Chithambo L. 2015. The effect of DEFRA guidance on greenhouse gas disclosure. The British Accounting Review, 47（4）: 425-444.

Tomar S. 2023. Greenhouse gas disclosure and emissions benchmarking. Journal of Accounting Research, 61（2）: 451-492.

Tooke C W. 1934. Quasi-contractual liability of municipal corporations. Harvard Law Review, 47（7）: 1143.

Ullmann A A. 1985. Data in search of a theory: a critical examination of the relationships among social performance, social disclosure, and economic performance of U.S. firms. Academy of Management Review, 10（3）: 540-557.

Verrecchia R E. 1982. Information acquisition in a noisy rational expectations economy. Econometrica, 50（6）: 1415-1430.

Verrecchia R E. 1983. Discretionary disclosure. Journal of Accounting and Economics, 5: 179-194.

Wasim R. 2019. Corporate（non）disclosure of climate change information. Columbia Law Review, 119（5）: 1311-1354.

Webersinke N, Kraus M, Bingler J A, et al. 2021. ClimateBert: a pretrained language model for climate-related text. http://arxiv.org/abs/2110.12010.pdf[2023-09-08].

Welker M. 1995. Disclosure policy, information asymmetry, and liquidity in equity markets. Contemporary Accounting Research, 11（2）: 801-827.

第五章　零碳金融信息披露的政策框架和市场实践研究

第一节　零碳金融信息披露理论基础及研究现状

一、理论基础

零碳金融信息披露制度是以碳中和为目标、解决金融市场中企业与利益相关方之间气候相关信息不对称而建立的相关政策框架。零碳信息是可持续发展信息的重要组成部分，也是气候变化机遇与挑战在企业层面的反映。相较社会、治理等其他可持续发展信息，零碳信息方面各方的共识更大、关注度更高，市场对其披露的需求在快速增长。零碳金融信息披露制度是利用市场力量推动碳中和的重要基础性制度，不仅是对原有信息披露体系的重要补充，也是应对气候变化不确定性的全新评价体系。

零碳金融信息披露的理论基础主要包括信息不对称和代理理论、信号传递理论、利益相关者理论、投资者情绪理论、组织合法性理论等。

1. 信息不对称和代理理论

20 世纪 70 年代以来的经典文献指出，公司和外部投资者之间存在信息不对称与代理问题，从而导致交易成本增加、资源配置效率低下（Akerlof, 1970; Jensen and Meckling, 1976）。企业通过社会责任信息可获得一个"再保险"（Power, 1997），以满足投资者知情权，增强投资者对公司的信心。零碳信息披露能够缓解公司和投资者之间的信息不对称，便利利益相关者的外部监督，同时抑制公司内部人的道德风险，降低公司与投资者之间的代理成本，从而吸引更多投资者参与；而零碳信息披露水平较低甚至不披露的企业，增加了外部投资者的信息搜集成本和监督成本，从而妨碍潜在投资者进入，还可能使现有投资者退出。

2. 信号传递理论

根据信号传递理论，企业可以通过良好的零碳信息披露向投资者传递信号，帮助利益相关者对企业质量进行甄别和判断，避免逆向选择。企业应及时披露自己的积极信息，以便能够与有相应消极信息的企业区别开来，并以此引起市场的积极回应，从而提高市场价值（Milgrom，1981）。企业进行零碳信息披露，是在向市场传递与未来日益明显的可持续发展趋势保持一致的积极信号。投资者对于积极披露零碳信息的企业会更加关注并给予较高估值，而对于披露不积极的企业，投资者就会产生怀疑，认为其有遮掩负面消息的动机，从而降低对企业的估值。

3. 利益相关者理论

利益相关者理论认为，企业的利益相关者除了股东、债权人等投资者外，还包括员工、客户、供应商、消费者、基金持有人、政府和环保组织等其他会受到企业影响的团体或个人，这些非投资性利益相关者（non-investor stakeholders）会对企业价值产生重要影响（Cornell and Shapiro，1987）。在公司的可持续发展过程中，所有利益相关者的利益密切相关。零碳信息披露能够帮助企业获得利益相关者的支持，而利益相关者的支持反过来有利于企业财务绩效和投资价值的提升。

4. 投资者情绪理论

投资者情绪理论认为，并非所有投资者都是完全理性的，资本市场和投资者的行为会在一定程度上受到投资者情绪的影响（Lee et al.，1991）。零碳信息披露体现了企业应对与气候相关的风险和机遇所采取的积极行动，有利于增强投资者信心。

5. 组织合法性理论

社会组织的合法性，即组织是否与社会价值观和大众道德观念相符合。与主流价值观相悖的组织不具备可持续发展能力，而企业可以将合法性作为一种战略来管理，以从社会组织中获取认可或避免惩罚（Kaplan and Ruland，1991；Suchman，1995）。当企业在自然环境方面的表现符合利益相关者的期望时，企业就获得了环境的合法性（Bansal and Clelland，2004）。低合法性会对公司产生灾难性的影响，可能导致公司丧失经营的权利，而较高的合法性会使公司获得更多的资源（Hearit，1995）。企业开展零碳信息披露工作、提高零碳信息披露水平，使公司满足组织合法性的要求。

二、国内外研究现状综述

当前关于零碳金融信息披露的国内外文献可分为四类。第一类是研究零碳金融信息披露的经济后果；第二类是研究影响零碳金融信息披露的驱动因素；第三类是零碳金融信息披露指标；第四类是零碳金融信息鉴证的研究综述。

1. 零碳金融信息披露的经济后果研究

此类研究可分为对于微观企业的影响和对于宏观经济的影响。

一是关于零碳金融信息披露对微观企业的影响，研究并未达成一致结论，关于其对公司的影响到底是正面、负面还是不相关存在争议。

较为正面的观点是，强制披露能降低企业碳排放量（Jouvenot and Krueger，2019；Downar et al.，2021；Tomar，2023）；能够缓解公司和投资者之间的信息不对称，减少市场摩擦，提高公司进入资本市场的概率和议价能力，ESG 信息披露可以提高信息透明度，进而约束上市公司财务违规行为（Attig et al.，2014；Ioannou and Serafeim，2011；唐勇军等，2021）；作为一种合法化工具，减轻合法性压力，提高公司声誉（Cho and Patten，2007），降低资本成本（何玉等，2014；Bolton and Kacperczyk，2021a），降低债务成本（Kleimeier and Viehs，2016）；通过信号传递向外界展示公司良好的风险管理能力及高尚的社会责任感，增强投资者信心（Rahman et al.，2014；刘宇芬和刘英，2019）；提高零碳金融信息披露质量可以降低股权融资成本（李力等，2019），降低公司面临的融资约束（吴红军等，2017），提高企业价值（闫海洲和陈百助，2017；胡天杨等，2022）。

零碳金融信息披露也存在诸多问题，反而产生较为负面的经济后果。一些学者基于信息不对称和代理理论，认为公司的零碳金融信息披露可能仅仅是一套表面的说辞（cheap talk），与公司实际的可持续表现可能并不相关（Cho et al.，2015）。还有学者关注到零碳金融信息披露会使公司承担高昂的成本（Stern，2007；Nordhaus，2007；Aldy and Stavins，2012），因为涉及建立识别、测量和报告此类信息的系统（Brammer and Pavelin，2008）。基于股东利益至上理论，所有者的利润最大化是公司唯一的社会责任，而对股东之外的利益相关者的投入可能会被投资者认为是一种过度投资（Friedman，1982；Bishop et al.，1994）。因此，公司管理者可能会采取较低水平的披露甚至不公开这方面的信息（Kim and Lyon，2015）。有实证研究显示，当公司披露其采取了环保行动或获得了绿色奖项时，其股票表现可能会经历负的异常回报（Jacobs et al.，2010；Fisher-Vanden and Thorburn，2011）。

二是关于零碳金融信息披露对宏观经济层面的影响，研究从零碳金融信息披露对我国投资、政策制定与落实、长期经济发展的影响等三个方面展开。

关于对我国投资的影响，学者总体持乐观态度。零碳金融信息披露对金融市场买卖双方均产生积极影响（任晴和李芳竹，2022）。在碳信息披露方面，碳信息披露能使碳排放、治理表现好的企业在资本市场和产品市场中获得良好的回报，迫使表现差的企业加强排放控制，改善其行为（沈洪涛和冯杰，2012）；而在环境会计信息披露方面，信息外部使用者通过公众舆论及市场行为来实现对企业环境会计信息的了解，比如社会大众倾向于在同等条件下环保观念强的企业，抵触那些污染环境的公司（许永军，2014）；因此，碳信息与环境会计信息的披露表现好的企业容易获得投资，变相引导社会资本的投资选择。

关于对我国政策制定与落实的影响，研究认为以公允、可比的企业环境信息为基础才能更好地应对气候变化相关的金融风险，因此体现金融宏观调控和金融风险防控需求的 ISSB 信息披露标准或者环境会计信息披露框架有助于金融政策的制定（曹国俊，2022；许永军，2014）。

关于零碳信息披露对我国长期经济发展的影响，已有文献指出，通过企业环境会计信息披露理论与实务的不断完善，可以促使企业处理好发展生产与环境保护的关系，实现环境资源的损耗与补偿的良性循环，达到经济效益、环境效益和社会效益的协调与融合，有利于实现我国社会与经济的可持续发展（王建芳，2014）。

2. 零碳金融信息披露的驱动因素研究

一是政策推动是提高零碳金融信息披露水平的主要因素。Hrasky（2012）指出，为了应对外部利益相关者驱动的气候治理压力，一些组织开发了零碳金融信息披露，以传达他们的气候风险、碳减排举措及成就。学术界多将零碳金融信息披露归因于公司面临外部制度压力时的一种被动反应（沈洪涛和冯杰，2012；叶陈刚等，2015），并提出要加强外部监管、立法等，从而使得公司管理层感觉到外部压力而向利益相关方提供环境报告（Dan and Shen，2022；Chelli et al.，2014）。实证结果也表明，零碳金融信息披露的制度压力与零碳金融信息披露的水平存在正相关关系（Tang et al.，2022；唐成林，2017；王霞等，2013）。

二是投资者诉求是另一主要因素。Degryse 等（2021）指出，向 CDP（carbon disclosure project，碳信息披露项目）提供零碳信息报告的公司预计将拥有更好的内部能力来衡量和管理其对经济绿色转型的风险敞口，被视为其具有较好的环境意识。基于国际银团贷款样本的研究显示，在向具有绿色偏好的贷款人借款时，具有良好环境意识的企业会获得利率更低的贷款。

此外，媒体能见度（Dawkins and Fraas，2011）、投资者压力（Liesen et al.，2015）、其他利益相关者（Guenther et al.，2016）、文化环境（Tang et al.，2022；Moussa et al.，2020）、技术变革、规模、盈利能力、财务杠杆、所有权类型、行业、董事会独立性等公司特征（Jeswani et al.，2008；Reid and Toffel，2009；Weinhofer and Hoffmann，2010），以及碳表现（Sullivan，2009；Weinhofer and Hoffmann，2010；Dawkins and Fraas，2011；Guenther et al.，2016）也会影响公司的零碳金融信息披露。

也有研究提出了零碳金融信息披露不同方法、披露质量以及披露信息可信度和可比性的问题（Tauringana and Chithambo，2015），不同的信息披露方法降低了利益相关者评估气候风险绩效的能力（Sullivan and Gouldson，2012），信息披露质量仍然不能帮助利益相关者做出明智的决定（Depoers et al.，2016）。在可持续发展报告信息质量方面，只有不超过 0.5% 的跨国公司发布的报告是合理、可靠的（Milne and Gray，2008）。国内外学者分别针对中国上市公司、澳大利亚公共组织、西班牙企业和世界主要交易所主板上市企业进行研究（Guthrie and Farneti，2008；钱水苗和郭蔚冉，2009；刘莎，2013），文献横向比较的结果发现，整体披露水平不高。内容分析法研究的结论也较为一致，认为总体披露水平仍较低（张长江等，2016）。

3. 零碳金融信息披露指标研究

根据 MSCI（Morgan Stanley Capital International，摩根士丹利资本国际公司）报告，标准化的 ESG 披露可有效改善 ESG 信息分析效果，使企业、投资者受益。对于普通公司，在 ESG 绩效评估时，其自我报告的 ESG 信息应占评估所需的全套信息约一半的比重；对于投资者，需参考公司披露以外的独立信息来源，才可更准确、全面地了解 ESG 风险和绩效。不可靠或过时的碳估计模型严重误解或夸大了机构投资者的碳足迹，部分公司披露的数据存在质量问题。例如，碳排放数据与主营业务和其他财务数据的边界不匹配；子公司或加盟商的运营边界不一致；相较前期披露数据有大量无法解释的偏差；不同报告（如可持续发展报告、综合报告、CDP 等）的数据存在差异。由此，披露数据仍需要进一步加强质量检查。

4. 零碳金融信息鉴证研究

随着可持续发展报告数量的增加，出现了一些新的问题，如可持续发展报告的质量和可信度如何确定（Braam et al.，2016）。因此，学者对企业进行零碳金融信息鉴证的主要影响因素进行了梳理，认为主要分为两类：治理因素和财务因素。

研究治理因素的文献表明，公司可以在管理零碳金融信息披露问题时积极创造协同效应，从而提高公司的财务绩效，反之亦然（Schaltegger et al.，2019；Carroll and Shabana，2010；Dyllick and Hockerts，2002）。治理因素被细分为公司内部治理、公司外部治理和国家治理。关于公司内部治理的研究表明，董事会的独立性越强、董事会的多样性越大、董事会中高管比例越低，企业越倾向于对可持续发展信息进行鉴证（Miras-Rodríguez and di Pietra，2018；Liao et al.，2018）。公司外部治理的研究中，关于所有权集中度、媒体关注度和机构投资者对可持续发展信息的鉴证行为的影响，Miras-Rodríguez 和 di Pietra（2018）发现存在机构投资者和其他大股东的企业更倾向于进行零碳金融信息鉴证。Miras-Rodríguez 和 di Pietra（2018）认为，机构投资者促进了公司董事会采用可持续发展信息外部鉴证的服务，这有利于其投资分析的准确性和资本成本的降低。Gillet-Monjarret（2015）强调，媒体关注度增加了企业对零碳金融信息鉴证的采用。关于国家治理的影响研究发现，与以股东为导向的判例法国家相比，大陆法系国家，特别是欧洲大陆国家，更注重利益相关者价值。民法对零碳金融信息鉴证的采用（Bollas-Araya et al.，2018；Martínez-Ferrero and García-Sánchez ，2017；Sethi et al.，2017；Kolk and Perego，2010；Simnett et al.，2009）和会计师事务所作为鉴证机构（Seguí-Mas et al.，2018；Seguí-Mas et al.，2015；Simnett et al.，2009）具有积极影响。

研究财务因素的文献显示，完备的报告体系能够促进可持续发展信息的鉴证，因为企业高层更容易实施（Velte and Stawinoga，2017）。关于财务表现的影响，可以分为积极（Sierra et al.，2013）和消极（Kuzey and Uyar，2017；Castelo Branco et al.，2014）两大类。Castelo Branco 等（2014）发现，杠杆比率与零碳金融信息鉴证的实施成正比，但一些研究却认为相关鉴证行为与财务表现，如杠杆比率、现金流与业绩增长无关（Datt et al.，2019；Kuzey and Uyar，2017；Casey and Grenier，2015；de Beelde and Tuybens，2015；Sethi et al.，2017）。

此外，关于企业进行零碳金融信息鉴证的财务后果的文献认为，从长远看，相关鉴证对公司内部的财务发展有积极影响（Clarkson et al.，2019）。零碳金融信息鉴证，特别是第三方鉴证，可以提升企业声誉，有利于加强企业与利益相关者之间的关系，从而提高企业价值。Ballou 等（2018）发现，鉴证的采用和选择会计师事务所作为鉴证机构会增加相关信息的重述。

三、思考与研究思路

总体看，零碳金融信息披露研究亟待与披露实践相结合，根据不同应用场景和披露主体，如大型企业和中小企业、高排放行业和低排放行业等，构建和设计适宜的零碳金融信息披露框架和指标来应对我国现行零碳信息披露相关规定过于宽泛、一致性和可靠性不足的问题。从文献梳理可以看出，零碳金融信息披露也面临成本和收益之间的权衡。零碳金融信息披露的质量是获得投资者认可和促进公司实现可持续发展的关键，应提升零碳金融信息披露的可靠性、及时性、完整性，在控制披露成本的基础上，提高信息的决策有用性，来满足投资者和利益相关者的需求。

第二节　零碳金融信息披露境外准则及政策路径经验

近年来全球加快绿色转型，当前各国和地区政策向实现碳中和的方向加速推进，全球资金也加快向碳中和领域布局，零碳金融信息披露准则及各地区相关制度正在高速发展。

一、境外经验：企业篇

1. 境外零碳金融信息披露的趋势及主流披露框架

目前全球主流的零碳金融信息披露框架包括 GRI 标准、TCFD 指南，以及 ISSB 的气候信息披露指引草案等。其中，GRI 标准是全球使用较为广泛的披露框架，在欧洲企业中尤为普遍。由 G20 金融稳定委员会所设立的 TCFD 指南则在气候相关问题披露上得到世界各个国家和地区的广泛使用。

零碳金融信息披露框架的基本要素包括目标、适用范围、报告主要使用者、信息披露的原则（或称质量特征）、主要披露内容。目标一般是让报告使用者了解、评估披露主体的气候相关重大风险和机遇。适用范围可以是上市公司或非上市公司。报告主要使用者可以是财务报告的使用者如股东、债权人等，或是更广泛的其他利益相关方如员工、供应商、弱势群体、当地社区、非政府组织等。零碳金融信息披露的原则包括重要性（或称实质性）、平衡性、一致性（或称可比性）、完整性、可验证性、及时性、相关性等，其中重要性[①]（或称实质性）是零碳金融信息披露框架中普遍采纳的原则，用以界定企业披露信息的范围。

不同的零碳金融信息披露的目标，决定了不同的重要性的定义。而遵循不同的重要性原则，将导致报告准则对报告定位和信息披露要求的巨大差异。在气候报告领域，重要性原则分为单一重要性和双重重要性。其中，单一重要性是指只考虑环境对企业财务基线产生影响，单一重要性报告主要服务于投资人关切的投资回报问题；双重重要性既考虑环境对企业价值的影响，也考虑企业经营活动对外界环境的影响。双重重要性服务于包括投资人在内的更广泛的利益相关方，包括员工、客户、供应商、监管机构、债权人等。

境外主流零碳金融信息披露框架既有相似之处又存在差异。关于相同之处：境外主流零碳金融信息披露共享基本披露特征，近些年也有标准整合统一的趋势。一方面，ISSB 的气候信息披露指引草案核心披露内容同样按照 TCFD 四大支柱的框架要求，即治理、战略、风险管理、指标和目标，并包含与可持续发展会计准则委员会相一致的特定行业指标。据 GRI 统计，TCFD 建议中推荐披露的 11 项

---

① 重要性的定义起源于会计信息披露准则。1980 年美国财务会计准则委员会发布的第 2 号财务会计概念公告——《会计信息的质量特征》最早将重要性定义为"根据实际情况，如果会计信息的遗漏或错报很可能使依赖该信息的理性人的判断发生改变或对其产生影响，这种遗漏或错报程度就是重要的"。《会计信息的质量特征》认为重要性是对财务报告的一种约束，必须与会计信息质量特征放在一起考虑。准则制定机构无法给出普适的重要性标准，但会致力于在具体准则层面提供一些量化的重要性标准，以指导企业操作。

中至少有 8 项，基本已与 GRI 标准确立的披露相对应或共享一系列特征，包括关注气候变化、强调治理和管理方法、定量指标的披露。这些重叠与共享有助于更广泛地采纳各类框架。另一方面，境外主流零碳金融信息准则的合作和整合更加频繁。例如，ISSB 并入了多家国际组织如国际综合报告委员会、气候披露准则委员会、可持续发展会计准则委员会等，并与 GRI 签署谅解备忘录。关于不同之处：统一全球零碳金融信息披露准则并非易事，不同的气候信息披露框架的制定主体，决定了不同的目标和重要性的定义，也导致报告准则对报告定位和信息披露要求的巨大差异。ISSB 和 TCFD 只考虑环境对企业财务基准产生影响，GRI 在此基础上也考虑企业经营活动对外界环境的影响。从准则制定主体看，GRI 的发起方包括联合国环境规划署，而 ISSB 和 TCFD 的发起方分别是 IFRS 和金融稳定理事会。从重要性角度看，GRI 侧重于双重重要性，即服务于包括投资人在内的更广泛的利益相关方。因此，GRI 将实质性原则表述列为组织对经济、环境和社会影响，或对影响利益相关方的决策十分重要的议题。ISSB 和 TCFD 局限于财务重要性，对实质性原则的表述限制在满足投资者、债权人的信息需求。实质性，也就是对企业现金流已经产生或潜在产生影响，并将影响投资者、债权人决策的可持续信息。同时也要看到，国际机构已建立的基本框架对于具体实施路径、强制披露规定、披露范围和覆盖率等具体问题，还没有明确、统一的标准，这给各国（地区）政策制定者因地制宜地制定政策提供了空间。

2. 境外零碳信息披露现状

美国、新加坡、英国、欧盟等国家和地区，以及我国的香港地区也加速推出和完善零碳金融信息披露制度。

欧盟《企业可持续发展报告指令》（Corporate Sustainability Reporting Directive，CSRD）适用范围内的企业都将按照双重实质性进行披露。欧盟发布的可持续发展报告准则（European Sustainability Reporting Standards，ESRS）体系中的《气候变化标准》，按照 IPCC 所提出的气候变化减缓、气候变化适应和能源三个领域提出披露要求。气候披露框架分为三部分：一是企业战略、治理和重要性评估，包括按照双重重要性评估企业战略和商业模式与气候变化的相互影响、企业减缓气候变化的计划等；二是政策、目标、行动计划和资源，包括为减缓和适应气候变化而实施的政策，以及减缓和适应气候变化的可衡量目标与行动计划；三是行动评估指标，包括能源消耗总量、能耗强度、温室气体排放总量、温室气候排放强度、温室气体自愿减排、产品和服务中的温室气体排放、减缓气候变化和适应气候变化的分类法规、物理风险及转型风险造成的潜在财务影响、气候相关机会的潜在财务影响等。对净零目标的定义与 SBTi 的净零目标一致。

2022 年 3 月，SEC 提交《上市公司气候数据披露标准草案》，并征求意见。

其具体指标体系如下：①气候相关风险的识别与治理，其中包括气候风险对财务报告的实质性影响，以及对企业战略、经营的影响，企业对气候风险的管理等；②碳排放量及减排措施，包括温室气体范围 1 和范围 2 的排放、气候目标及计划、温室气体自愿减排等；③转型计划、情景分析与碳价格，包括转型的目标和计划、情景分析评估气候风险韧性、内部碳定价等。

中国香港地区的零碳金融信息披露一直走在全球的前列。尽管香港在 2021 年 11 月发布的《气候信息披露指引》（简称《指引》）以 TCFD 为基础，但其指导上市公司具体如何执行 TCFD 的披露要求中融入了香港的监管经验以及国际披露框架的内容。《指引》要求董事会制定公司的气候策略及监督气候相关议题的管理，就日常评估及管理气候相关议题指定负责人/委员会。还为治理结构提出了综合和专项方法的应用。其次在评估气候变化相关影响时，《指引》指出完成对应后，公司应评估已识别的气候相关风险对其价值链各个环节所造成的影响。方法之一是综合考虑定性和定量资料，即综合报告框架所称的六大资本：财务资本、制造资本、知识资本、人力资本、社会与关系资本及自然资本。

2021 年 12 月新加坡交易所发布的《气候及多样性：前进的道路》以及修订的《可持续发展报告指南》，要求上市公司分行业渐进式地按照 TCFD 的要求进行强制披露。

英国计划到 2025 年整个经济体全部按照 TCFD 进行强制披露，并于 2020 年 11 月发布了基于 TCFD 建议的强制性零碳金融信息披露路线图。

3. 境外零碳信息披露实践对境内的启示

境外现有规则和各国、各地区的实践，在某些方面已显示出高度一致的理念和做法，但也有基于各自立场、目标、经济政治环境的特点和差异。这对境内当前制定零碳金融信息披露制度有一定的借鉴作用。

自上而下统筹建立零碳金融信息披露制度体系。整体上的统筹规划能明确政策目标与实施路径，减少相关部门和利益团体各自出台政策可能造成的相互制约和掣肘，从而强化政策之间的支持和配合。以欧盟为例，其在顶层设计方面最早发力，建立了环环相扣的绿色政策体系。2020 年发布《欧盟分类法》，2021 年发布《欧盟可持续金融分类授权法案》，通过法律确立符合欧盟气候变化战略目标（适应与减缓）的经济活动，之后 2022 年发布了《企业可持续发展报告指令》及气候信息披露系列标准，从法律、规章、标准、指引等方面自上而下地完善并细化了零碳金融信息披露体系。

自下而上积极主动培育市场力量。市场需求是塑造企业行为的主要驱动力，政策出台的市场环境在一定程度上决定了政策实施的效果。全球主要经济体积极培育市场力量，从对个体的气候变化宣传教育出发，逐步拓展到公益机构和公共机构的教育培训，公众保护环境、应对气候变化的社会意识逐渐增强，主动响应相关政策。受此影响欧美金融市场的 ESG 投资发展迅速，成为推动零碳金融信息披露的主要驱动力之一。根据晨星公司的统计，截至 2022 年第三季度全球 ESG 基金资产规模达 2.24 万亿美元，其中欧美占 94%。中国占亚洲（除日本外）ESG 基金规模比例为 68%，排名全球第三。

全球金融市场零碳金融披露框架达成共识。ISSB、欧盟、美国等公布的气候相关披露框架均建立在 TCFD 的基础上，充分借鉴了 TCFD 的"四支柱"结构，即治理、战略、风险管理，以及指标和目标，这极大地增强了各披露准则与制度的可比性。国际上的标准制定组织已加快整合、加强合作。例如，ISSB 已于 2022 年合并，是由气候披露准则委员会、国际综合报告委员会和可持续发展会计准则委员会合并而成的价值报告基金会，GRI 承诺将与 ISSB 推动协调标准制定工作，2023 年 6 月 26 日，ISSB 正式发布零碳金融信息披露标准之《一般要求》和《气候相关披露》，2024 年 1 月正式实施，标志着全球金融市场零碳金融信息披露已形成一定的共识。

明确政策制定的目标、原则及流程。境外零碳金融信息相关披露政策的制定大致包括三个环节。一是明确政策目标。具体包括服务国家和地区战略、满足投资者需求、提升上市公司风险管理意识等。有多个目标的情况下，需要明确目标主次。二是提出与目标相符的原则。由于零碳金融信息的原则与传统财务信息存在差异，气候变化的巨大不确定性决定了传统财务信息的原则并不完全适用，如准确性。需要建立符合零碳金融信息特征的披露原则，一般包括重要性、平衡性、可比性、可验证性、完整性、及时性等。三是确定规则制定的程序。由于气候披露规则涉及面广、专业度高，需要规范一套程序来保障利益相关方目标的实现。如欧盟在制定《企业可持续发展报告指令》过程中，是由政府与企业、投资者、第三方机构、企业供应商、非营利组织、行业专家等多个群体磋商来确定政策制定的流程。

"以披促管"推动企业由自愿披露过渡到强制披露。2010 年至 2018 年期间，英国、新加坡、欧盟等国家和地区逐步将零碳金融信息披露从自愿披露转为半强制披露，进程一般为 3~5 年，2019 年之后逐步转向强制披露。各个国家和地区普遍采取分阶段或建立缓冲期等手段，提出明确时间表，管理企业对政策的预期，以 1 年左右为间隔期，分行业或分企业类别扩大强制披露范围（表 5-1）。欧盟计划 2025 年要求大型企业率先披露，后续每隔一年左右逐步扩大披露要求，4 年内覆盖中小企业；2021 年 6 月，英国金融行为监管局发布与英国政府气候目标及战略一致的企业强制零碳金融信息披露路线图，制定了 2021 年至 2025 年上市公司、股票发行人、资产管理公司、寿险公司和养老金等强制披露的年度时间表（表 5-2）。

表5-1　新加坡交易所分阶段披露要求

披露起始财政年度	行业及披露要求
2022 年	对于所有发行人：在"不遵守就解释"的基础上披露气候报告
2023 年	1. 强制披露气候报告的行业包括：金融业；农业、食品和林产品行业；能源行业 2. 其他行业发行人在"不遵守就解释"的基础上披露气候报告
2024 年	1. 强制披露气候报告的行业包括：金融业；农业、食品和林产品行业；能源行业；材料和建筑行业；交通运输业 2. 其他行业发行人在"不遵守就解释"的基础上披露气候报告

表5-2　英国分阶段披露要求

披露起始财政年度	实施强制披露的企业类型
2021 年	1. 职业养老金计划（＞50 亿英镑） 2. 银行、房屋互助协会和保险公司 3. 高级板上市公司
2022 年	1. 职业养老金计划（＞10 亿英镑） 2. 大型英国授权资产管理公司、人寿保险公司和受英国金融行为监管局监管的养老金 3. 英国注册公司 4. 范围更广的上市公司
2023 年	其他英国授权资产管理公司、人寿保险公司和受英国金融行为监管局监管的养老金
2024 年和 2025 年	1. 其他职业养老金计划（待审核） 2. 进一步完善各类实体的指标，以响应不断发展的最佳实践等

以董事会责任为抓手提升零碳金融信息披露质量。新加坡交易所要求上市公司董事会发布关于气候相关风险管理和信息披露的声明，欧盟、伦敦证券交易所等也都在 ESG 相关的信息披露指南中建议董事会对企业的 ESG 信息披露负责，以确保信息质量。香港交易所强制规定所有上市公司发布董事会声明，要求必须包括：董事会对环境、社会及管治事宜的监管；环境、社会及管治的管理方针及策略；董事会如何按环境、社会及管治相关目标检讨进度等。新加坡交易所也要求上市公司出具企业可持续发展实践的董事会声明。

二、境外经验：金融机构篇

金融机构是资金配置的中枢，也是零碳信息披露的重要一环，备受各国（地区）利益相关方和监管方关注。例如，ISSB 提出了具体针对银行业和保险业的行业披露建议。地区实践方面，欧盟和我国香港地区已发展出在实体经济和金融领域落实可持续金融行动目标及方案的准则与框架，具有较强的借鉴意义。

1. 欧盟

2019 年 11 月，欧盟委员会提出《可持续金融披露条例》（Sustainable Finance Disclosure Regulation，SFDR）。该条例明确了可持续性金融产品的界定和分类，并制定了适用于组织层级和产品层级的、具有"双重实质性"和差异性特征的信息披露规则，包括以下主要内容。

一是明确了可持续性金融产品的界定和分类标准。其中，界定上根据投资是否满足《欧盟可持续金融分类方案》中规定的可持续经济活动条件来确定，并制定相应量化度量指标。同时，《可持续金融披露条例》要求所有金融产品都必须考量可持续风险。具体来看，《可持续金融披露条例》将所有金融产品细分为以"可持续投资"为目标的产品（Art.9 产品），具有 ESG 特性的产品（Art.8 产品），以及其他一般金融产品（含 Art.6 和 Art.7 产品）①。

二是既制定了通用的披露规则，又制定了与产品分类匹配的"双重实质性"披露规则。该通用规则的"双重实质性"体现在既要求基金经理披露如何在投资流程中纳入可持续性，又要求披露其设计的金融产品对环境和社会造成重大负面影响（principal adverse impacts，PAIs）。同时，分类披露规则强制要求可持续金融产品在对环境、社会目标的正面贡献，对其他目标无重大损害，达到最低限度的社会保障等三方面进行信息披露，并针对 Art.9 产品制定了较 Art.8 产品更为严格的披露规则，如需要强制性披露 18 个 PAIs 指标。

欧盟对原有 EU2016/1011 基准条例进行增补，引入两个新气候基准并提高了相关的 ESG 披露要求，在 2020 年 4 月生效，并于 2023 年 12 月全面适用，以应对当金融产品包含气候目标产品时，如何对标《巴黎协定》的温控目标（1.5℃温控目标）基准设定，如何应对脱碳要求及相关披露要点等情况。

根据投资组合资产适用于符合《巴黎协定》温升目标或脱碳策略，引入巴黎协定基准（Paris-aligned benchmark，PAB）和气候转型基准（climate transition benchmark，CTB），旨在将资金引入低碳和有气候防御性的经济活动。同时，欧盟也针对投资组合的投资备选池、行业气候风险敞口、降低碳排放强度、需排除的标的等制定了符合基准的最低要求。

此外，欧盟致力于制定统一的 ESG 信息披露规则及评估投资组合脱碳轨迹的科学方法论。目前相应规则和标准制定仍聚焦于市场上最佳实践方法。

同时，欧盟对金融服务与投资建议层面的信息披露保持了关注。欧盟致力于推动金融机构理财顾问与投资组合经理在投资建议中纳入可持续性因素。由于理

---

① 一般金融产品（Art.6 和 Art.7 产品）需披露产品对可持续性因素主要不利影响的考量，其他两类产品（Art.8、Art.9）则需在合同签订前进行披露，以及在官网和常规报告中披露与可持续发展相关的事宜。此外，自 2022 年 12 月 30 日起，即使不考虑可持续发展因素影响的一般产品（Art.6 和 Art.7 产品），也必须进行披露。

财顾问在法律上承担受托人职责，欧盟在 2021 年 4 月将原有法律基础《欧盟金融工具市场法规》（MiFID Ⅱ）进行了修订，将理财顾问关于客户对可持续性投资产品偏好的讨论纳入法律框架中。

2. 我国香港地区

我国香港地区在推动金融机构的零碳金融信息披露方面做出了持续努力。其中，金融机构是可持续投资、零碳金融的重要参与者。针对金融机构的零碳信息披露，香港地区推出了一系列的标准，影响力较大的有《指引》和《基金经理操守准则》，一方面推动金融机构加快实施净零行动，另一方面防止市场"漂绿"行为。

1）《指引》

香港证监会（The Securities and Futures Commission，SFC）、香港金融管理局与香港交易所于 2021 年共同发布了《指引》，要求上市公司、证券交易所和金融机构披露与气候相关的信息，《指引》中对金融机构的碳排放相关披露标准做出了详细说明。该《指引》基于 TCFD 框架而制定，与 TCFD 的相关要求高度一致。具体内容如下。

一是定性指标。该《指引》参考了 TCFD 的要求，遵循了 TCFD 框架提出的金融机构在披露气候相关信息时需要考虑的气候相关风险管理、机遇、战略规划和指标与目标等内容。其中披露目标主要包括碳排放量和趋势、碳管理策略、碳风险和机遇；投资组合中碳排放方面的风险和机遇，包括气候政策和技术变革对其业务的影响。

二是定量指标。《指引》要求金融机构披露温室气体排放量等定量指标。具体要求包括：报告时间范围，要求金融机构至少披露过去一年的碳排放量，建议同时披露未来的目标和计划；报告范围，要求金融机构披露其直接和间接碳排放量的信息，包括公司自身的排放和其金融产品及服务所涉及的排放；报告方法，要求金融机构使用国际通用的碳排放计量单位；碳排放量的分布，要求金融机构披露其碳排放量的分布情况，如按业务、区域、产品或服务等分类披露。

2）《基金经理操守准则》及《基金经理对气候相关风险的管理及披露》

SFC 制定的《基金经理操守准则》及细则文件《基金经理对气候相关风险的管理及披露》（简称《准则》）要求基金经理需在投资与风险管理过程中考虑气候相关风险，并对此做出适当披露。主要涉及以下内容。

一是气候相关风险披露标准等级分类。《准则》将应达到气候相关风险披露的标准划分为两个等级：适用于所有管理集体投资计划的基金经理以及管理超过80亿港元资产的大型基金经理[①]。

二是气候风险的管理要求。《准则》提出了四个方面的气候风险管理要求，涵盖治理、投资管理、风险管理与披露。具体为：①管治[②]。界定董事局和管理层在气候风险方面的角色分工和决策程序。②投资管理。基金经理应识别投资策略及基金产品中重大的气候相关实体及转型风险，将重大的气候相关风险加入投资管理流程内，采取合理步骤，以评估有关风险对基金相关投资的表现所造成的影响。③风险管理。基金经理在风险管理程序中考虑气候相关风险，并确保已采取适当步骤，就基金经理所管理的投资策略及基金产品识别、评估、管理和监察有关联及重大的气候相关风险。基金经理还应采用适当的工具及指标，以评估及量化气候相关风险。《准则》要求基金经理在金融机构及基金产品层面就管治、投资管理、风险管理进行披露，其中要求披露基金产品的相关投资所涉及的的范围1及范围2温室气体排放量的投资组合碳足迹，并说明计算方法、相关假设及限制，以及获评估或涵盖的投资所占的比例。

总体来看，香港在金融行业零碳金融信息披露的发展进程中，对于非银行类金融机构推出了一系列的指引和标准来规范其零碳信息披露。这些措施不仅能提高金融机构的透明度，也提供了指导和支持以确保金融机构能够适应气候变化带来的挑战和机遇，同时也有助于投资者更好地了解投资组合中的气候风险与机遇，从而更加有效地进行投资决策。

三、思考与建议

境外经验显示，从制定顶层宏观可持续发展目标和行动方案，到建立可持续经济活动分类框架，再到制定企业及金融机构信息披露相关制度间应有完备的逻辑链。拓展和完善境内可持续与低碳或减碳经济活动分类框架标准，可在资产端支持零碳金融信息披露，有助于制定明确、完善的零碳金融信息披露框架准则。

而境内目前尚无可持续性分类体系的顶层设计，也没有针对不同类型金融产品制定精细的差异化披露规则，同时企业零碳信息披露及零碳金融产品信息披露暂无统一标准。建议搭建金融机构零碳信息披露框架，并结合境内的实际，持续探索强制性零碳金融信息披露框架及实施方法。

---

① 《准则》指出，气候相关风险的监管规定将在以下过渡期后生效：大型基金经理在2022年8月20日开始遵守基本规定，并在2022年11月20日开始遵守进阶标准；其他基金经理在2022年11月20日开始遵守基本规定。

② 管治即治理。

第三节　我国企业零碳金融信息披露及零碳融资的发展现状与挑战

　　我国企业主动进行零碳信息披露的比例逐步提升，积极采用国际披露标准，并开始使用零碳融资工具。与此同时，企业面临一些问题和挑战。为了更好地把握我国企业零碳信息披露及零碳融资的现状、问题和诉求，我们组织开展了一系列的问卷调查和实地调研。此次问卷调查收回有效问卷 153 份，实地调研企业 22 家。从企业类型来看，64%的企业为民营企业，78.5%的企业为上市公司的上下游供应链企业，覆盖两地上市的大型企业、成长期民营企业等。

一、我国企业零碳金融信息披露制度发展现状

　　2020 年之后我国政府部门加快研究制定零碳金融信息披露规则及标准。2021 年，生态环境部出台了《环境信息依法披露制度改革方案》及《企业环境信息依法披露管理办法》，中国人民银行发布了《金融机构环境信息披露指南》，2023 年国务院国有资产监督管理委员会印发《关于转发〈央企控股上市公司 ESG 专项报告编制研究〉的通知》，进一步规范央企控股上市公司 ESG 信息披露工作。财政部积极支持 ISSB，推动国际可持续发展准则在中国落地，各行业协会也相继制定行业内相关信息披露指南。证监会持续研究制定上市公司可持续发展披露指引。2024 年 2 月 8 日在证监会的指导下，上海证券交易所、深圳证券交易所及北京证券交易所同时发布《可持续发展报告（试行）（征求意见稿）》（简称《可持续发展报告指引》），规则兼具国际主流披露框架及我国特色。披露内容上采取双重重要性，即财务重要性和影响重要性，要求企业以"治理—战略—影响、风险和机遇管理—指标与目标"为框架对可持续发展议题进行分析和披露。其中在第三章环境信息披露部分重点提出了上市公司应对气候变化的披露要求，包括识别和评估气候风险与机遇、转型计划、能源利用和温室气体排放情况、减排目标和措施、减排技术等信息。《可持续发展报告指引》要求上证 180 指数、科创 50 指数、深圳 100 指数、创业板指数样本公司及境内外同时上市的公司自 2025 财年强制披露，其他上市公司以自愿披露为主。

　　近两年披露零碳金融信息的企业不断增多。截至 2023 年 12 月 30 日，上市公司独立发布可持续发展报告的数量再创新高，达 1845 家。有 2000 多家上市公司在 2023 年年报中披露了为减少碳排放所采取的措施及效果。但同时也要看到，仍需继续统筹协调企业零碳金融信息披露相关政策要求。

二、我国企业零碳相关信息披露及零碳融资快速发展

1. 调研中近八成企业已积极开展定性与定量零碳信息披露

调查显示，78.34%的受访企业认为碳减排与碳信息披露能力是决定今后企业竞争力的关键因素之一，并积极采取行动。在披露定性信息方面，大部分受访企业对于减少碳排放及能耗措施、战略规划等定性信息的披露意识较强。在披露定量信息方面，利益相关方对企业提出关于碳排放总量、碳减排量、碳排放计划与目标、碳中和规划和目标、碳排放强度等披露要求。企业披露方式包含了社会责任报告、ESG 报告、定期财报和独立零碳报告等公开报告形式，且超半数企业建立了年度及半年度的定期披露机制。

2. 金融业、石化、化工、建材、钢铁、有色金属等重点行业对碳排放定量信息的披露情况较好

从行业表现来看，2023 年传统高耗能上市公司碳排放相关信息披露率较 2020 年有较大提升。在金融行业，由于中国人民银行出台了《金融机构环境信息披露指南》，受访的金融业企业反映其对经营活动的环境影响披露起到了有效指导作用，金融机构零碳信息披露水平明显提升。

3. 不少企业已采用国际信息披露准则，并着力提升内部管理水平

调查显示，77%的企业参照 CDP 的披露要求，另外还参照国际社会责任标准（ISO26000）、GRI、TCFD、ISSB、欧盟企业可持续发展报告指令的标准。调研中，企业反映 MSCI 的评级相比较其他国际准则影响力更大，近几年企业持续根据 MSCI 设计的指标提升自身的碳能力建设和披露水平。调研企业均表示，正密切关注 ISSB、欧盟、香港交易所和 MSCI 等发布的相关标准与规则进展，以应对未来的披露要求。从披露内容和方法看，67.5%的企业搭建了内部碳管理团队并在各领域积累丰富经验。从零碳目标设定来看，部分受访企业设定零碳目标时明确设计了实现碳达峰和碳中和的目标路径，设定碳排放总量或强度目标。从气候风险与机遇看，部分受访企业重视识别零碳相关的物理和转型风险，采取针对性的应对措施。调查结果显示，47.7%的企业已对自身面临的气候风险进行了物理风险和转型风险的区分。

4. 部分调研企业开始运用零碳融资工具

我国企业在利用零碳融资工具方面已取得显著进展，绿色信贷和绿色债券发展迅速。调查结果显示，66.9%已开展零碳融资的企业认为碳金融产品有助于碳

减排行动，其中一半企业将所得资金用于设备升级改造，另一半用于绿色技术创新。部分银行和非银行金融机构尝试提供碳排放权质押贷款、碳回购等金融工具进行融资服务。

三、企业开展零碳相关信息披露及零碳融资的主要原因

1. 国家政策推动

44.6%的调查企业 2020 年之后开始积极应对气候变化。其行为包括设立零碳排放目标、将气候变化纳入战略、加强气候变化相关风险管理、加强气候变化信息披露等。已披露零碳相关信息的企业中 23.1%的企业是按照政府机构及交易所要求进行披露的。

2. 满足供应链客户要求，建立声誉拓展新市场

产业链、国际贸易对零碳信息的要求是企业零碳信息披露的重要动力之一。调查显示，24%的企业按照下游客户的要求披露零碳信息，其中53%的企业认为披露能够促进与供应商就低碳产品设计及减排议题的沟通。问卷中 71.9%的企业认为披露零碳信息会提升品牌形象，73%的企业认为声誉的提升能带来新的市场机会。调研中在欧美市场份额较大的企业表示，会尽量满足产业链下游企业的气候变化相关的要求，其中包括披露企业的零碳相关信息、提供零碳或低碳产品等。与此同时，国内大企业也在逐步增加对供应链碳足迹的管理。

3. 吸引境外绿色资金

问卷调查显示，已披露零碳信息的企业中 25%源于投资者的诉求，调研企业反馈境外投资者的要求居多。66.2%的调查企业认为，披露零碳信息能够获得更多绿色低碳领域的融资机会。以欧洲机构为代表的国际投资者越来越关注气候相关的风险和机遇，将其逐步纳入投资决策体系，要求被投企业提供关于气候治理、战略和碳排放情况等方面的信息，以及相关国际评级或鉴证报告。境外投资者的要求是推动公司不断完善零碳信息披露的重要动力之一。部分金融机构表示，如果企业无法达到披露要求，境外投资者的投资意愿会受到影响。例如，我国企业在发行欧元"玉兰债"的过程中，境外投资者明确要求提供 MSCI 或国际权威机构的 ESG 评级报告。

4. 提升企业自身治理水平

68%的调查企业认为信息披露能够提升零碳相关风险管理能力，61%的调查企业相信零碳信息披露能够提升资源及电力使用率，42%的调查企业认为零碳信

息披露能够降低运营成本。

四、问题和挑战

问卷调查和企业调研显示，企业在零碳信息披露及零碳融资方面还面临一些突出的问题和挑战。

1. 企业反映欧美与我国气候相关政策上的差异是重要制约因素

由于多数欧美主要经济体已实现碳达峰，欧美市场的企业以及金融机构普遍参照 2050 年碳中和或 1.5℃温升目标，欧美大型企业要求其供应链上游企业按照这个目标进行绿色低碳的升级，并提供低碳产品。这会对我国企业造成溢出影响，如部分企业的欧洲客户均提出了零碳产品的要求。此外，欧盟碳关税也将对我国的钢铁出口产生重大影响。欧美金融机构由于投资政策要求，更偏好投向以 2050 年碳中和目标进行减排的企业和项目。目前，我国企业在应对气候变化上存在较大差异，一些企业较为超前，如苹果公司供应链上的 68 家中国公司承诺到 2030 年只使用绿电；但也有一些企业倾向于选择强度目标。

2. 我国零碳信息披露与零碳投融资尚未形成正反馈

调研企业普遍反馈，希望通过零碳信息披露获得长期低成本的零碳融资，推进企业绿色低碳升级，从而进一步提升零碳信息披露质量，形成正向的市场反馈。由于欧美市场的正反馈机制相对成熟，调研中不少企业遵循 MSCI 指标提升内部管理及披露水平，以获得境外资本的青睐。调研反映，我国市场的正反馈机制还不完善，主要影响因素包括：零碳投融资的政策支持力度不够；企业零碳信息披露制度不完善；投资者对于气候风险影响资产价格的机制认知不足；无法利用已有信息进行准确定价；等等。

3. 企业应对气候变化的内部管理机制不够健全

我国企业在应对气候变化的内部管理体系层面尚处于初级阶段，在非上市供应链公司体现尤为明显。调查问卷显示，阻碍企业披露零碳相关信息的内部因素包括：缺乏气候领域的专业人才，价值链缺乏系统且独立的针对温室气体排放数据的管理体系导致难以获得排放数据，企业的管理架构中尚没有牵头零碳信息披露工作的团队和部门，统计、进度跟踪、人力资源等方面的管理成本过高等。问卷调查中超三成的企业尚未搭建内部碳管理团队。此外，企业普遍认为物理风险、内部碳价格、碳排放范围 3、情景分析等指标较难披露。

4. 零碳融资存在短板、碳市场建设不充分阻碍企业绿色转型

由于零碳信息披露困难及气候变化风险复杂，相关风险难以精确定价。受访企业普遍认为。目前融资工具较为单一，仍以银行贷款和债券为主，股权融资占比低，无法满足不同风险特征的项目需求。资金方青睐以新能源为代表的绿色低碳产业，亟须转型的高碳行业以及提供减碳智能化改造等相关服务的企业难以得到资金支持。在碳市场建设上，受访企业表示全国碳市场建设不充分，企业无法通过市场手段降低减排转型成本。

五、思考与建议

1. 设计多层次的披露制度，细化差异化的披露要求

问卷调查显示，72%的企业建议采取部分指标强制、部分指标自愿的披露制度。

一是对利益相关方关注度较高的指标，加强披露要求。问卷显示，企业的利益相关方关注度较高的零碳相关指标主要有碳排放总量、减排总量或强度的计划与目标、将零碳相关议题纳入战略规划、治理机制、碳排放强度、零碳相关风险管理流程、新能源及相关行业的投资机遇、传统能源及相关行业的转型风险等。对以上指标可优先设计"不披露就解释"的半强制性披露要求。二是对当前企业披露难度大而国际准则重视的指标，设置自愿披露要求。对物理风险的测算、温室气体排放范围3、情景分析、内部碳价、与气候变化相关的薪酬体系等企业尚没有披露能力的指标可设置自愿披露要求。三是对预测性零碳信息披露，设置"安全港"过渡安排。考虑到零碳金融信息存在预测性信息，例如预测物理风险对主营业务或现金流的影响等，由于零碳金融信息存在较大的不确定性，易带来"虚假披露"的质疑。可探索在披露初期设立气候相关财务信息"安全港"制度。四是根据披露主体的差异，放宽对中小企业的披露要求。中小企业的披露能力相比大企业要弱，初期对中小企业的零碳相关信息披露要求不宜过高，以自愿为主。

2. 加强信息披露与投融资政策的政策协同，促进市场形成正反馈机制

更好发挥信息披露对投融资决策的指引作用。一是加强政策支持，通过半强制性的信息披露制度提升企业零碳相关信息的决策有用性，对金融机构发行绿色低碳金融产品时的信息披露提出要求，出台支持国内外长期资本加大零碳投资的政策，并给予税收优惠。二是推动市场绿色溢价，相关监管机构及行业协会需加强投资者培训和技术指导，提升投资者对气候风险影响资产价格的认识以及对零碳信息的处理能力，推动金融机构将气候风险纳入定价体系。三是打通绿色金融产品体系各环节，建立国内有影响力的企业零碳信息评价指数，带动相关指数投资产品，鼓励碳减排结构性金融产品（如低碳转型 ABS）；放宽绿色、转型基金产品的数量限制，建立绿色股票界定标准，推动国际绿色金融产品标准互通。

3. 增强企业应对气候变化的内部管理能力

从短期看，可设计推广方便不同行业披露的工具，明确企业适用的气候风险评估模型与情景分析方法学，增强企业披露数据的可比性，降低企业披露难度。从长期看，零碳信息披露领域人才的培养与企业内部相关治理结构需要建立长效机制。建议相关监管机构及行业协会根据企业不同的披露水平与行业差异性有针对性地对企业给予培训和技术指导，增强企业气候风险管理能力与披露能力，减轻企业披露压力与负担。

第四节　我国金融机构零碳金融信息披露及零碳投资的现状与挑战

为了更加深入地了解我国金融机构零碳金融信息披露及零碳投资的现状，我们开展了问卷调查及实地调研，涵盖了银行、保险、证券、基金等主要类别，中外资共 32 家金融机构①。

一、金融机构在零碳金融信息披露及零碳投资领域发挥了重要作用

1. 2/3 的受访金融机构参与零碳投资活动，超九成受访金融机构开展了国际合作

一是应对气候变化态度普遍积极。问卷调查显示，67%的金融机构已投资了绿色转型项目，在尚未参与碳市场的金融机构中，有 83%表示有参与意愿。问卷调查显示，绿色债券占绿色低碳项目融资工具的 56%。部分受访金融机构创新了气候转型、零碳、碳因子产品和公正转型基金②等。二是多数受访金融机构积极

---

① 本次调研金融机构共计银行 3 家，保险 3 家，券商 2 家，基金投资机构 23 家，交易所 1 家。

② 公正转型是支持应对气候变化的重要社会机制，指通过采取综合的经济社会发展措施，确保经济绿色低碳转型的实质利益得到广泛分享，同时为转型中受到负面影响的地区、群体提供支持，帮助其实现有尊严的、高质量的转型。公正转型基金通常由政府、国际组织、非政府组织或私营部门创建和管理，以协助社会和经济过渡到更可持续、低碳的未来。基金的目标是确保气候政策和环境政策的实施不会在社会层面产生不平等，同时加速向更绿色和可持续的经济模式的过渡。

参与国际绿色金融行动及投资。调查问卷显示，94%的金融机构加入了联合国责任投资原则组织，27%和11%的金融机构加入了 Climate Action 100+ 和全球可持续投资联盟，33%的机构加入了其他国际组织。部分金融机构表示已与国际金融机构密切合作，促进跨国绿色投融资，助力政策制定和绿色金融生态完善。

2. 近九成受访金融机构已进行零碳金融信息披露，并逐步与国际标准接轨

一是金融机构披露意愿较强。问卷调查显示，88.9%的金融机构已进行对外零碳金融信息披露，并持续完善定性和定量两个维度的披露质量；83%的金融机构已自建或者购买了信息披露评价体系；分别有27.8%、61.1%的金融机构已制定或计划制定针对自身零碳投融资活动的内部管理流程。相较其他行业，金融机构关于零碳金融信息披露的态度更为积极。二是披露水平持续国际化。问卷数据中，77%的金融机构参考联合国责任投资原则组织的责任投资原则；72.2%的机构参考了 TCFD。45.8%的机构认为 TCFD 对其零碳金融信息披露起到了促进作用，多家受访机构已选择参照 TCFD 的披露框架。调查问卷中33%的金融机构参考欧盟的《可持续金融披露条例》。

3. 不同类型的金融机构在披露情况上存在差异

目前，部分商业银行已建立基础性信息披露制度和框架，在中国人民银行的试点机制推动下建立起自身的零碳金融信息披露治理架构。大型保险和券商机构虽尚未形成系统化体系，但已开始推进披露进程，部分金融机构侧重于气候相关物理和转型风险披露，部分侧重于完善治理和风险管理体系的顶层设计。部分基金公司反映机构已开始研究探索相关体系建设。

4. 金融机构通过尽责管理逐步影响被投企业

问卷调查显示，近55%的金融机构已在投资过程中对被投资项目提出零碳金融信息披露要求。披露要求主要集中在以下指标：碳排放强度、气候相关风险管理流程、传统能源及相关行业的转型风险、新能源及相关行业的投资、气候相关战略规划、碳中和规划和目标、治理机制、碳排放总量、减排计划与目标和违规成本等。

二、金融机构开展零碳金融信息披露及零碳投资的原因

受访金融机构表示，开展零碳金融信息披露及零碳投资主要有以下原因。

1. 响应国内外相关政策

一是国内政策相继出台，推动金融机构完善零碳金融信息披露、开展零碳投资。调查问卷显示，83.3%的金融机构进行了披露以满足监管合规要求。44%的金融机构按照《金融机构环境信息披露指南》①的要求进行披露。部分受访银行认为《金融机构环境信息披露指南》明确了信息披露的形式、频次，以及披露定性定量信息、定量信息测算和依据的指导意见，为金融机构规范和全面化信息披露提供了参考的基础；部分保险机构认为，《银行业保险业绿色金融指引》②对 ESG 投资管理做出了细化的要求。部分机构认为，证监会发布的《碳金融产品》行业准则等相关政策是引导金融机构开展零碳与低碳投资、发展绿色金融的重要动力。二是国际标准发展较快，促进我国金融机构披露进程加快。ISSB 发布的《国际财务报告可持续披露准则》第 1 号和第 2 号（IFRS S1，IFRS S2），促进了国际资本市场间零碳金融信息披露的可得性、可比性、可验证性，也推动了我国金融机构与之接轨。问卷调查显示，38.9%的金融机构会参考 ISSB 的准则进行披露。部分受访机构表示会持续关注国际准则趋势，提升披露能力。

2. 应对来自气候转型风险的压力

一是气候转型风险可引发资产负债表恶化。一方面，受到气候变化伴随的极端天气、环境污染等冲击时，所投企业可能出现经营中断、资产损毁③；另一方面，气候转型过程可对披露主体的运营利润、偿债能力、资产价格相关的金融风险水平产生不利影响④。部分机构认为气候转型可直接影响所投企业的资产负债表，导致气候相关风险通过贷款组合和盈利能力干扰机构的稳定运营。二是可引发财务和声誉风险，增加财务成本。部分金融机构表示，气候事件增多，带来碳密集型公司的诉讼增加，会导致这些公司及相关金融机构声誉受损，从而进一步增加财务成本。部分外资金融机构也表示，与 ESG 及气候治理相关的因素能切实影响企业的财务情况、风险规避等方面的能力。

3. 为适应国际投资者对信息透明度和投资可持续性的关注

一是国际投资者在投资决策中更为强调可持续性以降低投资组合中的气候相关风险，抓住绿色能源变革中的机遇。部分外资金融机构会量化评估被投企业的

---

① 《金融机构环境信息披露指南》由中国人民银行于 2021 年 7 月发布。
② 《银行业保险业绿色金融指引》由中国银行保险监督管理委员会于 2022 年印发。
③ 具体如：台风、洪水等突发极端天气相关风险；化工排放引起水土污染、原油泄漏引发海洋或陆地污染等环境污染相关风险；或海平面变化、空气、土壤及水源质量变化等其他风险。
④ 具体可以以下风险因素对金融风险水平形成影响：气候转型过程中可能出现的政策和法律风险、技术转型风险、投资者和消费者偏好改变风险、地区政策差异相关风险等。

气候等相关风险，将未达标的排除在投资组合外。部分机构反映，来自德国的长期资本提出了对所投项目的 ESG 要求及细致、详尽的审查流程，其中包括气候因素。国际投资者看重绿色能源变革中的机遇，为投资者带来长期、可持续的超额收益。二是国际投资者对金融机构零碳金融信息披露的透明度和要求日益提高。部分金融机构反映，国际投资者对未达到披露要求企业的投资意愿会降低，部分机构在欧洲发行的金融产品被要求按照欧盟《可持续金融披露条例》进行披露。2022 年部分机构发行的欧元债券被要求提供国际认可的 ESG 报告。

三、问题和挑战

1. 零碳金融政策支持不足，金融工具有待丰富

零碳金融相比绿色金融涉及的行业更广，包括面临转型压力的传统能源相关行业等。目前政策对零碳金融的定义有待明确、信息披露要求有待提升，以及相应的政策支持力度有待提高。这在一定程度上导致债券市场较难满足所有实体经济低碳转型的需求，而股权市场对零碳金融产品缺乏明确定义，政策支持稍显不足，对低碳转型的融资支持力度有待提升。问卷显示，金融机构更愿意通过债券（55.56%）、贷款（27.78%）向企业提供资金，股权融资比重最小，只占 16.67%。

2. 零碳金融信息披露标准有待明确，相关监管政策及管理体系有待完善

调查问卷显示，88.9% 的机构认为建立"国际或国内较统一的零碳金融信息披露准则"对披露有益。多家机构认为缺乏统一口径的披露标准和 ESG 评价体系是进行绿色投融资中面临的主要问题。部分金融机构表示，当下我国披露政策尚未对细分行业有较明确的指引，披露要求多分散于多部门的政策文件中，增加了机构披露难度。

3. 金融机构所投项目的信息和数据收集、整理、披露难度较大，披露配合度有待提升

部分机构反映，企业进行 ESG 信息披露需附加额外成本和精力，但披露尚不能显著降低企业债券融资收益率，正向激励不足，导致企业配合金融机构进行相关数据收集和信息披露意愿较低，配合度有待提升。问卷调查显示，44.4% 的机构表示气候领域专业人才储备不足，61.1% 的机构表示在价值链上获得数据有难度，温室气体排放范围 3 数据收集较难。部分机构认为被投企业的气候认知水平和管理规范程度良莠不齐，披露信息可比性与决策有用性待提升。

4. 3/4 的受访金融机构认为现有的金融资产价格尚未充分体现碳风险

气候转型不确定性大、复杂性强，传统风险工具较难准确衡量定价。部分机构表示，金融机构需重新评估气候风险，风险定价模型的假设、输入、情景分析等也需进行较大调整，这可引发资产价格波动，加大市场面临的潜在威胁。

5. 国内外标准差异不利于国际零碳金融合作和跨境投资

我国金融产品的标准以及信息披露的标准与境外存在差别。部分外资和内资投资机构指出，尽管我国已经与欧盟达成了中欧《可持续金融共同分类目录》，促进了我国绿色债券市场对外开放，但我国现阶段与其他国家或地区在更广泛的零碳金融产品方面仍存在差别。较难做到零碳金融产品的互认互通。

四、思考与建议

1. 完善零碳金融的政策顶层设计

参照《关于构建绿色金融体系的指导意见》《绿色债券支持项目目录》等关于绿色金融的政策顶层设计思路，将绿色金融政策体系进一步拓展到零碳金融领域。为推动经济整体低碳转型，此顶层设计不仅涵盖高碳行业和绿色行业，也可拓展至所有行业。研究构建零碳金融体系政策框架，制定适用于更广泛金融产品包括债权类、股权类的产品在内的支持项目分类目录，并出台相应的激励政策，如财政激励、金融政策激励、担保、贴息、对转型金融工具的认证补贴等。细化金融行业的披露指标，明确包括证券行业在内的多个具体行业的信息披露指引。

2. 加强零碳金融的国际合作以及零碳金融产品的互联互通，扩大可持续金融工具的使用

目前我国与欧盟零碳金融市场主要合作方向是绿色债券的互认，与美国、新加坡、中东等其他国家和地区在更广泛类型的金融产品上互联互通水平有待提升。建议探索绿色 ABS、可持续发展挂钩债券、绿色股票等金融产品标准的互认和互挂，进一步推动国际合作，逐步解决跨境业务中的适用性问题。可采用不同的情景分析方法协商解决由国家间气候政策目标不一致而导致的投资障碍，如设计在温升 1℃ 以及在温升 2℃ 情境下的不同金融产品的标准，可以区别国家气候战略目标和企业个体的气候战略目标，由投资人根据自身投资政策需要做出选择。

3. 支持零碳融资工具和产品创新，鼓励探索相关金融衍生品市场建设

鼓励金融机构围绕碳市场的融资工具、交易工具、支持工具开展试点创新。例如，可促进银行机构试点碳资产质押业务，推动保险公司气候风险保险产品创新，支持基金机构开发碳转型基金和指数等创新产品，推动碳期货、碳掉期等金融衍生工具运用及市场建设，满足不同投资者需求。通过支持绿色创新技术融资工具开发，鼓励资产管理者逐步增加绿色投资，提升披露质量，形成零碳金融信息披露的正向反馈。

4. 建议银行和保险机构根据业务需要开发并调整气候情景，研究气候变化对业务的影响及应对

银行与保险机构投资期限具有长期性特征，以物理风险为代表的长期气候风险对其影响较大。对此，受访机构建议金融机构逐步降低高碳资产配置，或适当提高高碳资产准入门槛，在投资和贷款组合中给予能效和环保先进的企业更多支持。建议金融机构加强对高碳资产或棕色资产敞口及其碳排放信息披露，制定并完善针对高碳或棕色资产的投资与风险管理战略及业务流程。

第五节　本章小结

零碳金融信息披露是零碳金融体系中的基础性制度。零碳金融信息披露国际准则经过多年的发展，在全球范围内"遍地开花"，现已进入形成共识的"结果"阶段，各国及地区的相关制度将加速推进。我国政府各部门加快研究制定零碳金融信息披露规则及标准。当前我国企业及金融机构对于零碳金融信息披露态度积极，发展迅速，但同时也面临一定的挑战和困难。政府部门还需进一步完善零碳金融信息披露制度，市场方面则需建立起零碳金融信息披露与零碳投融资的正反馈机制，从而推进零碳目标的实现。

参 考 文 献

曹国俊. 2022. 国际可持续发展准则理事会的设立、进展及未来. 金融会计，（2）：31-37.
何玉，唐清亮，王开田. 2014. 碳信息披露、碳业绩与资本成本. 会计研究，（1）：79-86.
胡天杨，谌仁俊，涂正革. 2022. 环境信息披露评价与市场价值：第三方机构的影响研究. 世界经济，45（11）：150-176.
李力，刘全齐，唐登莉. 2019. 碳绩效、碳信息披露质量与股权融资成本. 管理评论，31（1）：221-235.

刘莎. 2013. 重污染行业上市公司可持续发展报告现状分析与改进建议：基于GRI《可持续发展报告指南》应用的中美比较. 中国注册会计师，（4）：60-66.

刘宇芬，刘英. 2019. 碳信息披露、投资者信心与企业价值. 财会通讯，（18）：39-42.

钱水苗，郭蔚冉. 2009. 论中国上市公司环境信息披露的现状及其完善. 环境污染与防治，31（7）：97-100.

任晴，李芳竹. 2022. 可持续金融：实践与展望. 中国外汇，（2）：18-20.

沈洪涛，冯杰. 2012. 舆论监督、政府监管与企业环境信息披露. 会计研究，（2）：72-78，97.

唐成林. 2017. 政府规制、高管政治关联与碳信息披露. 财会通讯，（33）：87-91.

唐勇军，马文超，夏丽. 2021. 环境信息披露质量、内控"水平"与企业价值：来自重污染行业上市公司的经验证据. 会计研究，（7）：69-84.

王建芳. 2014. 对企业环境会计信息披露的探究. 企业研究，（2）：86-87.

王建明. 2008. 环境信息披露、行业差异和外部制度压力相关性研究：来自我国沪市上市公司环境信息披露的经验证据. 会计研究，（6）：54-62，95.

王霞，徐晓东，王宸. 2013. 公共压力、社会声誉、内部治理与企业环境信息披露：来自中国制造业上市公司的证据. 南开管理评论，16（2）：82-91.

吴红军，刘啟仁，吴世农. 2017. 公司环保信息披露与融资约束. 世界经济，40（5）：124-147.

许永军. 2014. 企业环境会计信息披露的探讨. 金融经济，（6）：215-219.

闫海洲，陈百助. 2017. 气候变化、环境规制与公司碳排放信息披露的价值. 金融研究，（6）：142-158.

叶陈刚，王孜，武剑锋，等. 2015. 外部治理、环境信息披露与股权融资成本. 南开管理评论，18（5）：85-96.

张长江，许一青，刘梅娟. 2016. 基于非财务报告的重污染行业上市公司可持续发展信息披露评价. 南京工业大学学报（社会科学版），（4）：65-72.

朱炜，孙雨兴，汤倩. 2019. 实质性披露还是选择性披露：企业环境表现对环境信息披露质量的影响. 会计研究，（3）：10-17.

Akerlof G A. 1970. The market for "lemons"：quality uncertainty and the market mechanism. The Quarterly Journal of Economics，84（3）：488-500.

Aldy J E，Stavins R N. 2012. The promise and problems of pricing carbon：theory and experience. The Journal of Environment & Development，21（2）：152-180.

Attig N，Cleary S W，Ghoul S E，et al. 2014. Corporate legitimacy and investment-cash flow sensitivity. Journal of Business Ethics，121（2）：297-314.

Ballou B，Chen P C，Grenier J H，et al. 2018. Corporate social responsibility assurance and reporting quality：evidence from restatements. Journal of Accounting and Public Policy，37（2）：167-188.

Bansal P，Clelland I. 2004. Talking trash：legitimacy，impression management，and unsystematic risk in the context of the natural environment. Academy of Management Journal，47（1）：93-103.

Bishop M，Kay J，Mayer C. 1994. Privatization and Economic Performance. Oxford：Oxford University Press.

Bokern D，Baker B，Panagiotopoulos A. 2020. A major step forward for scope 3 carbon emissions. https://www.msci.com/www/research-report/a-major-step-forward-for-scope/02952597142[2020-11-01].

Bollas-Araya H，Polo-Garrido F，Seguí-Mas E. 2018. Determinants of CSR reporting and assurance：

an analysis of top cooperative and mutual organisations. Australian Accounting Review, 29（4）：692-707.

Bolton P, Kacperczyk M. 2021a. Carbon disclosure and the cost of capital. Available at SSRN 3755613.

Bolton P, Kacperczyk M. 2021b. Do investors care about carbon risk?. Journal of Financial Economics, 142（2）：517-549.

Braam G J M, de Weerd L U, Hauck M, et al. 2016. Determinants of corporate environmental reporting: the importance of environmental performance and assurance. Journal of Cleaner Production, 129：724-734.

Brammer S, Pavelin S. 2008. Factors influencing the quality of corporate environmental disclosure. Business Strategy and the Environment, 17（2）：120-136.

Carroll A B, Shabana K M. 2010. The business case for corporate social responsibility: a review of concepts, research and practice. International Journal of Management Reviews, 12（1）：85-105.

Casey R J, Grenier J H. 2015. Understanding and contributing to the enigma of corporate social responsibility（CSR）assurance in the United States. Auditing: A Journal of Practice & Theory, 34（1）：97-130.

Castelo Branco M, Delgado C, Ferreira Gomes S, et al. 2014. Factors influencing the assurance of sustainability reports in the context of the economic crisis in Portugal. Managerial Auditing Journal, 29（3）：237-252.

CDP, CDSB, GRI, et al. 2020. Together towards comprehensive corporate reporting. https://www.iasplus.com/en/news/2020/09/towards-comprehensive-corporate-reporting/[2020-02-18].

Chelli M, Durocher S, Richard J. 2014. France's new economic regulations: insights from institutional legitimacy theory. Accounting, Auditing & Accountability Journal, 27（2）：283-316.

Chen L, Srinidhi B, Tsang A, et al. 2016. Audited financial reporting and voluntary disclosure of corporate social responsibility（CSR）reports. Journal of Management Accounting Research, 28：53-76.

Cho C H, Michelon G, Patten D M, et al. 2015. CSR disclosure: the more things change?. Accounting, Auditing & Accountability Journal, 28（1）：14-35.

Cho C H, Patten D M. 2007. The role of environmental disclosures as tools of legitimacy: a research note. Accounting, Organizations and Society, 32（7/8）：639-647.

Clarkson P, Li Y, Richardson G, et al. 2019. Causes and consequences of voluntary assurance of CSR reports. Accounting, Auditing & Accountability Journal, 32（8）：2451-2474.

Cornell B, Shapiro A C. 1987. Corporate stakeholders and corporate finance. Financial Management, 16（1）：5.

Corporate Reporting Dialogue. 2019. Driving alignment in climate-related reporting. https://www.integratedreporting.org/resource/driving-alignment-in-climate-related-reporting/[2022-02-18].

Dan E L, Shen J F. 2022. Establishment of corporate energy management systems and voluntary carbon information disclosure in Chinese listed companies: the moderating role of corporate leaders' low-carbon awareness. Sustainability, 14（5）：1-28.

Dasgupta S, Hong J H, Laplante B, et al. 2006. Disclosure of environmental violations and stock market in the republic of Korea. Ecological Economics, 58（4）: 759-777.

Datt R, Luo L, Tang Q. 2019. The impact of legitimacy threat on the choice of external carbon assurance. Accounting Research Journal, 32: 181-202.

Daub C H. 2007. Assessing the quality of sustainability reporting: an alternative methodological approach. Journal of Cleaner Production, 15（1）: 75-85.

Dawkins C, Fraas J W. 2011. Coming clean: the impact of environmental performance and visibility on corporate climate change disclosure. Journal of Business Ethics, 100（2）: 303-322.

de Beelde I, Tuybens S. 2015. Enhancing the credibility of reporting on corporate social responsibility in Europe. Business Strategy and the Environment, 24（3）: 190-216.

Degryse H, Goncharenko R, Theunisz C, et al. 2021. The green transition and bank financing. European Economy, （2）: 75-88.

Degryse H, Goncharenko R, Theunisz C, et al. 2023. When green meets green. Journal of Corporate Finance, 78: 102355.

Depoers F, Jeanjean T, Jérôme T. 2016. Voluntary disclosure of greenhouse gas emissions: contrasting the carbon disclosure project and corporate reports. Journal of Business Ethics, 134: 445-461.

Downar B, Ernstberger J, Reichelstein S, et al. 2021. The impact of carbon disclosure mandates on emissions and financial operating performance. Review of Accounting Studies, 26: 1137-1175.

Dyllick T, Hockerts K. 2002. Beyond the business case for corporate sustainability. Business Strategy and the Environment, 11（2）: 130-141.

Fisher-Vanden K, Thorburn K S. 2011. Voluntary corporate environmental initiatives and shareholder wealth. Journal of Environmental Economics and Management, 62（3）: 430-445.

Freeman R E. 1984. Strategic Management: A Stakeholder Approach. Cambridge: Cambridge University Press.

Friedman M. 1982. Capitalism and Freedom. Chicago: University of Chicago Press.

Garcia-Sánchez I M, Aibar-Guzmán B, Aibar-Guzmán C. 2021. What sustainability assurance services do institutional investors demand and what value do they give them?. Sustainability Accounting, Management and Policy Journal, 13: 152-194.

Garcia-Sánchez I M, Hussain N, Martínez-Ferrero J, et al. 2019. Impact of disclosure and assurance quality of corporate sustainability reports on access to finance. Corporate Social Responsibility and Environmental Management, 26（4）: 832-848.

Gillet-Monjarret C. 2015. Assurance of sustainability information: a study of media pressure. Accounting in Europe, 12（1）: 87-105.

Guenther E, Guenther T, Schiemann F, et al. 2016. Stakeholder relevance for reporting: explanatory factors of carbon disclosure. Business & Society, 55（3）: 361-397.

Guthrie J, Farneti F. 2008. GRI sustainability reporting by Australian public sector organizations. Public Money& Management, 28（6）: 361-366.

Hearit K M. 1995. "Mistakes were made": Organizations, apologia, and crises of social legitimacy. Communication Studies, 46（1/2）: 1-17.

Hrasky S. 2012. Carbon footprints and legitimation strategies: symbolism or action?. Accounting,

Auditing and Accountability Journal, 25（1）: 174-198.

Ioannou I, Serafeim G. 2011. The Consequences of Mandatory Corporate Sustainability Reporting. Cambridge: Harvard Business School: 11-100.

Jacobs B W, Singhal V R, Subramanian R. 2010. An empirical investigation of environmental performance and the market value of the firm. Journal of Operations Management, 28（5）: 430-441.

Jensen M C, Meckling W H. 1976. Theory of the firm: managerial behavior, agency costs, and ownership structure. Journal of Financial Economics, 3（4）: 305-360.

Jeswani H K, Wehrmeyer W, Mulugetta Y. 2008. How warm is the corporate response to climate change? Evidence from Pakistan and the UK. Business Strategy and the Environment, 17（1）: 46-60.

Jin Y H, Wang H, Wheeler D. 2010. The impact of environmental performance rating and disclosure. Washington: World Bank.

Jouvenot V, Krueger P. 2019. Mandatory corporate carbon disclosure: evidence from a natural experiment. Social Science. Available at SSRN 3434490.

Kaplan S E, Ruland R G. 1991. Positive theory, rationality and accounting regulation. Critical Perspectives on Accounting, 2（4）: 361-374.

Kim E H, Lyon T P. 2015. Greenwash vs. brownwash: exaggeration and undue modesty in corporate sustainability disclosure. Organization Science, 26（3）: 705-723.

Kim J, Cho K, Park C K. 2019. Does CSR assurance affect the relationship between CSR performance and financial performance?. Sustainability, 11（20）: 5682.

Kleimeier S, Viehs M. 2016. Carbon disclosure, emission levels, and the cost of debt. https://econpapers.repec.org/paper/unmumagsb/2016003.htm[2016-12-01].

Kolk A, Perego P. 2010. Determinants of the adoption of sustainability assurance statements: an international investigation. Business Strategy and the Environment, 19（3）: 182-198.

Kuzey C, Uyar A. 2017. Determinants of sustainability reporting and its impact on firm value: evidence from the emerging market of Turkey. Journal of Cleaner Production, 143: 27-39.

Lee C M, Shleifer A, Thaler R H. 1991. Investor sentiment and the closed-end fund puzzle. The Journal of Finance, 46（1）: 75-109.

Lee K H, Park B J, Song H, et al. 2017. The value relevance of environmental audits: evidence from Japan. Business Strategy and the Environment, 26（5）: 609-625.

Liao L, Lin T, Zhang Y Y. 2018. Corporate board and corporate social responsibility assurance: evidence from China. Journal of Business Ethics, 150（1）: 211-225.

Liesen A, Hoepner A G, Patten D M, et al. 2015. Does stakeholder pressure influence corporate GHG emissions reporting? Empirical evidence from Europe. Accounting, Auditing & Accountability Journal, 28（7）: 1047-1074.

Martínez-Ferrero J, García-Sánchez I M. 2017. Coercive, normative and mimetic isomorphism as determinants of the voluntary assurance of sustainability reports. International Business Review, 26（1）: 102-118.

Milgrom P R. 1981. Good news and bad news: representation theorems and applications. The Bell

Journal of Economics, 12（2）: 380-391.

Milgrom P R, Roberts J. 1992. Economics, Organization and Management（Vol. 7）. Englewood Cliffs, NJ: Prentice-hall.

Milne M, Gray R. 2008. International trends in corporate "sustainability" reporting. Chartered Accountants Journal of New Zealand, 87（12）: 60-63.

Miras-Rodríguez M D M, di Pietra R. 2018. Corporate governance mechanisms as drivers that enhance the credibility and usefulness of CSR disclosure. Journal of Management and Governance, 22（3）: 565-588.

Moussa T, Allam A, Elbanna S, et al. 2020. Can board environmental orientation improve U.S. firms' carbon performance? The mediating role of carbon strategy. Business Strategy and the Environment, 29（1）: 72-86.

Nishitani K, Haider M B, Kokubu K. 2020. Are third-party assurances preferable to third-party comments for promoting financial accountability in environmental reporting?. Journal of Cleaner Production, 248: 119199.

Nordhaus W D. 2007. A review of the stern review on the economics of climate change. Journal of Economic Literature, 45（3）: 686-702.

Park J, Brorson T. 2005. Experiences of and views on third-party assurance of corporate environmental and sustainability reports. Journal of Cleaner Production, 13（10/11）: 1095-1106.

Porter M E, Kramer M R. 2006. Strategy and society: the link between competitive advantage and corporate social responsibility. Harvard Business Review, 84: 78-92.

Power M. 1997. Expertise and the construction of relevance: accountants and environmental audit. Accounting, Organizations and Society, 22（2）: 123-146.

Rahman N R A, Rasid S Z A, Basiruddin R. 2014. Exploring the relationship between carbon performance, carbon reporting and firm performance: a conceptual paper. Procedia-Social and Behavioral Sciences, 164: 118-125.

Reid E M, Toffel M W. 2009. Responding to public and private politics: corporate disclosure of climate change strategies. Strategic Management Journal, 30（11）: 1157-1178.

Schaltegger S, Hörisch J, Freeman R E. 2019. Business cases for sustainability: a stakeholder theory perspective. Organization & Environment, 32（3）: 191-212.

Seguí-Mas E, Bollas-Araya H M, Polo-Garrido F. 2015. Sustainability assurance on the biggest cooperatives of the world: an analysis of their adoption and quality. Annals of Public and Cooperative Economics, 86（2）: 363-383.

Seguí-Mas E, Polo-Garrido F, Bollas-Araya H M. 2018. Sustainability assurance in Socially-Sensitive sectors. Sustainability, 10（8）: 2777.

Sethi S P, Martell T F, Demir M. 2017. Enhancing the role and effectiveness of corporate social responsibility reports: the missing element of content verification and integrity assurance. Journal of Business Ethics, 144（1）: 59-82.

Shane P, Spicer B. 1983. Market response to environmental information produced outside the firm. Accounting Review, 58: 521-538.

Sierra L, Zorio A, García-Benau M A. 2013. Sustainable development and assurance of corporate social responsibility reports published by ibex-35-companies. Corporate Social Responsibility and Environmental Management, 20 (6): 359-370.

Simnett R, Vanstraelen A, Chua W F. 2009. Assurance on sustainability reports: an international comparison. The Accounting Review, 84 (3): 937-967.

Stern N. 2007. The Economics of Climate Change: the Stern Review. Cambridge: Cambridge University Press.

Suchman M C. 1995. Managing legitimacy: strategic and institutional approaches. Academy of management Review, 20 (3): 571-610.

Sullivan R. 2009. The management of greenhouse gas emissions in large European companies. Corporate Social Responsibility and Environmental Management, 16 (6): 301-309.

Sullivan R, Gouldson A. 2012. Does voluntary carbon reporting meet investors' needs?. Journal of Cleaner Production, 36: 60-67.

Tang Y J, Zhu J, Ma W C, et al. 2022. A study on the impact of institutional pressure on carbon information disclosure: the mediating effect of enterprise peer influence. International Journal of Environmental Research and Public Health, 19 (7): 4174.

Tauringana V, Chithambo L. 2015. The effect of DEFRA guidance on greenhouse gas disclosure. The British Accounting Review, 47 (4): 425-444.

TCFD. 2017. Recommendations of the task force on climate-related financial disclosures. https://assets.bbhub.io/company/sites/60/2021/10/FINAL-2017-TCFD-Report.pdf[2022-03-08].

TCFD. 2020. Status report. https://www.fsb.org/wp-content/uploads/P291020-1.pdf[2022-03-08].

Tomar S. 2023. Greenhouse gas disclosure and emissions benchmarking. Journal of Accounting Research, 61 (5): 451-492.

UNEP FI. 2018. Part I: extending our horizons. https://www.unepfi.org/wordpress/wp-content/uploads/2018/04/EXTENDING-OUR-HORIZONS.pdf[2020-12-01].

UNEP FI. 2020. Part II: navigating a new climate. https://www.unepfi.org/publications/banking-publications/charting-a-new-climate/[2020-12-01].

Velte P, Stawinoga M. 2017. Empirical research on corporate social responsibility assurance (CSRA): a literature review. Journal of Business Economics, 87 (8): 1017-1066.

Wang H, Wheeler D, Bi J, et al. 2002. Environmental performance rating and disclosure: China's Green-Watch program. Washington: World Bank.

Weinhofer G, Hoffmann V H. 2010. Mitigating climate change–how do corporate strategies differ?. Business Strategy and the Environment, 19 (2): 77-89.

Yin I. 2022. Lack of uniform standards holding back Chinese carbon disclosure: forum. Platts Coal Trader International, 22: 10.

第六章 突破巴塞尔协议Ⅲ，构建零碳金融的 新资本监管框架

第一节 引　　言

为了实现宏伟的"双碳"目标，推进经济社会发展全面绿色转型势在必行，深度调整产业结构、加强绿色低碳重大科技攻关和推广应用是实现"双碳"目标的重要途径，金融体系则承担着为碳中和转型提供巨量的稳定资金支持的关键任务。在中国经济向"净零碳排放"发生范式转变，中国金融体系面临"零碳金融"转型的背景下，研究构建零碳金融的新资本监管框架对建立世界领先的中国零碳金融宏观管理框架和政策体系，以推动金融体系"换道超车"具有重要意义。本章包含在第一支柱中考虑差异的绿色资产风险权重、在第二支柱中加入气候和环境风险的压力测试和在第三支柱中规范环境风险披露三个方面的具体内容，从而实现我国的资本监管框架从巴塞尔协议 Ⅲ 向零碳金融的新资本监管框架的跨越。

第二节 背景和实践

截至 2023 年第三季度末，我国绿色贷款余额 28.58 万亿元，同比增长 36.8%，居全球首位；境内绿色债券市场余额 1.98 万亿元，居全球第二[①]。尽管我国的绿色贷款和绿色债券蓬勃发展，但绿色金融的融资缺口仍然较大。因此，除了目前已经建立的绿色结构性货币政策工具和纳入绿色金融评价的宏观审慎考核之外，"零碳金融"体系需要进一步放松银行业金融机构在提供绿色资金时受到的限制，提高资本监管效率，才能够撬动更多的市场资金投入到"净零碳排放"经济体系的建设中。

商业银行在提供绿色信贷等零碳金融服务时面临着严格的资本监管约束，在世界各国的监管协作下，《巴塞尔协议Ⅲ》和 2017 年发布的《巴塞尔协议Ⅲ：后危机改革的最终方案》的资本监管要求均体现为三大支柱，分别关注最低资本要求、监督检查和市场纪律三个方面（图 6-1）。2012 年颁布的《商业银行资本管

---

① 《推动绿色金融与转型金融有效衔接》，http://www.pbc.gov.cn/redianzhuanti/118742/5118184/5135397/index.html。

理办法（试行）》总体符合巴塞尔协议Ⅲ的初步框架。

2010年第三版巴塞尔协议（Basel Ⅲ）		
资本监管		
第一支柱：最低资本要求	第二支柱：监督检查	第三支柱：市场纪律
信用风险	内部资本充足评估程序	资本充足率信息的 披露政策
市场风险	监管检查和评价程序	
操作风险	压力测试	

图 6-1　《巴塞尔协议Ⅲ》的资本监管三大支柱

2023 年 11 月 1 日，国家金融监督管理总局发布了《商业银行资本管理办法》的正式版本，并规定自 2024 年 1 月 1 日开始正式实施。该办法的主要修改内容包括建立差异化的资本监管体系、修订第一支柱下的风险加权资产计量规则、完善第二支柱监督检查规定，以及全面提升第三支柱的信息披露标准和内容等方面。

《商业银行资本管理办法》的正式版本对资本要求的差异化管理主要是针对不同等级的商业银行的资本监管方案，并对部分银行的个人住房贷款和工商企业股权投资的风险权重进行了大幅下调，但没有基于银行信贷资产的零碳属性进行进一步的风险等级划分。该版本既未能基于零碳金融的长期收益适当降低对绿色资产的风险权重，又未能基于零碳转型风险适当提高对棕色（具有污染性）资产的风险权重，在第二支柱的监督检查和第三支柱的市场纪律中也未能考虑零碳因素。

基于当前资本监管的实践，将零碳金融因素纳入资本监管框架并不会显著影响商业银行的风险水平，反而能够增强商业银行对绿色资产的投资，实现绿色资产与棕色资产之间的平衡配置。中国银行保险监督管理委员会（简称银保监会）[①]政策研究局负责人于 2021 年 7 月 14 日在国务院新闻办公室新闻发布会上表示[②]，截至 2021 年第一季度末，中国 21 家主要银行绿色余额达到 12.5 万亿元，近 5 年不良贷款率均保持在 0.7% 以下。相对于中国银行业 2% 左右的整体不良率，绿色信贷本身的信用风险明显较低。因此，研究构建零碳金融的资本监管框架既是建

[①] 2023 年 3 月，中共中央、国务院印发了《党和国家机构改革方案》。在中国银行保险监督管理委员会基础上组建国家金融监督管理总局，不再保留中国银行保险监督管理委员会。

[②]《国务院新闻办就 2021 年上半年银行业保险业运行发展情况举行发布会》，https://www.gov.cn/xinwen/2021-07/15/content_5625778.htm。

立世界领先的中国零碳金融宏观管理框架和政策体系的要求，又是对现实金融市场中信用风险异质性的呼应。

本章内容将基于目前中国和国际资本监管纳入绿色金融发展的实践与挑战，落脚于现行巴塞尔协议三大支柱的不足，探索纳入零碳因素以完善现行资本监管框架的前提和方式，从而将新兴的 ESG 概念引入资本监管，提出构建中国零碳金融的新资本监管框架的发展路径。

一、国内外关于零碳金融的新资本监管框架的探索与实践

（一）国际零碳金融资本监管的讨论与实践

基于"气候变化是金融风险来源"的共识，国际机构探索零碳金融资本监管框架，共同致力于在传统的资本监管框架中引入气候风险。在全球范围内主流的资本监管标准框架《巴塞尔协议》下，当前探讨气候风险监管主要包括如下三方面的内容。

1. 在第一支柱中考虑差异化的资产风险权重

传统计量方法下，绿色资产与棕色资产对应相同的风险权重计算方式，缺乏对零碳因素的考量。随着人们对气候风险的认识不断加深，越来越多的观点认为金融系统可以通过更多配置绿色资产有效缓解环境气候因素导致的系统性风险。

因此，商业银行监管机构逐渐倾向于对绿色资产实施差异化的监管。欧洲银行业联合会（European Banking Federation，EBF）于 2017 年 9 月发布的报告中提出了"绿色支持因子"（green supporting factor，GSF），GSF 的核心是支持银行提供绿色信贷，降低低碳贷款的资本要求（EBF，2017）。欧洲银行业联合会认为，由于绿色资产在降低气候风险方面更具优势，GSF 的引入可以促进这些资产的投融资，但是 GSF 的具体数值则需要更多的实证研究以及与银行等机构充分商讨后决定。由多国央行组成的 NGFS 于 2020 年 5 月发布的报告中指出，各国央行须确保第一支柱的最低资本要求将气候环境风险纳入考量（NGFS，2020）。NGFS 认为，比起降低绿色资产的风险权重，提高棕色资产的风险权重更有理论依据，因为棕色资产面临更大的转型风险。但是，关于绿色资产与棕色资产的风险差异来源于何处，仍有大量的研究需要完成。此外，因为内部评级法银行和外部评级机构可能已经将绿色资产与棕色资产的风险差异纳入考量，所以在将零碳因素纳入第一支柱的资本监管要求时，需要避免重复计算的问题。

虽然各国对于将零碳因素纳入资本监管框架仍处于探索阶段，但已有部分央行采取了其他类似思路。比如，黎巴嫩央行从 2010 年开始针对不同的银行绿色信

贷情况设置差异化的存款准备金率；2011 年，巴西央行要求商业银行将环境风险纳入治理框架，并需要在无法证明有足够的能力管理环境风险时增加资本。仅少数国际银行机构开始试点零碳金融资本监管。法国外贸银行（Natixis）作为全球首家调整绿色资产风险权重的商业银行，于 2019 年正式推出绿色权重因子（green weighting factor，GWF），根据绿色权重因子方法，法国外贸银行会在深棕色到深绿色的七级等级范围内给予报表项目颜色评级，当交易评级为深绿色时，与交易相关的风险加权资产（risk-weighted assets，RWA）将减少 50%，而当交易为深棕色时，RWA 将增加 24%。目前，绿色权重因子已经成为法国外贸银行重要的转型管理工具，得到了来自 IPCC 的认可。

2. 在第二支柱中引入对气候风险的监管

虽然我们无法确定未来会出现哪些具体的物理风险与转型风险，但可以预见的是我们必定会面临这些风险的某种组合。因此，将气候风险纳入审慎监管体系至关重要，可行的方式是选定情景假设，利用气候风险分析模型和工具将气候风险纳入压力测试。然而，气候风险复杂又多变的特质对依赖于历史趋势的标准风险评估方法构成挑战，难以保证传统方法的有效性。在此背景下，基于情景假设的气候风险分析方法因其前瞻性逐渐成为各国央行和监管机构重点发展的工具。

压力测试的情景假设涉及众多因素，如设定气候结果、社会经济背景、气候政策、技术和消费者偏好。为了使分析的主体能得到统一且可比的结果，NGFS设计了三种情景——有序转型、无序转型和温室世界。有序转型意味着分析主体立即采取行动，减少碳排放，以一种温和、有序的方式实现转型。无序转型则十分具有挑战性，假设分析主体遵照国家自主贡献的计划至 2030 年。此后，由于认识到这些努力不足以兑现承诺，NGFS 假设碳排放价格在 2030 年后被大幅上调，以这种前期和缓、后期迅速发力的无序方式实现转型。温室世界代表着维持现状导致目标未能实现的情景，这将会带来中长期的重大物理风险。在这些标准化的情景中开展对应的气候风险压力测试，具体包括设置压力情景与压力指标、构建气候与环境风险传导模型、实施压力测试以及结果分析与制定应对措施。NGFS在 2020 年 9 月发布的《环境风险分析方法案例集》（*Case Studies of Environmental Risk Analysis Methodologies*）中收录了全球三十多家机构针对不同情况设计的分析模型和工具，这些模型与工具广泛运用于银行、保险、基金等机构对环境、气候和生物多样性风险的分析，涵盖了人类需要面对的多种风险。

巴塞尔银行监管委员会推动使用巴塞尔协议 Ⅲ 支柱二管理气候变化金融风险。巴塞尔银行监管委员会于 2022 年 6 月对外发布《气候相关金融风险的有效监管原则》（*Principles for the Effective Management and Supervision of Climate-related*

Financial Risks），为银行业和银行监管机构提供气候变化相关金融风险的风险管理和监管实践指引。其中第 12 项和第 18 项原则分别建议银行业和监管当局考虑使用情景分析和压力测试工具，识别气候风险因素，并估算气候变化风险敞口和潜在损失。目前，美联储、欧央行、英格兰银行、日本央行、加拿大金融机构监管局、巴西央行等已经开始实施气候风险压力测试。

3. 在第三支柱中逐步完善气候环境信息披露制度

气候风险对金融系统的影响变得无法忽视，加之气候风险本身难以准确预判，因此，监管者需要提前反应，以避免危机悄然来临，同时帮助市场更加有效地配置资本。这一切的前提是利益相关者都能获取足够的信息。全球已有多个监管主体强制要求披露气候风险相关信息，披露的标准也从最初的"百家争鸣"逐渐趋同，以保障信息之间的可比性。根据 TCFD 建议的框架，气候信息披露可以围绕着治理、战略、风险管理以及指标和目标这四个核心要素展开，由此衍生出 11 项具体的气候信息披露内容。该框架既包括气候风险相关的描述性内容，又包括一系列量化指标，且针对银行、保险和资产管理等机构均有相应的补充性内容，成为披露主体普遍接受的披露指南。

截至 2022 年末，全球有超过 1800 家金融机构支持 TCFD 框架。但是在 2023 年 10 月 12 日，TCFD 发布 2023 年状态报告的同时，宣布"已经履行完毕本工作组的职责并解散"。ISSB 于 2023 年 6 月发布《国际财务报告可持续披露准则第 2 号——气候相关披露》（IFRS S2），2024 年起，ISSB 承担 TCFD 监督职责。IFRS S2 要求主体披露可能影响该主体发展前景的气候相关风险与机遇的信息，以帮助通用目的财务报告使用者做出向主体提供资源的决策。

（二）我国在零碳金融资本监管方面的探索

中国银行业监督管理委员会参考巴塞尔协议的三大支柱框架，于 2012 年颁布了《商业银行资本管理办法（试行）》，其规定"资本充足率不得低于 8%"；"银监会有权在第二支柱框架下提出更审慎的资本要求，确保资本充分覆盖风险"；"商业银行应当通过公开渠道，向投资者和社会公众披露相关信息，确保信息披露的集中性、可访问性和公开性"。《商业银行资本管理办法》的正式版本于 2023 年 11 月 1 日发布，并自 2024 年 1 月 1 日开始正式实施。该办法的主要修改内容包括建立差异化的资本监管体系、修订第一支柱下的风险加权资产计量规则、完善第二支柱监督检查规定，以及全面提升第三支柱的信息披露标准和内容等方面。我国创建零碳金融资本监管框架的具体实践，也围绕以上三个支柱分别展开。

1. 第一支柱：降低绿色资产的风险权重

第一，提升至战略层面。2019 年，中国人民银行发布《中国绿色金融发展报告（2018）》，指出应适当降低对绿色资产的风险权重，对绿色信贷等业务给予较低的经济资本占用。此外，中国人民银行在《2020 年第四季度中国货币政策执行报告》中指出，为构建政策激励约束体系，将研究绿色资产和棕色资产差异化设置风险权重的可行性。

第二，确定统计标准。统一、清晰的绿色金融分类标准是将零碳因素纳入资本监管框架的必要前提，我国在构建绿色金融分类标准方面走在世界前列，先后于 2013 年下发《绿色信贷统计制度》，于 2015 年下发《绿色债券支持项目目录》（于 2021 年进行更新），于 2019 年下发《绿色产业指导目录》。不仅如此，2019 年，央行修订了《绿色贷款专项统计制度》，将绿色贷款按用途划分为六大类。2020 年，银保监会制定了《绿色融资统计制度》。这些覆盖全面的分类标准为我国率先设置绿色资产和棕色资产差异化风险权重提供了良好的制度土壤。

第三，实证数据优势。根据中国人民银行的数据（《中国绿色金融发展报告》编写组，2021），2020 年末，我国绿色贷款不良率为 0.33%，比同期企业贷款不良率低 1.65 个百分点。银保监会政策研究局负责人于 2021 年 7 月 14 日在国务院新闻办公室新闻发布会上表示，近 5 年贷款不良率未超过 0.7%。由此可见，在我国，绿色贷款资产质量明显优于其他类型的对公贷款，这为降低绿色贷款风险权重提供了良好的数据基础。

第四，部分区域率先建立制度基础，为后续试点做铺垫。2017 年，浙江、江西、广东、贵州、新疆五省（区）的八个市（州、区）获批建立绿色金融改革创新试验区，并于多个地区尝试进行绿色资产差异化监管的探索。具体地，深圳于 2020 年颁布全国首部绿色金融领域法规——《深圳经济特区绿色金融条例》，支持开展降低绿色资产风险权重和提高棕色资产风险权重的试点；浙江银保监局于 2021 年表示支持地方法人银行机构探索实施差异化的绿色资产风险权重；江西九江银行也于同年展开绿色资产风险权重项目研究探索。然而，上述中国地方政府和机构的尝试还在探索阶段，没有实际落地，难以获取真实数据。

2. 第二支柱：开展气候风险压力测试

2021 年，中国人民银行组织全国主要银行，针对火电、钢铁、水泥三个高碳行业，开展了第一阶段气候风险压力测试，考察碳排放成本上升对企业还款能力的影响，以及进一步对参试银行持有的相关信贷资产质量和资本充足水平的影响。并且，2022 年 2 月中国人民银行发布的《2021 年第四季度中国货币政策执行报告》专门开设了"探索开展气候风险压力测试"专栏，指出从测试开展情况看，我国碳排放信息披露程度低、数据缺口大是测试面临的最主要问题。

中国人民银行金融稳定分析小组发布的《中国金融稳定报告（2023）》显示，2022 年，中国人民银行组织 19 家系统重要性银行进行了新一轮气候风险敏感性压力测试，并且将考察行业扩大至电力、钢铁、建材、石化、化工、造纸、民航和有色金属冶炼等重点排放行业。测试结果显示，碳排放费用的上升对不同行业的影响程度不同，但重点排放行业对银行的整体影响可控[①]。下一步，中国人民银行将继续完善气候风险敏感性压力测试方法，拓展测试覆盖行业范围，并探索开展转型风险宏观情景压力测试和物理风险压力测试。

3. 第三支柱：规范环境风险披露

2021 年，中国人民银行正式发布了推荐性行业标准——《金融机构环境信息披露指南》，内容涵盖金融机构环境信息披露形式、频次、应披露的定性及定量信息等方面，旨在为商业银行、资产管理、保险、信托等金融子行业定量信息测算提供政策引导和可循依据。在信息披露的试点工作方面，中国人民银行于 2017 年印发了试行推进绿色金融改革创新试验区金融机构环境信息披露实践操作、金融机构碳核算等方面的通知，基于此，绿色金融改革创新试验区的部分金融机构已经试编制环境信息披露报告，并且开展了碳核算试点工作。

二、国内外关于零碳金融的新资本监管框架的研究进展

一方面，实现零碳金融监管体系的重要路径，依托于针对商业银行的差异化绿色资本监管，国内外相关研究主要依据绿色金融监管体系的构建思路，探讨了差异化绿色资本监管的设计前提、影响机制和可能的实施效果。另一方面，由于差异化绿色资本监管是差异化资本监管的一个具体应用，从而可以向上追溯到差异化资本监管的相关重要研究，从而构成零碳金融监管体系的理论基础。

（一）构建零碳金融体系的重要路径：商业银行的差异化绿色资本监管

由于零碳项目的成本高、回收期长，并且需要对其进行额外认证，商业银行提供绿色融资的动力明显不足。鉴于此，如何设计一种合理有效的机制，激励银行将更多资金投向绿色领域，已成为推动国际和国内实现"双碳"目标迫切需要解决的关键问题之一。总结前沿研究发现，在推动构建零碳金融体系中，对商业银行实行差异化绿色资本监管，能有效提高商业银行的资金支持动力。对此，本

[①] 报告全文见：http://www.pbc.gov.cn/jinrongwendingju/146766/146772/5177895/2023122217072818365.pdf。

节梳理了差异化绿色资本监管的理论基础、设计前提和潜在影响效果（图6-2）。

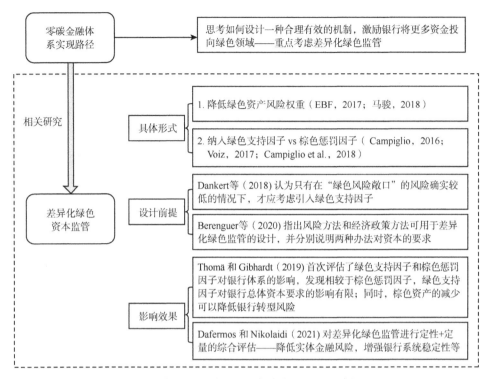

图 6-2　商业银行差异化绿色资本监管文献脉络图

从银行经营的核心资本出发，国内外机构和学者提出可以通过降低绿色资产的最低资本要求，即降低其对应的风险资产权重，来引导更多资金流向绿色部门（EBF，2017；马骏，2018）。EC（2018）考虑纳入绿色支持因子，绿色支持因子的核心是支持银行提供绿色信贷，降低低碳贷款的资本要求。由于国内当前的资本监管实践尚未考虑到绿色因素，目前国外文献的讨论主要集中于这一差异化的绿色监管方式是否会影响银行体系的内在稳定性，以及实施效果及潜在影响（Campiglio，2016；Volz，2017；Campiglio et al.，2018；NGFS，2020）。

关于差异化绿色监管的前提和设计，Dankert 等（2018）认为，资本要求的本质是维护金融稳定。只有在"绿色风险敞口"的风险确实较低的情况下，才应考虑引入绿色支持因子。目前还没有确凿证据表明，通过引入绿色支持因子降低资本要求将影响金融稳定。Berenguer 等（2020）指出有两种方法可用于差异化绿色监管的设计，分别是风险方法和经济政策方法。根据风险方法，资本要求应该进行调整以捕捉气候风险，而经济政策方法则假定资本要求应该被用作支持向低碳经济转型的工具。

对于差异化绿色监管的影响效果，Thomä 和 Gibhardt（2019）首次评估了引入绿色支持因子或棕色惩罚因子后，对欧洲银行资本储备以及绿色和棕色投资的资本成本和可用性的潜在影响。研究发现，与棕色惩罚因子相比，绿色支持因子对银行总体资本要求的影响有限；且棕色惩罚因子适用于更大范围内的企业投资。从长期来看，如果棕色资产的投资因此减少，这可能会降低银行面临的转型风险。Dafermos 和 Nikolaidi（2021）进一步对差异化绿色监管的潜在影响进行了定性、定量的综合评估。并通过构建理论模型探讨了若在全球层面上实施差异化绿色监管，会如何影响一系列宏观经济、金融和环境变量。实证研究结果发现，差异化绿色监管可以降低全球变暖的速度，从而降低实体金融风险，且当绿色支持因子和棕色惩罚因子同时实施或与绿色财政政策结合实施时，可有效降低杠杆、减少信贷供应，使银行系统不那么脆弱。

（二）差异化资本监管的理论基础和现实影响

商业银行差异化绿色资本监管实际上是差异化资本监管的一个具体应用，在构建零碳金融体系时，差异化绿色资本监管是推动实现零碳可持续发展的重要制度设计。从现有文献来看，关于差异化资本监管要求改变银行的贷款定价和企业融资的影响机制，以及进一步对实体经济产出的影响效果，在理论支持和现实依据方面的成果颇丰（图6-3）。

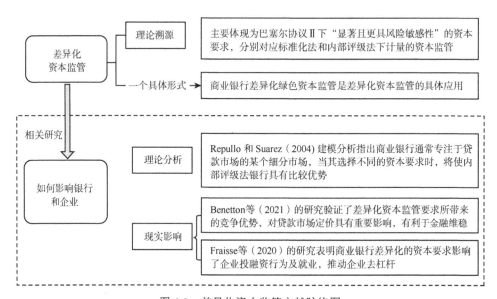

图 6-3　差异化资本监管文献脉络图

差异化的资本监管主要体现为巴塞尔协议Ⅱ下"显著且更具风险敏感性"的

资本要求，分别对应标准化法和内部评级法下计量的资本监管。标准化方法使用外部评级来完善商业银行的风险资产权重，基于内部评级的方法允许银行根据自己对违约概率和违约损失的估计来计算对应的风险敞口权重。Repullo 和 Suarez（2004）通过构建理论模型，提出商业银行通常专注于贷款市场的某个细分市场，当其选择不同的资本要求时，将使内部评级法银行具有比较优势。

Benetton 等（2021）的研究验证了差异化资本监管要求所带来的竞争优势，对贷款市场定价具有重要影响。他们发现，使用评级法计量的商业银行在资本要求方面获得了比较优势，使得高风险抵押贷款集中于使用标准化法计量的商业银行，对应地，低风险抵押贷款集中于使用内部评级法的商业银行。Fraisse 等（2020）的研究表明商业银行差异化的资本要求对企业借贷、投资和就业具有重要的实际影响。因此可以推测，当监管部门有效降低商业银行对相关部门（比如绿色企业）的风险权重，即调低相应的资本要求时，可能会对生产部门产生积极的实际影响，这为我国开展差异化绿色资本监管提供了重要的经验及启示。

第三节　在第一支柱中考虑差异化的资产风险权重

一、差异化资产风险权重对绿色信贷的潜在促进效果研究

《商业银行资本管理办法（试行）》实行的风险加权资产计量方法分为权重法（标准法）和内部评级法（高级方法）：在权重法下，绿色行业与棕色行业企业信贷的风险权重均为 100%；在内部评级法下，基于单笔信用风险暴露的违约概率、违约损失率、违约风险暴露、相关性和有效期限，不同属性的企业信贷对应的风险权重具有较大差异（可以显著低于 100%）。在《商业银行资本管理办法》正式实施（2024 年 1 月 1 日）之前，除了 2014 年批准的六家全国性银行使用内部评级法外，其余银行均采用权重法。

考虑零碳因素后，降低绿色资产风险权重（或者提高棕色资产的风险权重）的本质是"差异化的风险权重赋值"，与内部评级法非常相似。此外，据银保监会披露，2017 年至 2022 年，绿色信贷不良率最低不到 0.4%，最高仅为 0.7%，显著低于各类银行机构的平均不良率（图 6-4）。因此，对绿色资产赋予更低的风险权重不会使最低资本要求失去约束银行风险承担的作用，反而会促进银行根据真实的异质性风险进行信贷资源的有效配置。

本节研究利用现行的内部评级法（高级方法）与权重法（标准法）并行的资本计量方法来识别差异化的绿色资产风险权重的效果。通过比较内部评级法实施后（2014 年 4 月），使用内部评级法的银行与使用权重法的银行在配置绿色信贷

上的差异，估计差异化绿色资产风险权重计量的可能效果。

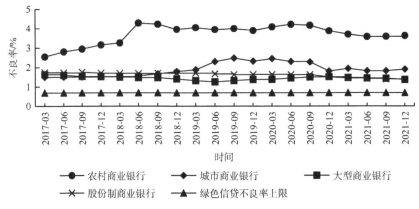

图 6-4　各类银行机构不良贷款率与整体绿色信贷不良贷款率

（一）实证设计

首先基于银行披露的绿色信贷数据，通过双重差分模型，识别使用内部评级法的试点银行对绿色信贷发放的因果效应。其中，第一重差异来自使用内部评级法的六家试点银行与仍使用标准法的对照组商业银行，Treat 变量对试点银行取 1，其他银行取 0；第二重差异来源于资本管理高级方法的实施时间，即 Post 变量对 2014 年之前年份取 0，2014 年及之后年份取 1。模型具体设定如下：

$$\text{GreenLoan}_{b,t} = \gamma_t + \gamma_b + \delta_1 \text{Treat}_b \times \text{Post}_t + \delta_2 \text{Treat}_b + \delta_3 \text{Post}_t + X'\delta + \varepsilon_{i,t} \quad (6\text{-}1)$$

其中，$\text{GreenLoan}_{b,t}$ 表示第 t 年银行 b 发放的绿色贷款；γ_t 表示时间固定效应；γ_b 表示银行固定效应；X' 表示反映银行层面随时间变化的控制变量，主要包括银行规模、流动性比例、资产收益率、不良贷款率等。

在模型（6-1）中，若 δ_1 的系数显著为正，则表明使用内部评级法的试点银行相比于使用标准法的对照组银行，在该方法正式实施之后发放了更多的绿色信贷。从而证明了在绿色项目风险权重较低时，在差异化的资本监管下，使用内部评级法的商业银行可以为绿色低碳项目提供更多的信贷资金。

进一步，基于 CSMAR（China Stock Market & Accounting Research，中国股票市场与会计研究）数据库上市公司银行贷款公告数据，根据逐笔贷款的企业-银行-年度的面板数据集进行回归。由于监管部门并未对棕色企业进行细分界定，故在模型（6-1）的基础上纳入第三重差异，即该上市公司是否属于棕色行业。本书的分析样本为制造业，将石油加工、炼焦和核燃料加工业，化学原料和化学制品制造业，橡胶和塑料制品业，非金属矿物制品业，黑色金属冶炼和压延加工业，有色金属冶炼和压延加工业，金属制品业等细分行业划分为棕色行业（即传统的高耗能、高污染行业），其余制造业为非棕色行业。模型具体设定如下：

$$\text{LoanOutcome}_{f,b,t} = \alpha_{I,L,t} + \gamma_{f,b} + \beta_1 \text{Treat}_b \times \text{Post}_t \times \text{Brown}_f$$
$$+ \beta_2 \text{Treat}_b \times \text{Brown}_f + \beta_3 \text{Post}_t \times \text{Brown}_f + X'\delta + \varepsilon_{i,t} \qquad (6\text{-}2)$$

其中，$\text{LoanOutcome}_{f,b,t}$ 表示第 t 年企业 f 从银行 b 是否获得贷款；$\alpha_{I,L,t}$ 表示行业×地区×年度的高维交互固定效应；$\gamma_{f,b}$ 表示企业-银行固定效应。模型（6-2）的识别假设是同一时间内，行业和地区相同的企业的信贷需求相同，$\alpha_{I,L,t}$ 的控制则有效捕捉了企业的信贷需求差异，以使估计系数 β_1 充分反映商业银行自身信贷供给的影响。这里我们主要关注三重交互项 $\text{Treat}_b \times \text{Post}_t \times \text{Brown}_f$ 的估计系数 β_1，若 β_1 显著为负，说明采用内部评级法的试点商业银行减少了对棕色行业上市公司的贷款。也就是说，在差异化的资本监管框架下，商业银行的风险权重计量与真实的信用风险会更契合，在绿色信贷与棕色信贷的风险权重存在计量差异时，商业银行更可能倾向于减少向风险权重更高的棕色行业公司发放贷款。

（二）实证结果分析

1. 绿色信贷占银行企业贷款比例提高

由于绿色信贷统计标准分为中国人民银行与银保监会两套体系，每家银行在披露时的标准选择并不统一。中国人民银行先后发布了《中国人民银行关于建立绿色贷款专项统计制度的通知》（银发〔2018〕10 号）和《中国人民银行关于修订绿色贷款专项统计制度的通知》（银发〔2019〕326 号）两份文件，而银保监会的统计标准也从《中国银监会办公厅关于报送绿色信贷统计表的通知》（银监办发〔2013〕185 号）变化到《关于绿色融资统计制度有关工作的通知》（银保监办便函〔2020〕739 号）。受限于统计口径的变革与分化，本节从上市银行披露的企业社会责任报告中选取标准相同、覆盖年份较长的样本进行分析。据此，收集了中国银行、中国农业银行、中国工商银行与中国建设银行等 4 家内部评级法银行，以及上海浦东发展银行、中国光大银行、华夏银行及平安银行等 4 家权重法银行，共 8 家全国性商业银行按照银保监会 2013 年版《绿色信贷统计制度》披露的 2013～2019 年绿色信贷余额数据。

图 6-5（a）中画出了内部评级法和权重法银行的平均绿色信贷占企业贷款比例。可以发现，在 2014 年开始实施内部评级法后，内部评级法银行相对于权重法银行配置了更高比例的绿色信贷。此外，在 2014 年内部评级法开始引入前，两类银行的绿色信贷配置比例较为接近，说明两类银行对绿色信贷配置的分化现象确实由内部评级法导致。因此，内部评级法下，银行受益于绿色信贷低风险特征带

来的低风险权重，更偏好配置绿色信贷。

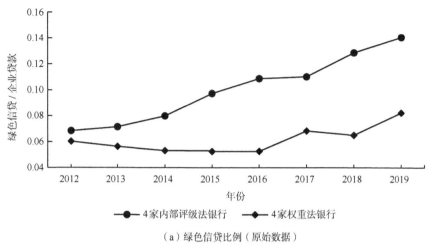

（a）绿色信贷比例（原始数据）

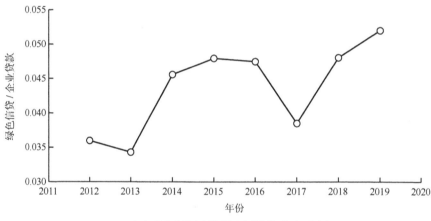

（b）绿色信贷比例差异（内部评级法–权重法）

图 6-5　内部评级法银行与权重法银行绿色信贷配置比例变化

　　内部评级法的实施对象仅限于 5 家国有大型商业银行和招商银行，样本包括其中 4 家，其比权重法银行拥有更强的风险吸收能力。因此，为了排除两类银行风险承担能力差异造成的影响，本节通过模型（6-1）的思路消除资本充足率、流动资产比率、不良贷款率以及银行本身不随时间变化的因素带来的偏误，计算两类银行绿色信贷配置差异的变化。图 6-5（b）画出了对应结果，发现 2014 年引入内部评级法后，内部评级法银行相对于权重法银行配置绿色信贷的比例不断上升，这一差异值在 2019 年末达到 5.2%。遗憾的是，由于仅有 8 家银行的数据，直接估计模型（6-1）难以得到有意义的结论。因此，本节不详细讨论模型（6-1）的估计结果，图 6-5 仅作为参考性结果，更严谨的分析见下文模型（6-2）的估计。

2. 棕色行业获得的信贷比例显著下降

棕色行业（高耗能和高污染行业）在"双碳"目标下具有较大的转型风险，相较于其他行业信用风险显著增加。为了进一步估计差异化绿色资产风险权重计量对企业信贷可得性的影响，本书收集了 2013～2015 年制造业上市公司公告披露的逐笔贷款数据，包括贷款银行信息。本章紧接着通过回归分析比较 2014 年下半年内部评级法实施后，棕色行业与其他行业企业从内部评级法银行与权重法银行获取信贷资源可能性的差异。

基于银行与企业配对形成半年度的 827 978 个样本，通过高维固定效应回归方法，控制了银行规模、资本充足率、流动资产比率、不良贷款率、银行不随时间变化以及企业随时间变化的因素。分析发现，2014 年下半年内部评级法实施后，相较于其他行业，棕色行业企业从内部评级法银行获取信贷的可能性相较于权重法银行显著降低了 1.4%。此外，我们发现在内部评级法实施前，相较于其他行业，棕色行业企业从内部评级法银行（此时还是权重法）获取信贷的可能性比从权重法银行显著高 4%，说明棕色行业企业从两类银行获取信贷能力的变化确实由内部评级法导致。因此，内部评级法下，企业受制于棕色行业高风险特征带来的高风险权重，更难从银行获得信贷资源，详见表 6-1。

表 6-1　棕色行业企业从内部评级法银行获取信贷的可能性变化

系数含义	模型（6-2）
	是否获得贷款
棕色行业×内部评级法银行	0.040***
	（0.007）
政策实施×内部评级法银行	0.028***
	（0.003）
棕色行业×政策实施×内部评级法银行	−0.014*
	（0.008）
样本量	827 978

注：括号内为估计系数的标准误

*、***分别代表 10%、1%的统计显著性水平

此外，本章统计棕色行业（即高耗能、高污染行业）与其他行业每年从内部评级法银行和权重法银行获取的信贷总额。图 6-6 画出了计算结果，可以发现，内部评级法实施后（2014 年 4 月），棕色行业从内部评级法银行获取的信贷比例显著下降，从 2014 年的 50%下降至 2019 年的 41%。同时期其他行业从内部评级法银行获取的信贷比例则维持在 45%左右，变化较小。在政策实施前，两类行业的贷款情况非常接近，这说明两者的分化确实是由实施内部评级法导致的。以银

行偏向配置绿色信贷、减少棕色行业贷款为出发点，考虑到企业负债端压力会传导至资产端，本书进一步推断差异化绿色（棕色）资产风险权重最终会显著限制棕色行业发展（具体分析见下文）。

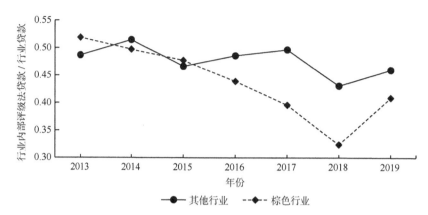

图 6-6　棕色行业与其他行业从内部评级法银行获取的贷款数额比例

二、差异化资产风险权重对棕色行业发展的潜在制约效果研究

相比于权重法，内部评级法由于对棕色信贷赋予了更高的风险权重，从而会加剧棕色行业企业的融资约束，在企业投融资过程中会产生两条传导链条：一方面，企业通常通过与银行建立长期的借贷关系来维系融资稳定性，那么更依赖于内部评级法银行的企业将面临更大的融资缺口，不得不通过缩小投资和雇佣规模来减少经营活动支出；另一方面，在实际贷款审批过程中，银行会严格限制资金流向棕色项目，从而更依赖于内部评级法的企业即使能够继续获得信贷，也不能将资金大规模投入到棕色项目经营中，只能用于缓解短期流动性压力。

（一）实证设计

本节基于 2013 年至 2019 年制造业上市公司公告披露的贷款数据，在企业层面计算从内部评级法银行获取贷款的比例，该比例越大，说明企业融资越依赖于内部评级法银行。对于棕色行业，越依赖于内部评级法银行，其后续融资压力越大。通过固定效应回归方法，在控制了资产回报率、经营性现金流、企业规模、杠杆率、前十大股东持股比例、年份时间变化以及企业不随时间变化的因素后，进行比较分析。

为研究差异化资本监管对棕色行业的实际影响，我们还需要度量企业有多少棕色信贷来自使用内部评级法计量风险权重的试点银行，这里用 Exposure 表示。Post 表示资本管理高级方法的实施时间，与前文保持一致，即 2014 年之前年份为

0，2014 年及之后年份取 1。模型具体设定如下：

$$\text{FirmOutcome}_{f,t} = \alpha_f + \gamma_t + \phi_1 \text{Post}_t \times \text{Exposure}_{f,t} + X'\delta + \varepsilon_{i,t} \quad (6\text{-}3)$$

在模型（6-3）中，$\text{FirmOutcome}_{f,t}$ 表示企业投资和雇佣规模；α_f 表示企业固定效应，吸收企业层面不随时间变化的不可观测的个体选择性；γ_t 表示年度固定效应，吸收只随时间变化的混淆因素；X' 表示企业层面随时间变化的一系列控制变量。我们主要关心的是交互项 $\text{Post}_t \times \text{Exposure}_{f,t}$ 的估计系数 ϕ_1，如果 ϕ_1 显著为负，则说明越依赖于内部评级法银行的棕色企业，由于融资压力的增大，企业的投资和雇佣规模显著下降。

（二）实证结果分析

1. 棕色行业企业的投资规模显著减小

表 6-2 第（1）列的三重交互项系数表明，内部评级法实施后，相较于其他行业，棕色行业中更依赖于内部评级法银行的企业的投资规模显著减小。该棕色企业对内部评级法银行的依赖程度每提高 10%，相较于其他行业，其投资规模将下降 0.14%。此外，我们发现在内部评级法实施前，相较于其他行业，棕色行业中更依赖于内部评级法银行融资的企业的投资规模并无显著差异，说明棕色企业投资规模的变化确实由内部评级法导致。因此，根据以上研究结果，我们可以推断内部评级法会限制棕色行业的投资增量。

表 6-2　棕色行业企业投资和雇佣规模受内部评级法银行贷款占比影响

系数含义	模型（6-3）	
	（1） 投资/总资产	（2） log 雇佣规模
棕色行业×内部评级法银行贷款占比	0.009	0.103*
	（0.007）	（0.059）
政策实施×内部评级法银行贷款占比	−0.003*	−0.001
	（0.001）	（0.002）
棕色行业×政策实施	0.004	0.025
	（0.004）	（0.042）
棕色行业×政策实施×内部评级法银行贷款占比	−0.014**	−0.107*
	（0.006）	（0.059）
样本量	7634	8019

注：括号内为估计系数的标准误

*、**分别代表 10%、5% 的统计显著性水平

2. 棕色行业企业的雇佣规模显著减小

表 6-2 第（2）列的三重交互项系数表明，内部评级法实施后，相较于其他行业，棕色行业中更依赖于内部评级法银行的企业的雇佣规模显著减小。该棕色企业对内部评级法银行的依赖程度每提高 10%，相较于其他行业，其雇佣规模将下降 1.07%。此外，我们发现在内部评级法实施前，相较于其他行业，棕色行业中更依赖于内部评级法银行融资的企业的雇佣规模反而是显著更大的，说明棕色企业雇佣规模的变化确实由内部评级法导致。根据以上研究结果，我们可以推断，内部评级法会限制棕色行业的雇佣规模。

第四节　在第二支柱中引入对气候风险的监管

2023 年发布的《商业银行资本管理办法》[①]在附件 20 中规定："商业银行应当充分考虑对自身有实质性影响的其他风险，包括但不限于国别风险、信息科技风险、洗钱风险、气候相关风险等。若商业银行认为相关风险对自身没有实质性影响，可简化评估。"有关部门负责人在回答记者提问时也强调，银行应加强对气候风险的识别和评估，结合气候风险对银行自身是否有实质性影响来确定评估方式。

作为对于第一支柱的绿色和棕色资产的差异化监管要求的有效补充，气候风险应被纳入第二支柱监管审查压力测试中，以评估其可能对金融稳定性产生的影响。2022 年 6 月 1 日，银保监会印发《银行业保险业绿色金融指引》，指出"银行保险机构应当有效识别、监测、防控业务活动中的环境、社会和治理风险""将环境、社会、治理要求纳入管理流程和全面风险管理体系"，将 ESG 风险管理提升至战略层面。

一、开展气候风险压力测试的应用挑战

2021 年，中国人民银行组织第一阶段气候风险压力测试时，针对火电、钢铁、水泥三个高碳行业，分析在引入碳排放付费机制的情况下，从测试时到 2030 年相关企业由成本上升导致贷款违约概率上升，进而影响银行资本充足水平的情况（图 6-7）。2022 年，中国人民银行联合 19 家系统重要性银行进行了第二轮气候风险敏感性压力测试，并且将考察行业扩大至电力、钢铁、建材、石化、化工、造纸、民航和有色金属冶炼等重点排放行业。

---

① 文件网址为：https://www.cbirc.gov.cn/cn/view/pages/rulesDetail.html?docId=1134197。

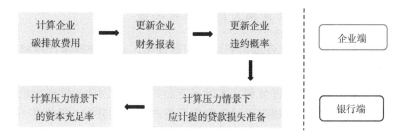

图 6-7　气候风险敏感性压力测试传导路径

中国人民银行在《2021 年第四季度中国货币政策执行报告》中指出，从测试开展情况看，我国碳排放信息披露程度低、数据缺口大是测试面临的最主要问题。此外，欧央行在 2022 年的气候压力测试报告（ECB，2022）中指出，目前银行关于其贷款客户温室气体的排放数据大多来源于估算或者外部第三方提供，数据标准不统一，数据质量有待提高。

气候风险管理已经成为商业银行风险管理的重要一环，可以考虑在压力测试中使用企业 ESG 风险评级数据，据此计算气候风险冲击下企业转型时的违约风险，比根据模型算法得到的行业层面违约率更为精细。

然而，企业的 ESG 风险评级数据作为银行气候风险管理的重要评估指标，在实际应用中面临内部和外部的两方面困难。一方面，企业内部的 ESG 评级信息难以获取。首先，由于我国目前没有强制企业进行 ESG 信息披露，因此相关信息获取困难；其次，一些企业可能存在信息不透明或者虚假披露的行为，导致以此为基础的评价准确度低；最后，数据披露程度与质量在企业间呈现不对称分布，中小企业对 ESG 信息披露缺乏理解，数据披露质量较低。另一方面，企业外部的 ESG 评级数据难以应用。首先，外部评级数据的可比性较低，不同评级机构使用的评估标准和方法存在差异，缺乏全球范围内一致的标准和体系；其次，评级标准的侧重点不同，外部评级机构更多服务于投资者的利益追求目标，关注目标企业的收益情况而非风险水平，关注目标企业的短期反馈而非中长期发展；最后，评级存在"本土偏好"，国外机构对于我国企业承担的隐性社会责任缺乏理解基础（马文杰和余伯健，2023）。

二、构建我国银行业 ESG 信用评价体系

数据来源更权威、指标体系更统一、评级体系更科学的 ESG 评级信息是将气候风险全面纳入银行风险管理体系的重要基础，因此，构建贯穿信贷全周期、追溯全产业链、覆盖生产经营全部活动的银行业 ESG 评价体系，是零碳金融体系下将气候风险纳入资本监管框架的未来努力方向。

（一）将 ESG 评级信息纳入银行授信管理

将评级数据引入差异化资本监管的授信管理中，可以使得银行在授信时，对于目标资产属于绿色资产还是棕色资产的判别，做到有据可依。不仅如此，由于评级数据可以提供包括等级、评分和文本等多方面的信息，因此在针对绿色资产进行风险权重的评估时，可以不局限于绿色和棕色资产的二元分类，而是进一步细化扩展，从而可以实现绿色信贷的精细化评估，引导金融活水流向绿色产业和低碳项目。

正如前文提出，构建零碳金融的新资本监管框架的目标不仅仅局限于引导信用资金更高效地支撑绿色产业发展，而是同时助力我国传统棕色行业的顺利转型。因此，将评级数据纳入银行授信管理，可以避免银行在授信时，面对棕色行业实行"一刀切"式的监管，而是让银行依据棕色行业目标企业当前的 ESG 信息预测未来转型风险，制订棕色企业绿色转型计划，助力石油、煤炭及其他燃料加工业等传统棕色企业实现碳排放的降低乃至实现零碳目标。

最后，银行在依据 ESG 评级信息进行信贷审批时，可以把评级改善和披露数据的程度与融资成本挂钩，比如，对 ESG 评级表现好的企业给予利率优惠，对于信息披露程度高的企业给予灵活的增信方式选择，采用抵押、质押、保证等方式扩大授信支持。此外，对于 ESG 评级信息进行动态更新，在企业评级下降时进行风险提示和相关警告，从而可以实现绿色信贷的动态化评估，确保信贷资金用到实处，获得实效，为国家和人民带来环保效益。

（二）将 ESG 评级信息纳入银行风险管理

将 ESG 评级信息纳入风险管理，是维护金融系统稳定，实现防范和化解重大风险治理目标的重要手段。通过全面考量信贷资产的 ESG 因素，银行能够更全面地识别和评估潜在的风险来源，为金融系统的稳健运行打下更为坚实的基础。

值得注意的是，企业 ESG 风险与信用风险存在本质区别。比如，ESG 风险更关注企业对社会和环境的影响，以及企业是否具备可持续经营的能力，而信用风险更关注企业的财务稳定性、偿债能力和盈利能力等情况。不仅如此，由于企业的 ESG 表现可能会在未来引发潜在的经济、法律或社会影响，ESG 风险可能需要较长时间才能显现。因此，利用传统的银行信用风险管理系统很难识别企业的 ESG 风险。引入企业 ESG 评级信息，可以动态监测企业的 ESG 风险，并设置风险预警机制，有助于银行快速识别企业的 ESG 风险。

此外，ESG 风险具有广泛性和基础性，其较强的溢出效应极易引发系统性风险，比如企业的碳排放成本上升可能会导致棕色行业企业普遍违约，或者极端天气可能导致银行和保险等金融机构的财务损失，这种财务压力可能在整个经济系统中传播，引发系统性的经济和金融风险。因此，应利用 ESG 评价体系，对银行信用资产的目标企业实现全产业链追踪，建立风险评估模型，对企业、行业和市场风险联动的结果进行测算与监测。

第五节　在第三支柱中逐步完善气候环境信息披露制度

全球范围内，多个监管机构纷纷规定了强制性的气候风险相关信息披露要求，并且这些披露标准逐渐趋同，以确保信息之间的可比性。根据 2017 年 TCFD 提出的框架，气候信息披露主要围绕治理、战略、风险管理以及指标和目标这四个核心要素展开，从而派生出 11 项具体的气候信息披露内容。该框架要求披露既包括对气候风险的描述性内容，也涵盖一系列量化指标，而且针对不同类型的机构，如银行、保险和资产管理等，还提供了相应的补充性内容。因此，这一框架已经成为披露主体广泛接受的披露指南。

2021 年，中国人民银行正式发布了推荐性行业标准《金融机构环境信息披露指南》。该指南包括金融机构环境信息披露的形式、频次、应披露的定性和定量信息等方面内容，旨在为商业银行、资产管理、保险、信托等金融子行业提供政策引导和可循依据。

一、金融机构气候环境信息披露的现状分析

在现有的信息披露框架下，金融机构的自主性对零碳信息披露的最终结果起决定性作用，宽松的政策环境为金融机构在披露时采取策略性行为埋下了隐患。现行披露要求下，金融机构对大量披露内容都可以进行自主选择，加之披露标准模糊，最终的披露结果难以为监管提供可用的增量信息。以我国五大国有商业银行 2022 年度的披露情况为例，各银行资本充足率报告较为统一，但往往缺乏对零碳因素的考量；ESG 报告则各具特色，披露主体通常会在报告末尾提供主流环境信息披露依据的内容索引。具体而言，五大行均在 2022 年度披露了 ESG 报告，报告多以定性信息为主，有效的定量信息相对较少，这给银行留下了修饰成果的空间。除共有的《可持续发展报告标准》的内容索引外，每家银行还会额外提供一到三个不等的主流标准的内容索引，然而这样做在增添披露主体的负担之余，仍未呈现出清晰、具体、可比的零碳信息。

二、"环境–资本"融合信息披露

如果将零碳因素纳入资本监管，那么金融机构环境信息披露与资本信息披露必然会出现一定程度的融合。目前，以气候风险压力测试结果为代表的"环

境-资本"融合信息披露被广泛提倡，但仅有较少银行开展实践。金融机构将其对气候变化和环境相关风险的认知、管理及应对措施整合到资本市场信息披露中，旨在让投资者、监管机构和其他利益相关方更全面地了解金融机构在面对气候相关风险时的准备程度和影响。2021年中国人民银行开展第一阶段气候风险压力测试后，仅有中国建设银行、中国工商银行、中国民生银行等三家银行披露了相关信息。这反映了在行业内对于气候风险信息披露的认知程度和实践水平仍然存在差异，部分银行还在逐步加强其对气候相关风险的认识和管理实践。

在资本充足率报告披露实践中，五大行披露的信息较为充分，对每个信用风险等级的资产分类披露其违约概率、风险权重、风险暴露（其中中国工商银行的结果如表6-3所示），可按照类似思路披露"环境-资本"融合信息。按照相似的思路（表6-4），未来可鼓励商业银行按照零碳风险等级（或者 ESG 等级）分类披露资产的违约概率、风险暴露、风险加权资产等重要信息。具体而言，银行可以将资产和业务按照其与环境相关的风险程度进行分类披露，可能包括气候变化、自然灾害和环境可持续性等方面的风险；对不同环境风险分类下的资产，披露其违约概率，以便投资者和利益相关方了解这些资产面临的环境风险；为不同环境风险分类的资产分配相应的风险权重，以反映这些资产对银行资本的潜在影响；披露银行在不同环境风险领域中的总体风险暴露，以便全面评估银行在面对环境挑战时的整体承受能力。

表 6-3　2022 年中国工商银行非零售信用风险初级内部评级法计量结果

违约概率级别	2022 年 12 月 31 日				
	违约风险暴露/（×10⁶元）	加权平均违约概率/%	加权平均违约损失率/%	风险加权资产/（×10⁶元）	平均风险权重/%
等级 1	1 512 015	0.09	44.78	439 149	29.04
等级 2	2 104 117	0.21	43.04	996 678	47.37
等级 3	2 566 672	0.64	43.27	1 886 578	73.50
等级 4	3 279 783	1.62	42.68	3 133 979	95.55
等级 5	1 863 311	2.57	41.33	1 835 753	98.52
等级 6	813 147	3.72	41.42	887 573	109.15
等级 7	423 498	5.28	41.51	515 514	121.73
等级 8	165 492	7.20	41.38	222 368	134.37
等级 9	136 219	9.60	40.30	202 505	148.66
等级 10	45 070	18.00	38.71	80 475	178.56
等级 11	80 965	56.00	41.18	140 066	173.00
等级 12	228 212	100.00	43.89	8 487	3.72
合计	13 218 501	—	—	10 349 125	78.29

资料来源：中国工商银行资本充足率报告（2022 年）

表 6-4　"环境-资本"融合信息披露方案

零碳风险等级	ESG 评级	违约风险暴露	加权违约概率	风险加权资产
深绿	AAA			
绿	AA			
浅绿	A			
中性	BBB			
浅棕	BB			
棕	B			
深棕	C			

三、强化我国银行业零碳金融信息披露

基于零碳金融的考量对银行业提出更为清晰、有效的披露要求，强化我国银行业的零碳金融信息披露，一方面有利于规避银行在信息披露时可能采取的策略性行为，提高信息质量；另一方面有利于监管者掌握关键的零碳信息，持续监测零碳金融的转型进展。

制定更具体的商业银行零碳信息披露标准，对环境效益的关键指标进行定量披露。我国商业银行的零碳信息存在不披露、不统一、不可比等问题。因此，强化零碳信息披露要细化披露要求，比如要求银行在 ESG 报告中详细披露绿色金融产品所实现的二氧化碳减排量。在选取指标时，可借鉴国内试点项目的经验，参考信息披露制度较完善的银行做法。此外，新的披露要求需与现有的信息披露制度有效衔接，确保零碳信息的一致性和高质量，为投资者提供更准确的决策基础。

在资本监管第三支柱框架下，根据第一支柱的分级情况细化绿色与棕色信贷资产信息的披露。目前，资本充足率报告虽已涵盖资本结构和风险加权资产，但对于绿色与棕色信贷资产的风险权重仍缺乏足够的透明度和具体性。因此，除了明确资产的风险权重计算方法，监管部门还应加强对银行在能源转型与环境风险管理方面的披露要求，从而有助于评估这些贷款在能源转型中对银行资产负债表和经营业绩的全面影响，同时也支持更广泛的监管，便于市场参与者进行有效的风险评估和决策。

将气候压力测试作为主要工具，促进气候风险的有效管理和全面信息披露。参考 TCFD 和 NGFS 的指南与技术指引，银行应在治理、战略、风险管理、指标与目标等方面进行深入的气候信息披露。鉴于国内银行在气候风险披露方面尚处初级阶段，应提升数据的完整性和质量，从而帮助银行更有效地应对气候变化挑战，同时增强服务绿色金融发展的能力。

落实央行定向支持绿色金融政策工具的信息披露要求。目前对碳减排支持工

具等绿色金融政策工具的信息披露仍不充分，贷款对象、贷款用途、利率政策等关键信息的透明度较低，不利于外部监管机构了解银行在绿色金融领域的具体操作。可借鉴美国财政部疫情期间"薪酬保护项目"的处理方式，公开披露所有对小型企业贷款的详细信息，以增强社会对定向支持工具的监督，提升政策的公信力和执行力。

第六节　主要结论与政策建议

一、主要结论

碳达峰与碳中和目标预示着中国经济正迈向"净零碳排放"模式，这必然要求作为现代经济核心的金融体系全面实现向"零碳金融"的转型。为实现"双碳"目标，积极发展绿色金融并引导银行等金融机构为绿色低碳项目提供长期、低成本资金成为关键的金融机制。本章聚焦于以银行为核心的金融体系，系统梳理了在商业银行资本监管中纳入零碳因素的政策背景、理论基础和具体实践。基于《巴塞尔协议Ⅲ》对银行资本监管的三支柱设计，我们进一步探讨构建我国零碳金融新资本监管框架的可行性及具体措施。

在进行第一支柱中考虑差异化资产风险权重的可行性分析时，本部分研究利用现行的内部评级法（高级方法）与权重法（标准法）并行的资本计量方法来识别差异化的绿色资产风险权重的效果。通过比较内部评级法实施后，使用内部评级法的银行与使用权重法的银行在配置绿色信贷上的差异，估计差异化绿色资产风险权重计量的可能效果。

首先，使用内部评级法的试点银行相比于使用标准法的对照组银行，在该方法正式实施之后发放了更多的绿色信贷。从而证明了在绿色项目风险权重较低时，在差异化的资本监管下，使用内部评级法的商业银行可以为绿色低碳项目提供更多的信贷资金。不仅如此，引入内部评级法后，内部评级法银行相对于权重法银行配置绿色信贷的比例不断上升。

其次，相较于其他行业，棕色行业企业从内部评级法银行获取信贷的可能性相较于权重法银行显著减小。此外，我们发现在内部评级法实施前，相较于其他行业，棕色行业企业从内部评级法银行（此时还是权重法）获取信贷的可能性显著高于权重法银行，说明棕色企业从两类银行获取信贷能力的变化确实由内部评级法导致。因此，在内部评级法下，企业受制于棕色行业高风险特征带来的高风险权重，更难从银行获得信贷资源。

最后，内部评级法实施后，相较于其他行业，棕色行业中更依赖于内部评级法银行的企业的投资规模显著减小。该棕色企业对内部评级法银行的依赖程度每提高 10%，相较于其他行业，其投资规模将下降 0.14%。此外，棕色行业中更依赖于内部评级法银行的企业的雇佣规模显著减小。该棕色企业对内部评级法银行的依赖程度每提高 10%，相较于其他行业，其雇佣规模将下降 1.07%。

以上结论表明，差异化的资产风险权重提供鼓励银行配置风险较低的绿色信贷，同时减少配置风险较高的棕色信贷，这确实可以提高信贷资金促进零碳目标实现的效率。同时，资产风险权重的差异可能会对棕色行业的发展产生一定的限制作用。

为解决在第二支柱中引入对气候风险监管时缺乏权威指引的问题，本章提出了构建适用于银行授信管理和风险管理的中国银行业 ESG 评价体系的具体措施。针对第三支柱中金融机构环境信息披露与资本监管联系微弱的问题，本章认为应该从将金融机构环境信息披露与资本信息披露进行融合和强化我国银行业零碳金融信息披露两方面入手予以解决。

二、主要政策建议

经过以上分析，将零碳因素纳入资本监管框架，对于推动绿色金融发展，助力我国实现"双碳"目标具有重要战略意义。基于对零碳因素纳入商业银行资本监管的政策背景、理论基础和具体实践的系统梳理和对《巴塞尔协议Ⅲ》银行资本监管三支柱的具体扩充方案分析，总结提出以下几方面的政策建议。

（一）稳步推进我国零碳金融的新资本监管框架的构建

第一，开展深入研究，提供证据支持。目前在第一支柱中引入气候风险的主要困难是缺乏微观层面上证实绿色资产风险较低的有力证据。因此需要深入开展系列研究，提供区分不同资产风险权重的量化依据，并评估将零碳因素纳入资本监管对经济的微观和宏观影响。

第二，持续开展试点，积累有利经验。推动区域试点与行业试点并行，一方面，在试验区开展降低绿色资产风险权重的区域试验，探索具有地方特色的零碳金融发展模式；另一方面，针对指向性清晰的特定绿色行业，如风电、光伏领域，适当降低绿色资产风险权重，激励银行投放资金。

第三，追踪监管效果，升级政策工具。在区域试点与行业试点并行的基础上，我国应同步展开对主流风险管理工具的评估，并及时报告监管效果，探索地方化和行业化的监管工具，为健全监管制度提供实践依据，最终形成综合性的工具集。

第四，夯实落地基础，强化人才培养。在推动绿色金融发展和转型的过程中，无论是基础研究和区域试点，还是探索国际前沿，我国都需要大量的专业人才。

同时，零碳金融本身的综合性对相关从业人员提出了多样化的要求，因此，我们亟须培养复合型人才，为政策落地提供良好的人力资源基础。

第五，接轨国际标准，加强监管指引。巴塞尔银行监管委员会发布的《气候相关金融风险的有效监管原则》为银行业和监管机构提供了广泛且灵活的气候风险管理与监管实践指引，我国应结合当前的实践情况，将符合我国需要的原则有机融合到后续的政策指引中。

（二）构建我国零碳金融的新资本监管框架的具体措施

1. 第一支柱

在资本监管第一支柱中引入绿色支持因子，实行差异化绿色资产风险权重，降低绿色资产的风险权重。对于权重法，可直接对符合绿色信贷标准的项目降低风险权重；对于内部评级法，可赋予绿色信贷项目绿色风险权重折扣系数，进一步降低其风险权重。

在资本监管第一支柱中引入棕色惩罚因子，实行差异化棕色资产风险权重，提高棕色资产的风险权重。对于权重法，可考虑直接对高耗能和高污染的项目降低风险权重；对于内部评级法，可赋予高耗能和高污染项目棕色风险权重惩罚系数，进一步提高其风险权重。

在设计差异化绿色（棕色）资产风险权重计量方法时，需兼顾长期零碳转型与短期经济稳定。根据前文的研究结果可知，差异化绿色（棕色）资产风险权重会限制棕色行业的投资与雇佣规模。如果棕色资产的风险权重比绿色资产高出太多，那么棕色行业受到的负面冲击可能导致投资和就业下降过多，产生长期零碳转型与短期经济稳定的矛盾。因此，不同资产类别的风险权重要谨慎设置，绿色资产与棕色资产的风险权重差别不宜设置太大。

在设计差异化绿色（棕色）资产风险权重计量方法时，考虑行业动态发展带来的影响。对某些棕色行业，但本身是绿色行业的上游产业，可以在发展初期不提高甚至适当降低其相关信贷的风险权重，待产能稳定后恢复或者提高其风险权重。例如，多晶硅产业，在其产量较低、价格偏高时放松风险权重要求以满足下游光伏产业需求，在其产能释放时提高风险权重以避免产能过剩。

2. 第二支柱

在资本监管第二支柱中，考虑进行"双碳"目标达成进度压力测试。目前气候风险压力测试主要关注火电、钢铁和水泥行业企业，评估碳排放成本上升对企业还款能力的影响。将"双碳"目标达成进度纳入第二支柱监管框架，使其更有指导性和目的性，更有效地完善对金融机构的外部监督。

扩充气候风险压力测试数据源，建立更为完善的 ESG 评价体系，从而将 ESG 评级信息纳入银行风险管理。将 ESG 评价结果与企业融资成本和规模有机结合，对于 ESG 评级高的绿色企业可以给予利率优惠，同时动态评估信贷全生命周期 ESG 绩效表现，确保绿色项目切实落地；对于 ESG 评级低的棕色企业可以采用灵活的增信方式，帮助企业设置 ESG 评级目标与风险反馈机制，派遣 ESG 评级专员指导企业提升 ESG 评价水平，助力棕色产业顺利转型。

整合气候风险分析治理方法，丰富我国金融机构气候风险分析案例集。深入了解我国金融机构在具体项目、产品和业务中的环境风险管理经验，引入真实案例和可量化数据，如碳排放数据、环境评估报告等。分析金融机构在风险评估和尽职调查中采用的方法，包括环境影响评估、气候风险评估等。结合金融监管部门对金融机构环境风险管理的要求和指导，以及金融机构在遵循相关规定方面的实践，丰富我国金融机构气候风险分析案例集，为金融机构面对环境风险的具体应对策略提供有益参考。

3. 第三支柱

建议制定更具体的商业银行零碳信息披露标准，对环境效益的关键指标进行定量披露。我国商业银行的零碳信息存在不披露、不统一、不可比等问题。因此，强化零碳信息披露要细化披露要求，如要求银行在 ESG 报告中详细披露绿色金融产品所实现的二氧化碳减排量。在选取指标时，可借鉴国内试点项目的经验，参考信息披露制度较完善的银行做法。此外，新的披露要求需与现有的信息披露制度有效衔接，确保零碳信息的一致性和高质量，为投资者提供更准确的决策基础。

在资本监管第三支柱框架下，将环境信息披露与资本信息披露有机结合，推进商业银行"环境-资本"融合信息披露。目前，资本充足率报告虽已涵盖资本结构和风险加权资产，但对于绿色与棕色信贷资产的风险权重仍缺乏足够的透明度和具体性。因此，除了明确资产的风险权重计算方法，监管部门还应加强对银行在能源转型与环境风险管理方面的披露要求，从而有助于评估这些贷款在能源转型中对银行资产负债表和经营业绩的全面影响，同时也支持更广泛的监管，便于市场参与者进行有效的风险评估和决策。我国商业银行资本充足率报告可以提供衡量银行财务稳健性和资本充足程度的重要信息，但往往缺乏对零碳因素的考量，按照资本充足率报告的披露思路，未来可鼓励商业银行按照零碳风险等级（或者 ESG 等级）分类披露资产的违约概率、风险暴露、风险加权资产等重要信息，促进信息披露的质量提高。

此外，应加强企业数据披露培训，开拓信息披露渠道，建立我国 ESG 信息披露数据库。强化与披露企业及利益相关方的交流互动，指导中小企业依照评价体系标准披露相关信息并编制 ESG 披露报告，提升外部评级机构评级流程透明度与评级信息公开度。同时基于上述信息实现量化评价与动态更新，并参考企业披露数据、政务开放数据和 ESG 评级数据等多方信息，建立我国 ESG 信息披露数据库。

拓展国际合作，完善信息披露标准体系。虽然我国是全球第一个建立绿色信贷统计标准和统计制度的国家，但如何将我国建立的绿色信贷、绿色债券和绿色行业分类标准与国际接轨，甚至推广至全球，成为国际范围内被广泛接受的绿色金融分类标准，对于进一步完善零碳金融的监管框架具有重要意义。因此，我们应深化与 NGFS、巴塞尔银行监管委员会和欧洲银行管理局等组织的多边国际合作，促进绿色金融国际经验共享，从而提高绿色金融标准的可执行水平，为推进制定零碳金融的资本监管框架的国际规范贡献中国智慧和中国方案。

参 考 文 献

《中国绿色金融发展报告》编写组. 2021. 我国绿色贷款业务分析. 中国金融，（12）：48-50.

马骏. 2018. 降低绿色资产风险权重. 中国金融，（20）：46-47.

马文杰，余伯健. 2023. 企业所有权属性与中外 ESG 评级分歧. 财经研究，49（6）：124-136.

中国人民银行. 2019. 中国绿色金融发展报告（2018）. 北京：中国人民银行.

中国人民银行. 2021. 中国货币政策执行报告：2020 年第四季度. 北京：中国人民银行.

中国人民银行. 2022. 中国货币政策执行报告：2021 年第四季度. 北京：中国人民银行.

中国人民银行. 2023. 中国金融稳定报告 2023. 北京：中国人民银行.

Benetton M，Eckley P，Garbarino N，et al. 2021. Capital requirements and mortgage pricing：evidence from Basel II. Journal of Financial Intermediation，48：100883.

Berenguer M，Cardona M，Evain J. 2020. Integrating climate-related risks into banks' capital requirements. Paris：I4CE Institute for Climate Economics.

Campiglio E. 2016. Beyond carbon pricing：the role of banking and monetary policy in financing the transition to a low-carbon economy. Ecological Economics，121：220-230.

Campiglio E，Dafermos Y，Monnin P，et al. 2018. Climate change challenges for central banks and financial regulators. Nature Climate Change，8：462-468.

Dafermos Y，Nikolaidi M. 2021. How can green differentiated capital requirements affect climate risks? A dynamic macrofinancial analysis. Journal of Financial Stability，54：100871.

Dankert J，van Doorn L，Reinders H J，et al. 2018. A green supporting factor：the right policy?. https://www.suerf.org/policynotes[2023-05-06].

EBF. 2017. Towards A Green Finance Framework. Brussels：European Banking Federation.

EC. 2018. Action Plan：Financing Sustainable Growth. Brussels：European Commission.

ECB. 2022. Climate Risk Stress Test. Frankfurt：European Central Bank.

Fraisse H，Lé M，Thesmar D. 2020. The real effects of bank capital requirements. Management Science，66（1）：5-23.

Ma J, Caldecott B, Volz U. 2020. Case studies of environmental risk analysis methodologies. Paris: NGFS.

NGFS. 2020. Guide for supervisors Integrating Climate-related and Environmental Risks into Prudential Supervision. Paris: NGFS.

Repullo R, Suarez J. 2004. Loan pricing under Basel capital requirements. Journal of Financial Intermediation, 13 (4): 496-521.

Thomä J, Gibhardt K. 2019. Quantifying the potential impact of a green supporting factor or brown penalty on European banks and lending. Journal of Financial Regulation and Compliance, 27(3): 380-394.

Volz U. 2017. On the role of central banks in enhancing green finance. Geneva: UN Environment Inquiry.

第七章　推动零碳金融市场发展的投融资机制

金融市场的核心作用是优化资源配置，构建透明、高效的零碳金融市场，这有助于推动金融资源更合理地配置、助力碳中和目标的实现。本章着眼于国家战略需求和国际研究前沿，探究如何建立健全零碳金融市场的投融资体系，从而更好地服务市场交易主体，实现资金流通，提高资金利用效率。本章聚焦于研究零碳金融市场中的融资机制、投资机制与碳定价问题，在学习借鉴国际经验的同时，立足于中国金融市场发展现状，提出政策建议。

第一节　零碳投融资体系的内涵与架构

2016 年 8 月，中国人民银行等七部门联合发布《关于构建绿色金融体系的指导意见》，明确"绿色金融"的概念，明确提出绿色金融服务"双碳"目标的总体思想。在此基础上构建零碳金融市场，将进一步扩大、优化绿色金融已取得的成果，从而助力"双碳"目标的实现。

零碳金融市场具有以下功能：优化金融资源配置，使得资源更多流向更能帮助实现碳中和目标的市场主体；帮助零碳金融需求企业筹集资金；为有融资需求的地方政府筹集足够的资金；为想要实现零碳、绿色转型的企业提供资金以帮助这些企业实现转型；市场中的多种零碳金融产品可以帮助市场参与者分散风险。

着眼于国家战略需求和国际研究前沿，本章探究如何建立健全零碳金融市场的投融资体系，从而更好地服务市场交易主体，实现资金流通，提高资金利用效率。零碳投融资体系是引导零碳金融市场内各融资需求方与投资需求方参与市场的总体大框架，设立高效、合理、透明的零碳金融投融资体系架构将对零碳金融市场焕发活力、有效服务各方需求端起到决定性作用。本章聚焦于研究零碳金融市场中的零碳融资体系、零碳投资体系和零碳交易体系（图 7-1），在学习借鉴国际经验的同时，立足于中国金融市场发展现状，提出政策建议。

零碳融资体系的主要功能是满足零碳金融融资需求方的资金需求。主要零碳融资需求方有政府、企业和个人。其中企业是最重要的零碳融资需求方，有六种类型企业：一是有零碳转型需求的对传统能源依赖高的企业，如电力、造纸、化工、水泥、钢材行业企业等；二是绿色技术产业上游资源企业，如硅料、锂、钴、铜、镍等原料企业；三是零碳技术创新企业，如光伏、风电、锂电、氢能等行业

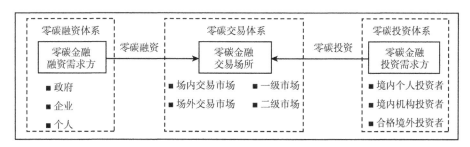

图 7-1　零碳投融资体系架构图

企业；四是零碳基础建设企业，如光伏一体化、绿色建筑、绿色基建企业；五是零碳产品品牌企业，如生产新能源车等低碳最终产品企业；六是积极实践零碳理念的其他企业。主要的零碳融资产品包括零碳债券和零碳信贷。

零碳投资体系的主要功能是满足零碳金融投资需求方的资金需求。投资者类型大致包括具有零碳金融投资需求的境内个人投资者、境内机构投资者（商业银行、证券公司、保险公司、信托公司、公募基金、私募基金等）与合格境外投资者。零碳投资不仅仅是为了投资环境保护工程，而且是投资实现碳中和目标中社会经济体方方面面的生产消费方式的变革。研究零碳投资行为，有利于帮助了解投资群体的偏好效用、投资习惯、决策成因，为政策制度融入零碳投资目标提供理论基础，从而更好地引导碳中和目标的实现，推动零碳投资的发展。

零碳交易体系是供零碳金融生态体系内各零碳融资需求方与零碳投资需求方，对零碳金融产品进行交易的场所。交易主体包括零碳融资需求方，如零碳融资需求企业等；零碳投资需求方包括有零碳投资需求的境内个人投资者、境内机构投资者与合格境外投资者。交易场所包括场内零碳金融交易场所、场外零碳金融交易场所。交易产品包括零碳信贷产品、零碳股权产品、零碳债券产品、零碳衍生品等。

零碳交易体系包括一级市场、二级市场、零碳交易市场，其中零碳交易市场是专门针对碳排放权等零碳衍生品的交易场所。我国当前碳金融衍生品交易市场以碳市场为主。碳市场是以碳排放权配额为交易产品的交易市场，企业可根据自身排放需求在其中进行碳排放权配额交易，从而市场化节能减排。研究碳金融衍生产品交易市场的意义在于市场化碳排放量的分配，建设高效、合规的碳市场将引导企业规范碳排放量，带动企业提高节能减排意识，这是零碳目标达成路径重要的一环。透明、高效的零碳交易市场是实现市场参与者相互制约、多方共赢局面的基础保证。

零碳金融产品是零碳投融资体系中交易的核心，是零碳金融市场中的关键。针对不同需求的交易主体设计丰富多样的零碳金融产品能有效助力零碳金融市场建设，为零碳目标的实现做出重要贡献。零碳金融产品的意义在于为零碳交易市场提供优质产品。合理且规范的零碳金融产品将为零碳金融市场提供持续的流动性，将在零碳投融资体系中发挥关键作用。主要的零碳金融产品包括零碳信贷、零碳债券、零碳股票和碳排放权等零碳衍生品。

目前零碳投融资体系的建设还存在着一些问题，如投融资体系不健全、零碳金融产品构建不完善、碳交易市场不统一等问题。具体而言：①应监督和完善零碳投融资体系，注意其投融资规模须与实体经济碳效率提升相关产业的规模相契合；②统一全国碳交易市场，完善碳排放交易体系及相关政策；③完善零碳债券和零碳信贷政策等，发展零碳投融资金融产品及零碳衍生品。

本章将针对以上问题做出研究，主要研究内容有：其一，提出我国零碳金融市场的零碳投融资体系的内涵与架构；其二，就零碳投融资体系中零碳债券和零碳信贷两种最重要的零碳融资金融产品，对其发展现状及存在问题进行梳理研究，并提出相应的发展建议；其三，就零碳投资体系中最重要的零碳金融工具——零碳股票进行探讨，在总结发展现状的基础上，探讨股票市场碳风险定价问题，并针对零碳股票存在的发展挑战提出相应的政策建议；其四，对碳交易市场的碳定价机制研究可以为政策制定提供参考，确保政策的统一并维持长期可持续性，为构建完善的碳交易市场提供借鉴意义。

第二节　零碳投融资体系的融资机制

本节重点研究零碳债券和零碳信贷两种零碳融资产品，在总结发展现状、政策现状及存在问题的基础上，提出促进我国零碳债券和零碳信贷发展的政策建议：对于促进零碳债券的发展，从发债主体、碳主题债券、信息披露机制、评估认证机制、投资者参与等方面提出相关政策建议；对于促进零碳信贷的发展，从银行端激励机制、政策目标、监督管理等方面，以及从企业端信息披露标准、警惕"漂绿"风险等方面提出相应的政策建议。

一、零碳债券

（一）零碳债券发展现状

零碳债券，又称为碳中和债券，主要为实现碳中和目标的项目提供融资支持。气候债券倡议组织（The Climate Bonds Initiative，CBI）成立于 2010 年，是关注债券市场以应对气候变化的国际非营利机构。根据 CBI 对绿色债券的定义，绿色债券即对各缔约方在《巴黎协定》中的目标有所帮助的债券，是比零碳债券更为宽泛的概念。我国绿色债券起步较晚，但发展较快。2016 年以来，我国绿色债券规模和数量增长迅速，截至 2023 年第三季度末，绿色债券发行总规模达 7.67 万亿元（图 7-2）。

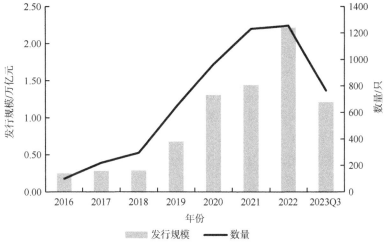

图 7-2 我国绿色债券发行规模与数量

碳中和债券属于普通绿色债券的子类别。碳中和债券是我国特有的绿色债券种类，相对于其他绿色债券，碳中和债的资金用途更为聚焦、存续期信息披露标准也更为严格。我国碳中和债券首发于 2021 年，2021 年 2 月 9 日，中国银行间市场交易商协会官网发布动态中提到在绿色债务融资工具项下创新推出碳中和债，同日中国南方电网、中国长江三峡集团、华能国际、国家电力投资集团、四川省机场集团、雅砻江流域水电开发有限公司等 6 家企业注册的首批碳中和债成功发行。截至 2023 年第三季度末，共发行 553 只碳中和债券，发行总规模为 6689.75 亿元（图 7-3）。可以看出，相较于绿色债券发行数量和规模，碳中和债券的发行数量和规模要小很多。

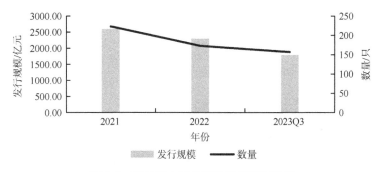

图 7-3 我国碳中和债券发行规模与数量

（二）零碳债券发展存在的问题

绿色债券作为绿色融资中重要的金融工具，可以为帮助资本高效地流向符合标准的绿色项目起到重要作用。随着固碳、减碳等项目日渐受到重视，碳相关债券也逐渐受到重视。2022 年，绿色债券标准委员会发布的《中国绿色债券原则》中将碳中和债划分为普通绿色债券中的一类，碳中和债具有更为严格的信息披露机制。

虽然绿色债券政策已有多年的发展，但目前仍有未完全解决的痛点问题。不仅如此，面对新发展中的零碳债券等新情况，也需要继续对政策进行更新和完善。目前，仍存在以下问题。

其一，我国绿色债券投资主要集中在绿色金融债及私募债券，其他种类绿色债券占比较小，发展不够均衡。

其二，碳中和债作为绿色债券中的一类中国特有债券，在达成"双碳"目标方面具有重要的作用和意义。但是目前投资者，尤其是海外投资者，对碳中和债的了解程度和认可程度均有待提高，需要进一步完善政策和加大宣传力度。

其三，信息披露一直是绿色债券中非常重要的环节。具有透明的、高效的、可量化的信息披露制度，才能督促绿色债券真正产生环境效益，可以有效防范"漂绿""洗绿"风险。另外，良好的信息披露制度可以增加投资者对投资绿色债券的信心，调动投资者的积极性。但目前国内除绿色金融债外，其他绿色债券的信息披露制度还不够完善，没有统一的信息披露框架、环境绩效指标。

其四，国内对绿色债券具有独立的第三方评估认证仅为鼓励性的建议，并没有强制要求。同时，如何使国内具有绿色债券评估认证资质的机构名单对市场方便可得，各种不同的评估认证机构如何发挥各自优势协同发展，不同评估认证机构的认证报告如何统一，都是需要解决的问题。

其五，中外投资者都是绿色债券市场中的重要参与方。与海外投资者相比，国内投资者的绿色投资意识还不够强，对绿色债券的认识还有待提高。在海外投资者方面，如何帮助海外投资者了解国内绿色债券、拓宽其投资国内绿色债券渠道，是促进中国绿色债券市场更好发展的重要问题。

（三）促进我国零碳债券发展的政策建议

1. 完善对不同发债主体的鼓励政策

从存量上看，我国目前的绿色债券主要是政府及金融机构发行的。从政策上看，我国绿色金融债的监管制度较为完善，央行及中国银行间市场交易商协会分别在2018 年和 2022 年对其存续期信息披露做出了补充说明。绿色金融债券存量大、信息披露较为透明使得投资者更倾向持有绿色金融债。但从调查结果上看，投资者，尤其是海外投资者，还希望增持绿色公司债。发展不同种类的绿色债券，首先需要加大对不同发行人的鼓励力度。目前，我国已经在六省九地开展绿色金融改革创新试验区，帮助企业发行绿色债券。下一步可以在全国范围内推广绿色债券鼓励政策，全方位帮助不同种类的绿色债券发展。针对目前绿色债券成本优势不足的问题，可以进一步降低企业发行绿色债券的费用，提高绿色债券发行人的发债积极性。

2. 积极发展碳主题相关债券

碳中和债作为我国特有的绿色债券种类，其募集资金必须 100%用于与碳减排和选定项目相关的项目、资产或支出，且必须披露特定的温室气体减排量化信息。虽然目前碳中和债存量数据已具备一定的规模，但碳中和债目前仅在国内发行，下一步可以对国际投资者进行推广和普及。同时，由于碳中和债券中环境信息披露的重要性，应对碳中和债券中的环境信息披露等要求做出统一和规范。尽可能给出可量化的环境信息指标和标准的环境信息披露框架，方便市场了解碳中和债的环境效益。

3. 完善信息披露机制，建立信息披露框架

针对不同发行人的特点，给出相应可执行、可量化的信息披露模板。内容上可以分为资金投放（指是否投向合格项目）、项目资格（指项目是否符合要求）及环境效益（指项目预期或实际达到的环境效益）三个方面。针对不同行业的特点，由各行业自律组织给出相应的绿色债券指导规范。对于发行人而言，完善的信息披露框架可以降低发行人的发行成本，调动绿色债券发行市场积极性。对于投资者而言，根据 CBI 发布的《中国绿色债券投资者调查报告 2022》，完善的信息披露机制是提高绿色债券对投资者吸引力至关重要的因素，这与国际经验相吻合。

在环境绩效披露上，应做到标准统一。目前国际上主流的环境绩效指标为范围 1 和范围 2 温室气体排放量，单位为二氧化碳当量。阿里巴巴集团在其 2022 年环境、社会和治理报告中也使用此单位来说明其环境绩效。统一的环境绩效指标可以对发债主体产生一定的约束，防范绿色债券"洗绿""漂绿"的风险。对于第三方评级机构而言，统一的环境绩效指标也规范了其评估报告的量化指标。政策应引导发债主体及第三方评估认证机构做好环境绩效换算工作，这对督促市场通过绿色债券实现"双碳"目标具有积极的意义。

4. 完善第三方评估认证机制

独立的第三方评估认证对于防范化解绿色债券的"洗绿"风险、增强市场对绿色债券的信心具有很强的作用。在逐渐强制化绿色债券第三方评估认证的过程中，也要认识到目前我国第三方评估认证机构数量不足、良莠不齐、评估时间长、效益低等问题。针对这些问题，需完善第三方评估认证基础设施的建设，培养优质的本土化第三方评估认证机构，完善评估认证流程。同时简化第三方评估认证机构的市场化审批流程，帮助有资质的第三方评估认证机构获得资质认证。绿色债券标准委员会应及时公布获得资质的评估认证公司的名单，并设立专门的网页实时更新和展示，以帮助市场获得具有资质的评估认证公司信息。

绿色项目认证机构、学术机构、审计公司及绿色评级公司各有其优势与资源，应针对不同类别的评估认证机构，给出相应的监管和引导。对于第三方评估认证机构出具的报告，应该给出相应的报告模板。统一的认证报告可以有效引导第三方认证机构公平公正地对绿色债券进行评估，也可以帮助市场衡量绿色债券评级，增强市场信心。

5. 鼓励海内外投资者参与绿色债券投资

与海外投资者相比，国内投资者对绿色债券投资意愿相对较低。更多海外投资者投资于特定绿色债券基金，表明海外投资者在绿色投资方面相对更加成熟。针对国内投资者，应加强绿色债券的宣传教育，帮助投资人更好地认识绿色债券及碳中和债，并参与绿色债券投资。由于目前不同类型的证券对海外投资者设置了不同的准入门槛，国际投资者参与绿色债券市场变得更为复杂，影响了其参与积极性。因此，应积极引进海外投资者，扩宽海外投资者参与国内绿色债券投资的渠道。

二、零碳信贷

（一）零碳信贷发展现状

零碳信贷是绿色信贷中的一个子类别，近年来发展迅速。在早期阶段，以环保为主题的绿色信贷逐步发展，而后，专门针对各种包括减碳在内的细分主题的专题信贷规模也持续扩大。我们同时整理了作为大类的绿色信贷以及作为子类别的碳相关信贷的发展规模。

截至 2023 年 9 月，我国本外币绿色贷款余额达到 28.58 万亿元（图 7-4），本外币绿色贷款余额同比增长 36.7%；基础设施绿色升级产业贷款余额达到 12.45 万亿元，同比增长 32.8%；清洁能源产业贷款余额达到 7.27 万亿元，同比增长 36.2%；交通运输、仓储和邮政业绿色贷款余额达到 5.1 万亿元，同比增长 13.8%；电力、热力、燃气及水生产和供应业绿色贷款余额达到 6.8 万亿元，同比增长 27.6%。

关于零碳信贷方面，截至 2023 年 9 月直接碳减排效益项目贷款余额达到 9.96 万亿元（图 7-5），同比增长 19.7%；间接碳减排效益项目贷款余额达到 9.14 万亿元（图 7-6），同比增长 64.4%。

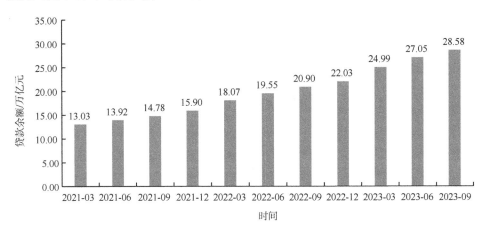

图 7-4 中国本外币绿色贷款余额

资料来源：CSMAR

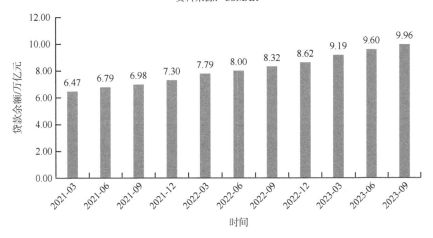

图 7-5 直接碳减排效益项目贷款余额

资料来源：CSMAR

图 7-6 间接碳减排效益项目贷款余额

资料来源：CSMAR

（二）零碳信贷政策现状

绿色信贷在我国的绿色金融体系中是起步最早、规模最大，同时也是政策体系最成熟的组成部分。早在 1995 年，中国人民银行印发的《关于贯彻信贷政策与加强环境保护工作有关问题的通知》中，便提出"金融部门在信贷工作中要重视自然资源和环境的保护"。2005 年，《国务院关于落实科学发展观加强环境保护的决定》明确提出"推行有利于环境保护的经济政策。建立健全有利于环境保护的价格、税收、信贷、贸易、土地和政府采购等政策体系"。

2007 年，《国务院关于印发节能减排综合性工作方案的通知》鼓励和引导金融机构加大对循环经济、环境保护及节能减排技术改造项目的信贷支持。

在此背景下，2007 年 7 月，国家环境保护总局、中国人民银行、中国银行业监督管理委员会三部委联合印发《关于落实环保政策法规防范信贷风险的意见》，加强环保和信贷管理工作的协调配合，强化环境监督管理，严格信贷环保要求，促进污染减排，防范信贷风险。此意见的发布是我国环保信贷监管的起点性事件，标志着信贷支持环境保护业务从此进入了系统性监管阶段。随后多个省份出台了相关监管规范细则，绿色信贷这一概念被广泛认知和接受。

此后，监管制度逐步完善，绿色信贷的具体概念也得到了扩展升级，更加全面、更加细致。2012 年，随着国务院《"十二五"节能减排综合性工作方案》等背景文件的出台，中国银行业监督管理委员会下发《绿色信贷指引》，面向银行业金融机构，专门针对绿色信贷提出了全面的管理框架以及细致的运营流程。文件在总则中要求"银行业金融机构应当从战略高度推进绿色信贷，加大对绿色经济、低碳经济、循环经济的支持，防范环境和社会风险，提升自身的环境和社会表现，并以此优化信贷结构，提高服务水平，促进发展方式转变"。

绿色贷款是指金融机构发放给企（事）业法人或国家规定可以作为借款人的其他组织用于支持环境改善、应对气候变化和资源节约高效利用，投向环保、节能、清洁能源、绿色交通、绿色建筑等领域项目的贷款。2016 年，中国人民银行等部门发布《关于构建绿色金融体系的指导意见》，该文件指出要从以下七个方面大力发展绿色信贷：构建支持绿色信贷的政策体系；推动银行业自律组织逐步建立银行绿色评价机制；推动绿色信贷资产证券化；研究明确贷款人环境法律责任；支持和引导银行等金融机构建立符合绿色企业和项目特点的信贷管理制度；支持银行和其他金融机构在开展信贷资产质量压力测试时，将环境和社会风险作为重要的影响因素，并在资产配置和内部定价中予以充分考虑；将企业环境违法违规信息等企业环境信息纳入金融信用信息基础数据库。

绿色信贷发展至今已有较为成熟的监管体系。随后，将监管细则分类整理，从信贷提供端、信贷需求端两个方面分析绿色信贷监管框架结构。

1. 信贷提供端——银行业金融机构角度

其一，银行绿色信息披露及评级。2021 年，中国人民银行印发的《银行业金融机构绿色金融评价方案》总则中明确绿色金融业务是指银行业金融机构（法人，下同）开展的各项符合绿色金融标准及相关规定的业务，包括但不限于绿色贷款、绿色证券、绿色股权投资、绿色租赁、绿色信托、绿色理财等。

其二，银行绿色信贷业务考核评估。2013 年，《中国银监会办公厅关于报送绿色信贷统计表的通知》要求各类银行业金融机构向中国银行业监督管理委员会统计部门报送绿色信贷统计表。2018 年，中国人民银行制定了《银行业存款类金融机构绿色信贷业绩评价方案（试行）》，明确而详尽地对金融机构绿色信贷业绩的评价方法做出了规定和指示，指出了具体的指标与计算方法。

其三，绿色信贷流程管理。2012 年，中国银行业监督管理委员会印发了《绿色信贷指引》，在第四章中，指引要求银行业金融机构应当加强授信尽职调查、对拟授信客户进行严格的合规审查、加强授信审批管理、通过完善合同条款督促客户加强环境和社会风险管理、加强信贷资金拨付管理和贷后管理以及加强对拟授信的境外项目的环境和社会风险管理。

其四，绿色信贷扶持机制。2016 年，中国人民银行等七部门联合发布的《关于构建绿色金融体系的指导意见》提出，探索通过再贷款和建立专业化担保机制等措施支持绿色信贷发展。对于绿色信贷支持的项目，可按规定申请财政贴息支持。

2. 信贷需求端——企业角度

其一，企业环境责任法律。2013 年，环境保护部等部门基于《中华人民共和国环境保护法》（1989 年）的要求印发了《企业环境信用评价办法（试行）》。该办法的第一章总则界定企业环境行为是指企业在生产经营活动中遵守环保法律、法规、规章、规范性文件、环境标准和履行环保社会责任等方面的表现。

其二，企业环境信息披露。2021 年，生态环境部发布了《企业环境信息依法披露管理办法》。2021 年，生态环境部办公厅印发了《企业环境信息依法披露格式准则》。该准则要求使用通俗易懂的语言表述，以便公众理解，进一步推动了面向群众的企业环境信息披露。此外，准则还要求纳入碳排放权交易市场配额管理的温室气体重点排放单位应当披露碳排放相关信息。

其三，企业绿色信用评级评价制度。2013 年，环境保护部等部门印发了《企业环境信用评价办法（试行）》。该办法对企业环境信用评价的评价指标和等级、评价信息来源、评价程序、评价结果公开与共享、守信激励和失信惩戒等方面进行了规定。

其四，激励与惩戒机制。2013 年，环境保护部等部门印发了《企业环境信用评价办法（试行）》，第六章规定了守信激励和失信惩戒机制。2021 年生态环境部发布了《企业环境信息依法披露管理办法》，第五章明确规定了罚则。针对不遵守信息披露规定的行为，主管部门可以采取一定的惩罚措施。

（三）促进我国零碳信贷发展的政策建议

1. 针对银行端

其一，由于绿色信贷有助于节能减排和绿色转型，应进一步提高银行机构对重大环境和社会风险的识别与有效比对能力，采取有差别的、动态的授信策略，对重点行业实行风险敞口管理，提高绿色信贷资源的配置能力和效率，强化政策的正向激励机制和风险防范机制。

其二，绿色信贷政策的目标是服务绿色转型，对于由行业特征导致高污染、高耗能的企业，应鼓励其积极主动参与节能减排环境治理，鼓励其加大对绿色发展技术研发的投入。

其三，银行执行绿色信贷政策时需要在对企业放贷后持续对企业贷款使用情况进行全程监督。建议对绿色信贷业绩评价结果实行信息披露制度，将信贷使用情况纳入评级体系，分档次执行奖惩，通过市场公开传导压力，加强利益相关者对银行执行绿色信贷的监督制约。

其四，在部分行业、企业和地区中，绿色信贷对企业环境治理行为的监督作用还没有得到充分发挥，政府需要不断推进绿色信贷政策的探索与实践，出台相关配套措施，提升包容性，以满足不同特点的绿色贷款客户的需求。

其五，对于排污耗能情况特别严重的行业进行专项治理，以贷款形式推动整治。

2. 针对企业端

其一，企业端的披露标准应当更加统一。国内的披露标准已逐步统一，接下来加强国际交流，与国际接轨，建立全球化、标准化的披露制度。

其二，对于企业端信息披露的覆盖面应更广。目前涉及的企业主要是一些高污染、高耗能行业，总体市场占比并不高。绿色金融应当是全市场共同参与的重要转型方向，各行各业都应披露绿色信息。

其三，应警惕企业的"漂绿"风险。有文献证明（刘程，2022），在绿色信贷政策出台后，一些政府环境治理力度较小地区的重污染企业出现了披露质量下降以及策略性披露的情况，包括隐藏坏消息以及挑选时机披露消息等。证券部门应严格监管重污染上市公司的环境信息披露质量，避免上市公司通过降低环境信息披露质量来隐藏其负面信息，要充分发挥重污染上市公司治理机制的作用。为了有效促进绿色信贷对实现碳达峰、碳中和目标的积极作用，绿色信贷部门应加强对贷款企业环保信息披露质量方面的审查，防止重污染企业掩饰和隐瞒环保信息的行为，方能提高绿色信贷配置效率。

第三节　零碳投融资体系的投资机制

应对气候变化、实现"双碳"目标离不开生产方式的变革和绿色低碳技术的创新。零碳股票与零碳信贷、零碳债券均是以实现"双碳"目标为纲、为生产经营和技术创新配置资金的金融工具。本节就零碳投资体系中最重要的零碳投资金融工具——零碳股票进行探讨，在总结发展现状的基础上，探讨了股票市场碳风险定价，并针对零碳股票存在的发展挑战提出相应的政策建议。

一、背景与发展现状

相较于信贷和债券融资，股权融资在支持绿色低碳技术创新方面具有独特优势。技术创新前期投入大、周期长，在技术传导路径、成果转化过程和商业回报等方面均存在不确定性，风险较高。信贷和债券融资通常受制于风险标准和监管要求，无法满足企业创新的融资需求。而股权融资作为一种长期融资形式，与技术创新的长周期特征可以更好地匹配，使公司能够更加灵活地进行研发和技术创新。同时，投资者得以通过持有股权分享企业未来的增长，支持零碳技术创新企业从种子期、初创期进入成长期和成熟期，再通过上市等更多元的融资渠道退出。这种模式符合收益覆盖成本加风险的基本逻辑，也是国际上金融支持科技创新的主流。

与发展较为成熟的绿色信贷和债券相比，绿色股票仍处于发展的早期阶段，聚焦于碳中和领域的零碳股票更是尚在萌芽中。绿色股票的概念最早在欧洲市场出现，2020 年 5 月，全球首只绿色股票在瑞典面世，由瑞典银行和国际气候研究中心合作进行评估。2021 年，纳斯达克在其北欧市场推出"绿股贴标"自愿计划。按照纳斯达克的界定标准，公司的绿色收入和绿色投资必须超过 50%，且化石燃料活动带来的收入比例必须低于 5%，并满足其他环境相关要求。纳斯达克批准的评审服务机构将对公司是否符合标准进行定性评估，提供评估报告。为了维持绿色股票资质，公司必须承诺由批准的评审服务机构进行每年的有限评估，并每年更新关键环境数据，以在 ESG 数据门户中分享。如果公司发生结构性或其他重大变化，则需要进行全面评估。否则，仅每三年进行一次全面评估。纳斯达克另外推出了绿色转型贴标计划，对于绿色收入比例没有最低门槛要求，但绿色投资占比需要超过 50%，公司从化石燃料活动中获得的收入比例必须低于 50%，以反映它们在转型方面的努力和贡献程度。

在我国，与零碳信贷和债券相比，零碳股票起步晚，股权融资占比低，仍然存在较大发展空间。尽管当前尚未形成对零碳股票的统一界定标准，但长期以来我国一直支持零碳股票的发展，推动资本市场对绿色低碳企业的融资支持，促进资本市场的绿色转型和投资理念的转变。2016 年，中国人民银行等七部门联合发布《关于构建绿色金融体系的指导意见》，提出要积极支持符合条件的绿色企业上市融资和再融资。2020 年正式提出"双碳"目标后，《关于完整准确全面贯彻新发展理念做好碳达峰碳中和工作的意见》再次强调要支持符合条件的绿色企业上市融资和再融资。上海证券交易所发布的 2022 年社会责任报告中指出，上海证券交易所积极服务国家"双碳"目标，支持新能源、节能环保等绿色企业实现融资发展，畅通绿色股权融资渠道。2022 年，科创板新增新能源与节能环保行业上市公司 7 家，募集资金 242.6 亿元，分别占全年科创板的 6% 和 10%。

与此同时，监管部门也在拓展股权投资创新产品，推出绿色股票指数，拓宽股权投资渠道，加大对绿色低碳产业支持力度。《关于构建绿色金融体系的指导意见》提出支持开发绿色债券指数、绿色股票指数以及相关产品。鼓励相关金融机构以绿色指数为基础开发公募、私募基金等绿色金融产品，满足投资者需要。2021 年中共中央办公厅、国务院办公厅印发的《关于深化生态保护补偿制度改革的意见》同样强调要研究发展基于水权、排污权、碳排放权等各类资源环境权益的融资工具，建立绿色股票指数。2022 年 1 月，上海证券交易所、上海环境能源交易所（简称上海环交所）、中证指数有限公司正式发布了中证上海环交所碳中和指数（简称：SEEE 碳中和，代码：931755）。指数基于我国现有的能源结构与状况，从碳中和的实现路径出发，应用上海环交所自研开发的碳减排模型，选取沪深市场中深度低碳领域中市值较大的，以及高碳减排领域中碳减排潜力较大的，合计 100 只上市公司证券作为指数样本，以反映 A 股市场中对国家"双碳"目标实现贡献较大的上市公司的整体表现。2022 年 7 月，首批中证上海环交所碳中和 ETF（exchange traded funds，交易型开放式指数基金）发行，募集总规模超 160 亿元。SEEE 碳中和指数取得了良好的碳减排示范作用，2016~2022 年，样本股平均碳强度与行业平均相比显著下降，年均下降比例为 32.29%。样本股自身碳强度也呈现逐年下降趋势，2022 年样本股平均碳强度较 2016 年累计下降 18.97%。①

2023 年中央金融工作会议指出，要做好科技金融、绿色金融、普惠金融、养

---

① https://www.cneeex.com/c/2023-07-14/494326.shtml。

老金融、数字金融五篇大文章。我国绿色金融市场对全球的吸引力和影响力不断增强，将帮助中国把气候挑战转化为机遇。在实现"双碳"目标过程中，既有风险较低、适合使用贷款和债券等债权融资的项目，也有风险较高、更适合利用股权融资的项目。因此，需要建立并推广零碳股票的评价标准和相关金融工具，为企业提供期限更长、灵活性更高的融资工具，同时为投资者提供符合风险偏好、收益率更高的投资机会。

二、碳风险在股票市场的体现

随着气候变化引发的经济后果越来越显著，碳排放的相关风险引起了广泛关注，碳风险正在成为影响资产的一类新风险特征。具体到股票市场中，一些研究发现碳风险能够影响股票的预期收益率。

一部分研究认为，股票市场中存在正的碳风险溢价，即碳排放越高，企业的股票预期收益率越高。Pástor 等（2021）指出，在均衡状态下，由于投资者对绿色资产的偏好和此类资产对冲气候风险的能力，绿色资产的预期收益较低。Bolton 和 Kacperczyk（2021）使用美国股市数据，发现碳排放与股票预期收益率呈正相关，说明投资者已经要求对碳排放风险进行补偿。Bolton 和 Kacperczyk（2023）使用 77 个国家超过 1.4 万家公司的数据，发现在所有行业和大多数国家，碳排放水平和增长率更高，股票收益率更高，进一步支持了正碳溢价的存在。

与此同时，尽管均衡状态下股票市场具有正碳溢价，但在非均衡状态下，碳排放与股票收益率可能呈现负相关关系，绿色资产带来暂时性的超额收益率（Pástor et al.，2021）。当气候变化引发足够强烈、超出预期的关注时，投资者更加偏好绿色资产，消费者更加偏好绿色产品，绿色资产的表现可能会超过棕色资产。影响机制有二：第一，投资者对绿色资产的需求增加，直接推高绿色资产价格；第二，消费者对绿色产品的需求增强，推高绿色公司的利润，进而推高其股价。不过，绿色资产的超额收益是暂时的，未来伴随的是更低的预期收益率。

国内学者同样对碳风险在股票市场中的定价进行了研究。早期研究更多关注碳信息披露对企业价值的影响。例如，闫海洲和陈百助（2017）以我国上市公司为样本，发现公司进行碳排放信息披露对其市场价值有正向的影响。最近的一些研究则更加关注碳风险溢价在中国股票市场中的体现。王浩等（2022）手工收集了上市公司的碳排放数据，获得了 246 家公司的 801 个公司年观测值，发现企业的直接碳排放与间接碳排放强度均与股票超额收益率具有正向关联。张晓燕等（2023）则基于目前最全面的碳排放数据库 Trucost 中 2014 年至 2020 年近 2000家中国上市公司碳排放数据，发现直接碳排放强度和间接碳排放强度更高的股票预期收益率显著更高，且在"双碳"目标公布后更显著，说明中国股票市场逐步认知碳风险。

也有一些学者认为，股票市场并不存在碳溢价。例如，Görgen 等（2020）没有发现显著的碳风险溢价。这表明投资者可能并未因承担碳风险而寻求补偿，或许是因为他们能够通过非交易性资产对冲这种风险，也可能是因为投资者并未充分意识到与碳相关的财务风险，或者是因为可用数据和相应的预测模型尚未充分发展，无法准确解释和预测碳风险。Aswani 等（2023）也发现碳排放与股票预期收益率无关。一方面，之前发现碳溢价的研究主要基于数据提供商的估计数据，而估计数据往往与企业基本面和行业特征相关，用企业实际披露的数据无法得到这一结论。另一方面，之前的研究对于碳风险测度标准不一致，其中一个关键争议在于衡量碳风险的指标应该采用碳排放总量还是碳排放强度。主张采用碳排放总量的一派认为，净零排放是一个绝对减排目标，而非比值，除以销售收入会产生数据噪声，降低数据质量。而主张采用碳排放强度的一派认为，碳排放总量与公司规模有关，且许多公司披露的零碳计划都是以排放强度来表述的。在控制行业固定效应后，碳排放强度与股票预期收益率无关。

此外，也有一些研究关注机构投资者在应对碳风险中发挥的作用。通过提高投资组合中低碳企业的比重，机构投资者得以激励企业绿色转型，产生了积极的社会效益。Azar 等（2021）探究美国资管"三巨头"（贝莱德集团、先锋领航、道富环球）在助力碳减排中的作用。实证结果表明，"三巨头"更多参与到那些二氧化碳排放高、其持股比例更高的上市公司。"三巨头"的持股与随后的碳排放之间存在显著负关联，这一关系在这三家机构公开承诺应对 ESG 问题之后变得更加显著。

三、零碳股票市场的发展挑战

（一）气候信息缺乏明确、统一的披露标准，数据质量和可验证性有待提高

一方面，国际气候相关披露要求存在差异，国内监管部门出台的披露要求较粗糙且分散于多部门政策文件中，缺乏针对细分行业的披露操作细则指引，导致企业按不同部门要求披露的信息缺乏可比性，不利于投资者和利益相关方进行准确比较与评估，对投融资决策贡献有限。另一方面，碳排放相关数据的收集往往是一个复杂且成本高昂的过程，对于许多中小企业，没有足够的技术和人力资源来收集、分析和披露环境相关数据，这种资源的限制导致信息披露不充分，数据质量不高。

（二）融资工具不够丰富，高碳行业转型难以吸引资金，碳风险定价不充分

目前融资结构仍以银行贷款和债券为主，股权融资占比低，无法满足不同风险特征的项目需求。资金方通常青睐以新能源为代表的绿色低碳产业，亟须转型的高碳行业难以得到资金支持，容易导致"未立先破"的失衡局面。目前的融资工具更倾向于支持可以直接进行碳减排的企业，而未充分支持能为其他企业提供减碳改造等相关服务的企业，对经济绿色转型的金融支持不充分。与此同时，由于气候信息披露存在困难以及气候变化引发的风险往往复杂交织，传统工具难以对风险进行精确定价，导致资源错配概率上升。金融机构需重新评估气候风险，但由此面临风险定价模型的假设、输入、情景分析等均需进行根本性调整的巨大挑战。

（三）我国零碳投资仍属于起步阶段，各类市场参与者的零碳长期投资理念有待于进一步加强

虽然近年来环保、可持续发展等理念逐渐升温，但对于零碳长期投资理念的理解仍然存在差异。一些市场参与者可能仅在短期内考虑投资回报，而未能深刻认识到零碳投资的长期收益和社会价值，缺乏对这一理念的长远眼光。碳排放数据透明度不足、不一致，使投资者在决策过程中难以全面了解企业的真实状况，政策的不确定性也阻碍了企业对零碳长期投资的积极响应，影响了零碳长期投资理念的形成。

（四）零碳专业及复合型人才紧缺

零碳股票市场发展需要一大批具备高素质、高水平的人才来支撑，而目前仍存在较大的人才缺口。零碳投资的特殊性要求从业者不仅要熟悉环保、气候变化等零碳相关领域的专业知识，还需要深刻理解金融市场的运作机制和投资策略。然而，目前市场上对这类人才的培养相对不足，导致企业在零碳领域的战略规划方面面临一定的困扰，金融机构在将气候风险纳入投资决策时遇到困难。

四、政策建议

（1）建立健全与国际接轨、符合中国实践的信息披露框架，综合考虑利益相关方诉求、披露主体差异等多方面因素，设计差异化的指标披露制度，明确过渡政策预期。完善碳排放统计核算和审计制度，加快建立碳排放数据库。发展第三方评估和认证业务，利用人工智能等新技术，对气候风险和环境效益进行高效评价，确保资金投向真正的零碳项目上。

（2）发展零碳股票市场，支持绿色低碳转型企业进行股权融资，吸引社会资

金广泛参与。在现有体系下，高碳行业向低碳转型的经济活动不能得到充分的金融支持，绿色金融目录没有完全包含转型类经济活动，八大高碳行业外的许多行业同样需要逐步减碳。探索设立符合绿色低碳转型要求的股票板块，支持高碳企业在落实相关产业政策的基础上进行低碳转型项目融资，在股票市场，对"双碳"领域重点行业和拥有核心技术的中小企业给予重点支持。鼓励各类风险资本支持零碳创新，设立碳中和相关的股权投资基金，推动创新。

（3）引导投资者树立零碳投资理念，培育长期投资者，壮大专业机构队伍，鼓励保险、养老基金等长期资金投资绿色低碳项目。与碳中和的要求和国际最佳实践相比，中国投资者对绿色投资的认可度、专业性及前瞻性还有一定的差距。加强零碳投资理论宣传教育，提升个人和机构投资者对零碳投资的认识，使其更加了解零碳项目的潜在回报和环境效益。全面提高投资者对零碳资产的分析和风险管理能力，不应简单地摒弃高碳行业，从而为符合"双碳"目标的项目提供长期限、低成本资金。

（4）健全人才培养与发展机制，建设碳计量、碳认证等碳金融人才服务体系。增强企业与金融机构气候风险管理和内部治理能力，根据气候信息披露要求和行业特征，有针对性地提供培训和技术指导。

第四节　零碳投融资体系的碳定价机制

从 1992 年《联合国气候变化框架公约》到 1997 年《京都议定书》，再到 2015 年可持续发展目标，最后到《巴黎协定》，降低温室效应带来的恶劣气候影响已经成为各国（地区）政府和社会的共同目标。《巴黎协定》于 2016 年 11 月 4 日正式生效，标志着世界各国（地区）在共同应对气候变化和控制温室气体排放方面逐步达成了一致理念。

尽管具体目标和实现路径有所区别，但零碳转型已逐步成为全球主要经济体发展的中长期目标之一。同时也要看到，世界经济发展仍伴随着旺盛的能源需求，目前全世界 83% 的一次能源来自化石燃料，化石燃料是碳排放的主要来源。特别是新兴经济体和发展中国家在经济发展过程中能源需求不断增加，这将进一步加大其统筹零碳转型、能源安全和经济发展的挑战。而作为实现《巴黎协定》目标[①]的最重要的具体手段，碳定价已成为世界长期关注的议题之一。本节就碳定价相关问题进行研究，具体内容包括阐述碳定价现实意义、碳价格理论测算，阐述碳税机制与碳交易市场机制两种重要的碳定价机制，并以期通过介绍欧盟碳衍生品市场的建设经验为我国的碳市场建设提供借鉴与参考。

---

① 21 世纪将全球气温升幅限制在 2℃ 以内，同时寻求将气温升幅进一步限制在 1.5℃ 以内。

一、碳定价的现实意义

指导资源配置的核心是价格，而为碳制定价格是引导资源投入绿色转型的核心。碳定价中，碳是指以二氧化碳为代表的温室气体，定价是对温室气体排放以吨二氧化碳当量为单位给予明确定价的机制。碳定价通过设置合理的碳排放价格，纠正碳排放的负外部性，是当前解决气候问题最主要的政策工具之一，对于人类社会的可持续发展具有重要的现实意义。

碳定价可实现排碳者付费，从而有效减缓全球二氧化碳排放量。环境保护和气候变化问题通常被视为公共品或准公共品，因此面临着"搭便车"和"道德风险"等挑战。碳排放权定价继承了环境治理领域污染者付费的原则，通过为碳排放行为设定经济成本，将碳排放带来的环境损害由造成该损害的碳排放责任人承担。这种内部化过程即为碳排放权定价，使得碳排放行为面临明确的经济责任，从而解决"搭便车"和"道德风险"等问题，逐步实现排碳者付费。这一机制在全球范围内的逐步推广为人类可持续发展奠定了坚实基础，并为全球合作提供了解决思路。

二、碳价格的理论测算

秉承"排碳者付费"的原则，为碳排放行为定价主要遵循两个方向：一是排放成本的测算，即测算排放 1 吨二氧化碳所增加的社会总成本，主要方法为碳社会成本法；二是减排成本的测算，即测算减排 1 吨二氧化碳所需要花费的边际经济成本，主要方法为碳减排成本法。

（一）碳社会成本法

事实表明碳的排放导致了气温升高、海平面上升、极端天气事件频率增加等，气候变化对于经济和社会福利等造成了实质性的损害。碳社会成本的计算旨在量化单位碳排放造成的这些经济影响。

碳社会成本测算碳排放对于社会造成的负担和成本。碳社会成本计算框架多根植于"社会效益-成本分析"，主要基于全球视角，测算碳排放带来的社会效用的收益和成本，通常将未来气候边际成本和收益贴现加总得出每个时间点的边际减排成本，从而量化碳排放造成的这些经济影响。目前通常使用综合评估模型（integrated assessment models，IAM）来估计排放对社会福利的影响而获得。IAM是基于气候相关的历史数据、假设和情景构成的 CGE，其中动态综合气候经济（dynamic integrated climate economy，DICE）模型是 IAM 中较为广泛使用的，其他的还有温室气体效应政策分析模型（policy analysis of greenhouse effect，PAGE）以及不确定性、协商和分配气候框架（The climate framework for uncertainty，negotiation and distribution，FUND）模型等。测算得出的碳社会成本通常会随着时间的推移而增加，因为根据模型的逻辑，温室气体浓度较高时，碳排放对于经济的损害更大。

根据 IAM 等模型的结构和参数选择①，碳社会成本价格取决于未来的排放量、气候变化、社会折现率、减排成本等多个关键假设和变量，以及变量变动。一方面，碳排放对于气候变化的影响和经济伤害的准确关系尚不明确。IAM 等模型中表达气候对于经济损害的损失方程通常基于历史数据拟合碳排放和经济伤害的关系。据世界经济论坛的报道，2018 年二氧化碳浓度已是 80 万年以来的最高水平，这个数值还在继续增长。历史上较低碳浓度时碳排放对于气候影响的历史数据，可能对于现在和将来没有参考价值。另一方面，碳社会成本的计算涉及几十年的跨期效用折现，折现所使用的社会折现率②的微小变化，都会对碳估值产生巨大影响③。

（二）碳减排成本法

碳减排成本计算碳价主要从投入成本最优化的角度，指在特定的减排目标下，以最低成本实现减排这一目标所需的碳价，即得到最低成本路径。

碳减排成本是指达成减排目标的最低成本。在给定减排目标的情况下，主要有专家评估法和模型推导法两类方法来计算达到目标所需要的最低成本曲线，一般也称为边际减排成本曲线。一是专家评估法，即专家分别评估措施（包括新能源技术、建筑节能减排和碳储存）等对应的减排成本和潜力，将各项减排技术的减排成本从低到高排序，以代表实现增量减排水平的成本；二是模型推导法，一方面包括"自上而下"的基于 CGE 考虑的排放预测与政策分析模型，这类模型通常将整体经济与行业相关联。另一方面，"自下而上"的模型包括市场配置模型和目标图像能源区域模型等，通常测算部分行业和地区在不同减排目标下的最低成本，通过在各年份给定不同排放限制的条件下重复运行模型，获得某一时间点的静态减排曲线。

总的来看，两个碳定价的定价理论和方式，都从不同维度上为各国环境政策

① IAM 等主流的碳社会成本测算模型，一般主要有五个部分：一是未来排放量预测，即没有减排措施的情况下，排放量如何随着经济和人口增长而变化；二是碳储量函数，即年排放量中的多少转化到大气的浓度水平中，继而导致地球更高的温度；三是碳伤害方程，即地球温度升高对于经济的伤害测算；四是社会福利方程，表示所有时段的福利效用总和，其中包括折现未来福利效用的社会折现率；五是减排成本，即气候相关投资的成本。

② 社会折现率越小则表明越关注后代人的利益。

③ 折现率从 2.5%增加到 5%，估算的结果会相差超过 5 倍。例如，2.5%和 5%的社会折现率下，2015 年的碳社会成本分别为 128.5 美元和 19.7 美元。

的制定和评估提供了理论支撑。

三、碳定价的理论与实践

在理论上，解决负外部性需要一套成套的机制设计，因为它涉及如何保护社会和环境的利益，以及如何确保经济活动的可持续性，具体来看一般有以下两种方式。

第一种方式是通过税收、罚款等手段对于负外部性造成的损害征收相应的费用，再转移支付给受到损害的群体。政府可以通过税收和罚款来强制企业或个人承担其行为对环境和社会造成的损害，然后将这些资金用于环境保护、社会福利和其他相关领域，以弥补受到损害的群体所遭受的损失。

第二种方式是基于科斯定理，通过市场机制对公共品的供给界定产权，实现对产权和负外部性的有效交易定价。科斯定理认为，如果产权得到明确界定，市场交易成本为零，那么无论初始产权如何分配，都可以通过市场交易达到资源的最优配置。因此，如果能够明确界定公共品的产权，那么就可以通过市场机制来降低负外部性的影响。例如，如果某个企业排放污染物导致环境污染，那么可以通过建立排污权市场来明确界定产权，并允许企业之间进行排污权交易。这样，企业就可以通过购买排污权来减少其排放量，从而实现环境保护和经济效益的双重目标。

在减排实践中，与之对应，碳税和碳排放交易系统是当前全球最被广为采纳的碳定价执行机制。根据世界银行的统计，2023 年全球有 73 个以碳税或碳排放体系为主的直接碳定价机制，其中包括 37 个碳税机制和 36 个碳排放交易体系。

四、碳税机制

碳税对化石燃料造成的温室气体污染征收费用，全球各大洲均有国家实施。碳税为价格调控手段，通过对煤炭和石油等碳基燃料以及排放二氧化碳的工业过程征收附加费，从而为各国碳排放提供固定的价格。碳税可以作为环境税费的组成部分，也可以设立单独的碳税税种。芬兰在 1990 年最早征收碳税，截至 2023 年末，全球有 37 个碳税机制覆盖约 5.8%的全球总排放量，主要分布在欧洲，其中主要国家的碳价在 20 美元到 130 美元之间。美洲、非洲和亚洲也有征收碳税的国家，墨西哥、南非、日本等国家的税率普遍低于 10 美元/吨二氧化碳，此外，美国的部分州、加拿大的部分省也征收碳税。

碳关税增加进口商品碳相关成本，欧盟方案已立法通过。碳关税可视为碳税的一种，是指主权国家或地区对高耗能进口产品中隐含的碳排放所征收的关税，防止高碳价地区企业将其生产移到低碳价的地区。2023 年 4 月，欧盟理事会率先通过碳关税方案[碳边境调节机制（carbon border adjustment mechanism，CBAM）]，对未执行欧盟同等强度碳减排措施的进口产品征收碳关税。将于 2023 年 10 月 1 日起实施，2023～2025 年过渡期内仅需申报产品碳排放量，2026 年起正式征收碳关税。CBAM 最初适用于生产过程中碳密集、"碳泄漏"风险最大的水泥、钢铁、铝、化肥、电力和氢气行业。碳关税的实施将迫使欧盟的国际贸易伙伴必须采取与欧盟类似的碳减排措施，欧盟希望以此推进其争夺全球碳定价的主动权。

筑造国际碳关税壁垒的行为在国际上其实存在巨大争议。例如，COP28 期间，欧盟的 CBAM 遭到来自巴西、中国、印度等国家的批评。不少专家认为，CBAM 本质是一种单边贸易保护措施，既不利于实现脱碳目标，也不利于国际贸易。印度铁铝出口商因为欧盟的 CBAM 损失高达 20 亿美元，中国生产的钢铁、铝等有色金属出口贸易也遭受到巨大冲击。

五、碳交易市场机制

从当前运行情况来看，碳排放权的交易在各个国家和地区的 ETS 建设实践中认知较为一致，普遍是指企业将实施节能减排举措后获得的剩余排放温室气体的权利进行交易，权利的来源主要包括政府基于总量控制分配的配额或者企业基于项目产生的抵消额。因此，全球 ETS 的市场结构也具备相似之处，基本包括了"初始分配—现货流通—风险管理"三个环节，即政府通过初始分配将碳排放权交付到指定企业，企业之间再进行碳排放权的现货交易，并利用衍生品交易管理风险。

初始分配环节是碳排放权的一级市场。主要功能是创造碳排放权配额和项目减排量（碳信用）两类基础碳资产。碳配额的产生主要通过免费分配和拍卖两种途径，项目减排量的产生则需根据相应方法学完成项目审定、监测核证、项目备案和减排量签发等一系列复杂的程序，当碳配额或项目减排量完成注册程序后，就成为持有机构能正式交易、履约使用的碳资产。其中，碳配额的初始分配一般基于"总量控制"原则，由政府采用"拍卖+免费分配"混合的方式将碳排放权交付给参与企业。各个区域分配在拍卖和免费分配上的比例有所不同。例如，美国区域温室气体倡议（Regional Greenhouse Gas Initiative，RGGI）和西部气候倡议（Western Climate Initiative，WCI）加利福尼亚州的拍卖比例分别占 90%以上，如欧盟从 ETS 运行第一期的 100%全部免费分配逐步提升至第四期的 53%配额实行拍卖，韩国 ETS 免费分配比例从初始阶段（2015～2017 年）的 100%降至第三阶段（2021～2025 年）的 90%以下。

现货流通环节是碳排放权的二级市场。交易双方对碳排放权交易的数量、价格等达成协议并实现所有权转移。从交易方式看,全世界差别不大,部分区域使用单独的交易系统进行交易(如 RGGI 在其二氧化碳配额跟踪系统进行交易),另一些区域直接在交易所进行交易(如欧盟在欧洲能源交易所和洲际交易所交易,韩国在韩国证券交易所交易)。从交易参与者看,大部分国家和地区的金融机构在此环节开始参与碳交易业务。巴克莱银行在 EU ETS 中充当做市商,韩国从 2019 年开始指定韩国产业银行和韩国中小企业银行为碳配额的做市商。

风险管理环节主要是指碳排放权的衍生品交易市场。世界各地呈现出较大的分化。欧盟金融市场成熟,目前相关的金融衍生品包括远期、期货、掉期和期权等基础产品,以及价差合约、指数产品等。美国 RGGI 相关的期货和远期交易目前直接在洲际交易所上市交易,交易量逐年上升。韩国在指定金融机构成为做市商的同时,开始引入衍生品市场完善市场功能。

碳交易市场设计的目的是提供真实、有效的碳价格,为零碳转型过程中的要素配置提供明确的参考信号。因此,碳交易市场在政策考虑和实际操作中形成了有别于一般大宗商品或有价证券市场的微观交易机制和风险防范机制。

(一)碳配额存储

配额存储允许纳入碳排放交易体系的企业将未使用的配额存起来以便在未来的履约期使用。它将当前的排放量减少以换取以后的排放量增加,是当前已有 ETS 的重要组成部分。配额存储使得企业能够跨期安排碳排放配额,有助于实现成本效益。此外,由于企业可以选择在碳价较低的时候购买碳排放权存储,并在未来碳价较高时抛售,碳配额存储还有望减少价格波动。ICAP 最新报告认为,配额存储是大多数碳市场有效运作的核心。

2007 年末,欧盟 ETS 的碳排放权价格降至 0.06 欧元/吨,主要原因就是其第一阶段供过于求叠加当时交易体系的不允许跨期存储政策。第一阶段的配额只能在 2005~2007 年使用,市场参与者无法将当前的低价碳配额储存并用于抵消未来的碳排放。几近于零的碳价导致市场失灵,此后,欧盟允许市场参与者可以不受限制地存储碳配额。新西兰的 ETS 和 RGGI 也没有限制。

(二)市场稳定储备

如前所述,2008 年以后欧盟碳交易体系中,企业可以不受限制地在不同年份储存欧盟碳排放配额(EU allowances,EUA)。按照跨期套利的逻辑,EUA 价格应该不断上升。但 EUA 直到 2018 年初价格仍然非常低(在 3~9 欧元/吨)。主要原因有两个:一方面,经济衰退导致总需求减少;另一方面,由于跨期储备的存在,流通中的碳配额总量在 2008 年至 2013 年间持续增长,达到 21 亿吨。

过低的碳价仍然不利于推动企业增加零碳相关技术研发投入,为了解决供需不平衡问题并确保碳中和目标实现，欧盟决定在 2019 年开始实行市场稳定储备，如果碳配额总量达到预设上限，超过部分会被转入市场稳定储备，如果碳配额总量下降到某个较低的阈值以下，则从市场稳定储备中释放配额。在后续的改革中，欧盟还规定，如果市场稳定储备中的配额数量超过拍卖的配额数量，从 2023 年起，配额将被永久取消。此外，同意将欧盟排放交易计划第四阶段（2021~2030年）的线性折减系数从 1.74%提高到 2.2%，大幅降低了可用配额。从 2019 年到 2020 年，欧盟碳排放权价格飙升并稳定在 20~30 欧元/吨的范围内，自 2020 年秋季以来，EUA 价格进一步增长至 2021 年中期的 50~60 欧元/吨。

六、欧盟碳衍生品市场的建设

在欧盟碳市场建立初始，碳现货和期货市场同步开始建设。期货市场在价格发现、风险管理和推动碳资源有效配置上扮演着重要角色。根据中金研究院的报告，在欧盟碳市场建设的第二阶段，碳期货市场的交易量占到了全部碳配额交易量的 90%。表 7-1 展示了全球四个主要交易平台及相关品种。

表 7-1　不同交易所的碳衍生品

交易所	一级市场产品	二级市场产品
纽约商品交易所	无	月度欧盟碳排放配额期货
		月度欧盟碳排放配额期权
欧洲能源交易所	欧盟碳排放配额和欧盟航空排放配额的拍卖	日度欧盟碳排放配额和欧盟航空排放配额期货
		月度、季度和年度欧盟碳排放配额期货
		年度欧盟碳排放配额期权
		年度欧盟航空排放配额期货
洲际交易所	无	日度欧盟碳排放配额期货
		月度欧盟碳排放配额期货
		月度欧盟航空排放配额期货
		季度欧盟碳排放配额期权
纳斯达克OMX集团	无	日度欧盟碳排放配额期货
		季度、年度欧盟碳排放配额期货

资料来源：各交易所官网

其中，洲际交易所是欧洲碳期货的主要交易场所，我们还重点关注了 EUA 期货和期权的合约设置（表 7-2）。

表 7-2　EUA 期货和期权品种的合约

EUA 期货	1. 合约大小：1 手合约包括 1000 EUAs（即 1000 吨二氧化碳），最小交易单位：1 手
	2. EUA 期货是可交割合约，其中在合约月交易停止时持仓的每个结算成员都有义务在 EUA 交割期内向交易账户或从交易账户收取 EUA 交割。到期日为合同月份的最后一个星期一
	3. EUA 交付期是指从合同最后一天交易后的第二个工作日伦敦当地时间 09：00 开始，到最后一天的第三个工作日 15：00
EUA 期权	1. EUA 期权合同是 EUA 期货合同的期权。到期行使期权后，一手 EUA 期权将成为一手 EUA 期货合约
	2. EUA 期权合约为欧式期权
	3. 期权合约的标的资产为当年 12 月的期货。例如，2022 年 3 月期权的标的资产是 2022 年 12 月的 EUA 期货

资料来源：洲际交易所官网

参与者方面，期货市场的交易量主要在商业企业（如电力公司）和金融中介机构（如投资银行、商业银行）之间。通常来说，商业企业持有碳期货的多头，而金融中介机构持有碳期货的空头。咨询公司 Oxera 关于碳期货市场的报告指出，在 2021 年 11 月，金融中介机构持有了 85% 的空头。与此同时，基金等纯粹投资者参与碳期货市场的交易量，只占到总仓位的 4%。上述期货市场投资者结构的组成，表明期货市场仍然以商业企业的风险管理需求来主导，同时碳期货的定价也能充分反映实体经济对碳期货的需求。

相较于其他实体期货品种，碳期货并没有储存成本，其交割也可以通过电子化的方式自动完成。此外，在欧盟设定的每一个阶段中的不同时间里，EUA 并不会贬值。因此理论上 EUA 不同期限的期货价格，应该等于所在时间点减排所需要承担的成本。

不同机构基于欧洲设定的碳排放目标，预测了 2030 年碳排放的价格。经济合作与发展组织预测 2030 年碳价格需要达到 120 欧元/吨才能实现《巴黎协定》的目标；市场研究机构安迅思和波茨坦气候影响研究所则预测 2030 年碳价格在 90 欧元/吨到 129 欧元/吨之间。随着全球能源价格的上涨，碳现货的价格也水涨船高，2022 年 8 月一度达到了 90 欧元/吨。对于市场主体来说，进一步凸显了利用碳期货进行风险管理的重要性。

相较于碳期货，碳期权可以帮助市场参与者以更低的成本管理碳风险。根据公开披露的数据，2021 年 11 月碳期权的开仓量为 1.88 亿张 EUA，而 2022 年 11 月开仓量则增加到 3.51 亿张 EUA，涨幅高达 86.7%。碳期权市场的发展也使得信息传递和价格发现更加有效，提升了碳金融市场的完备性。

总的来说，欧洲碳金融衍生品市场通过吸引不同的市场主体（包括商业企业、金融中介、投资基金等）参与碳市场的定价。不同交易目的的投资者充分博弈，生成了清晰的价格目标，从而成功地帮助商业企业更好地管理碳风险。

第五节 本 章 小 结

零碳金融市场投融资体系的主要功能在于优化资源配置：对于零碳金融需求企业而言，通过便利的融资渠道可以更高效地筹集资金，加速实现产业零碳、绿色转型；对于市场投资者而言，可以获取零碳金融产品的独特优势所带来的投资收益；同时，碳交易市场可以提供零碳衍生品等多样化的零碳金融产品，可以进行风险管理，有效分散投资风险。

本章的研究内容集中于研究零碳金融市场中最为关键的零碳投融资体系的融资机制、投资机制及碳定价问题。主要研究内容及结论如下。

（1）梳理了零碳债券发展现状、存在问题，并提出了促进我国零碳债券发展的政策建议。研究发现目前发债企业类别集中，国有企业占比超90%；碳主题相关债券发展规模较小，目前没有关于零碳债券统一的信息披露框架；第三方评估认证机制不完善，机构数量不足，质量良莠不齐，评估时间长；海内外投资者投资意愿有待提高。在此基础上，提出以下政策建议：一是完善对不同发债主体的鼓励政策，降低发行成本；二是积极发展碳主题相关债券；三是完善信息披露机制，建立信息披露框架；四是完善第三方评估认证机制；五是加强投资者教育，拓宽海外投资者参与国内零碳债券投资的渠道。

（2）研究了我国零碳信贷的发展现状、政策现状及政策建议。对于促进零碳信贷的发展，从银行端激励机制、政策目标、监督管理等方面，以及从企业端信息披露标准、警惕"漂绿"风险等方面提出了相应的政策建议，具体如下：一是强化银行等金融机构在提供零碳信贷方面的正向激励机制；二是银行等金融机构要确切执行服务绿色转型的信贷政策目标；三是银行等金融机构对企业零碳贷款使用情况进行全程监督；四是完善企业端零碳相关信息披露标准；五是警惕企业的"漂绿"风险。

（3）探讨了零碳股票的背景与发展现状，并总结了国内外股票市场中碳风险定价问题。提出我国零碳股票发展存在碳信息披露标准不统一、零碳金融工具不够丰富、投资者缺乏长期零碳投资理念、零碳专业及复合型人才紧缺等问题，并针对上述问题提出相应的发展建议：一是建立健全碳信息披露框架，完善碳排放统计核算和审计制度，加快建立碳排放数据库；二是发展零碳股票市场，支持绿色低碳转型企业进行股权融资，吸引社会资金广泛参与；三是引导投资者树立零碳投资理念，培育长期投资者；四是健全人才培养与发展机制，建设碳计量、碳认证等碳金融人才服务体系。

（4）探究了碳定价机制，具体如下：阐述碳定价的现实意义，即通过设置合理的碳排放价格，纠正碳排放的负外部性，是当前解决气候问题最主要的政策工具之一，对于人类社会的可持续发展具有重要的现实意义；分析碳排放行为定价分碳社会成本法和碳减排成本法两种；指出碳税和碳排放交易系统是当前全球广为采纳的碳定价执行机制，并对碳税机制和碳交易市场机制做了详细介绍；最后通过介绍欧盟碳衍生品市场的建设经验，以期对我国碳衍生品市场建设提供一定的借鉴意义。

参 考 文 献

刘程. 2022. 绿色信贷政策会诱发重污染企业策略性信息披露行为吗？——基于《绿色信贷指引》的准自然实验. 武汉金融，（10）：3-13.

王浩，刘敬哲，张丽宏. 2022. 碳排放与资产定价：来自中国上市公司的证据. 经济学报，9（2）：28-75.

闫海洲，陈百助. 2017. 气候变化、环境规制与公司碳排放信息披露的价值. 金融研究，（6）：142-158.

张晓燕，张欣然，王雪. 2023. 中国股票市场的碳风险被定价了吗？. 工作论文.

Aswani J，Raghunandan A，Rajgopal S. 2023. Are carbon emissions associated with stock returns?. Review of Finance，28（1）：75-106.

Azar J，Duro M，Kadach I，et al. 2021. The big three and corporate carbon emissions around the world. Journal of Financial Economics，142（2）：674-696.

Bolton P，Kacperczyk M. 2021. Do investors care about carbon risk?. Journal of Financial Economics，142（2）：517-549.

Bolton P，Kacperczyk M. 2023. Global pricing of carbon-transition risk. The Journal of Finance，78（6）：3677-3754.

Görgen M，Jacob A，Nerlinger M，et al. 2020. Carbon Risk. Augsburg：University of Augsburg.

Pástor L，Stambaugh R F，Taylor L A. 2021. Sustainable investing in equilibrium. Journal of Financial Economics，142（2）：550-571.

第八章　"双碳"目标下的零碳金融两阶段发展战略与政策

第一节　"双碳"目标下两阶段特征

一、我国两阶段的实施基础

立足排放现状，我国碳排放总量大、强度高，区域差异显著。从全球来看，我国碳排放总量全球居前，碳排放强度相对部分发达国家较高但下降趋势明显。总量方面，根据《世界能源统计年鉴 2023》，2012～2022 年，我国能源产生的二氧化碳排放量由 89.78 亿吨上升至 105.50 亿吨，年均增长率为 1.6%（能源研究院等，2023）。我国经济活动快速复苏的同时推动能源需求大幅上升，而当前清洁能源供应尚不足以满足各类用电需求，碳密集能源使用的进一步扩张导致全国碳排放总量快速上涨，2021 年碳排放总量同比增长 6.22%，增长趋势明显。强度方面，我国仍是全球主要经济体中碳排放强度突出的国家，根据《全球能源回顾：2021 年二氧化碳排放》，全球经济产出的平均碳排放强度保持在每 1000 美元 0.26 吨二氧化碳当量，而我国经济产出的碳排放强度则为每 1000 美元 0.45 吨二氧化碳当量（International Energy Agency，2022）。但值得关注的是，根据《中国应对气候变化的政策与行动 2023 年度报告》，2022 年我国单位 GDP 二氧化碳排放比 2005 年下降超过 51%（生态环境部，2023），碳排放效率提升成效显著。地区碳排放水平和行业碳排放水平差异明显。就地区而言，粤港澳和长三角地区的碳排放强度始终低于全国平均水平，成渝、长江中游、京津冀、黄河流域的碳排放强度逐次递增，整体上表现出明显的"南低北高"空间格局，这一形势主要与地区经济基础和发展定位高度相关。就行业而言，受到行业运行特性和绿色发展基础的影响，碳排放总量呈现"二超多强"的态势。根据《中国能源体系碳中和路线图》，由于当前我国能源结构仍以煤炭为主导，我国能源使用造成的碳排放占碳排放总量的 48%，工业造成的碳排放占碳排放总量的 36%，这是造成我国碳排放的两大主要来源。此外，交通和建筑部门也是我国碳排放的主要部门，其碳排放量占总碳排放量分别为 8% 和 5%（International Energy Agency，2021）。

纵观发展要素，要实现碳中和目标，我国能源基础、产业基础和技术储备仍面临较大挑战。一方面，能源结构呈现"一煤独大"特征，能源使用效率较低。我国富煤贫油少气的能源资源禀赋特征突出，能源消费对煤炭的依赖难以在短时间内减轻。截至 2022 年底，我国能源消费中化石能源占比达到 82.5%，其中煤炭占比为 56.2%（国务院发展研究中心资源与环境政策研究所，2023），能源转型压力较大。虽然我国可再生能源利用技术已达到全球领先水平，但解决其间歇性、随机性与不稳定性的关键技术仍不成熟，能源结构调整与能效利用率提高的任务仍较繁重。另一方面，产业发展存在"三高一低"与发展差距较大的问题，产业市场化的转型路径尚待建立。工业仍是我国经济不可或缺的组成部分。然而，其中高污染、高耗能产业仍占较大比重，2012 年至 2020 年间，黑色金属冶炼和压延加工业，化学原料和化学制品制造业，非金属矿物制品业，电力、热力生产和供应业，石油、煤炭及其他燃料加工业，有色金属冶炼和压延加工业，作为工业部门碳排放前六大行业，其间碳排放总量呈小幅增长趋势，且 2020 年二氧化碳排放量累计占比高达 76.72%（国家统计局，2023）。同时，行业系统复杂多样，绿色产业与棕色产业存在绿色属性不同但又相互关联的发展特点。例如，有研究显示新能源汽车的用铜量是传统燃油车的四倍。因此，行业间差距较大及行业间的复杂关系使得制定完全统一的行业行动规则存在难度。

直面减排压力，窗口期偏短、转型基础偏弱为我国实现两阶段目标增加了实施难度。与世界主要经济体碳中和进程进行对比，可以发现，窗口期偏短、发展基础偏弱，使得我国实现两阶段目标时间紧、任务重。虽然世界主要经济体都已经开始实施包括设定碳减排目标，拟订涵盖能源、工业、交通、建筑等多部门行动方案在内的碳中和目标，但对比而言，我国实现碳中和目标明显时间紧、任务重。总体来看我国达峰时间晚、中和周期短，同时考虑到我国的能源、产业与技术基础，相较于发达国家，我国保持经济平稳增长和加快绿色低碳转型协调难度大，短期转型效益较难显现。以能源利用效率为例，我国单位 GDP 能源消耗、用水量仍大幅高于世界平均水平，如根据中国工程院院士杜祥琬研究结论，我国单位 GDP 能耗约为经济合作与发展组织国家的 3 倍、世界平均水平的 1.5 倍（刘泊静，2022）。综合来看，我国需要深刻调整产业结构和发展模式，以确保"双碳"目标在稳中求进中稳妥实现。

二、我国两阶段的特征与路径分析

基于对两阶段划定影响因素的分析以及相关学术研究结论，结合我国碳达峰、碳中和"1+N"政策体系的规划方向，我国碳排放爬坡达峰阶段、碳排放中和达标阶段呈现出各异的排放特征与实现路径。从排放特征来看，综合已有研究结论，爬坡达峰阶段将尽早实现碳排放科学达峰；中和达标阶段初期将经历较短时间的巩固期，此后碳排放总量将快速下降，后期碳排放下降趋势放缓但将进一步下降，最终实现碳中和目标。

一是碳排放爬坡达峰阶段，以释放存量产业潜在动能、加快培育绿色产业新动能、高碳产业科学转型为核心抓手，推动经济社会在达峰中全面绿色转型。一方面，要顺应工业化发展与城镇化进程等发展趋势，继续释放全产业高质量发展的潜在动能，把握达峰窗口期的发展机遇，高质量释放存量产业潜在动能，同时培育战略性新兴产业，推动绿色产业发展壮大，在新旧动能转化中实现结构调整。另一方面，确保高碳产业在统筹发展与安全的双重要求下科学发展，加快布局以清洁能源为核心的、落实碳中和的关键生产动能，这是碳排放爬坡达峰阶段的主要特征。这一阶段碳排放总量仍在上升但碳排放强度逐渐下降。

二是碳排放中和达标阶段，以清洁能源替代、新旧动能转化为核心抓手，建成绿色低碳循环发展的经济体系和清洁低碳安全高效的能源体系。碳排放中和达标阶段实现碳中和目标将主要依托于清洁能源替代为基础能源供应的发展模式变革，以及新旧动能转化的结构性调整。

第二节　两阶段的金融特点

一、金融总量需求

从碳达峰到碳中和阶段，金融总量需求呈现阶段化攀升的特征，总体来看需要大量的金融投入支持"双碳"目标实现。目前国内外多家机构对我国实现"双碳"目标所需的投资额做出预测。在碳达峰阶段，中央财经大学绿色金融国际研究院基于内生增长模型（Pan et al.，2020）预测我国实现碳达峰目标需超 15 万亿元人民币，平均年投资额超 2 万亿元人民币；中国国际金融股份有限公司（简称中金公司）认为碳达峰阶段我国年化投资需求为 22 万亿元[①]；红杉资本中国基金（简称红杉中国）认为 2021～2030 年我国低碳转型的平均缺口约 2.7 万亿元[②]，在碳达峰阶段之后，资金缺口还将明显扩大。在碳中和阶段，中国人民银行、生态环境部等研究机构、金融管理部门和政府部门等多认为我国实现"双碳"目标所需的投资金额将为 130 万亿～190 万亿元，这意味着我国每年需大量资金用以支持以能源产业结构转型为依托，工业、交通、建筑等多领域的产业绿色低碳转型

---

① 《中金公司：中国实现"碳中和"目标预计总绿色投资需求约 139 万亿元》，https://www.chinanews.com.cn/cj/2021/03-25/9440128.shtml。

② 《迈向零碳——基于科技创新的绿色变革》，https://13115299.s21i.faiusr.com/61/1/ABUIABA9GAAgxoy6jgYoyu62yQI.pdf。

及新兴负碳技术的研发,以助力碳中和如期实现,据中金公司、国家气候中心等进一步测算,该阶段内的年化投资需求将较碳达峰时期进一步攀升至 3.5 万亿[①]～3.9 万亿[②]元人民币,转型的金融需求呈倍数扩大。

二、金融支持方向的需求

从碳达峰到碳中和阶段,随着产业发展推进,金融支持方向也呈现出由支持产业高质量发展、引导绿色能源发展和高碳产业达峰,到绿色金融成为主流金融、推动社会全面转型的变化特征。在碳达峰阶段,产业发展主要呈现三大特征:一是部分传统产业在碳达峰进程中仍具有产业结构优化、生产技术升级的上升空间;二是绿色新兴动能的发展成为驱动我国产业碳达峰与经济低碳发展相协调的重要抓手;三是传统化石能源与高碳工业领域亟须在科学达峰的路径引导下有效削峰。为适配产业发展特点,该阶段金融支持相应存在三大方向。一是金融应充分发挥资金融通和资源配置的作用,支持高质量产能的升级发展,带动产业规模由小到大地扩大,促进产业结构由低级向高级升级;二是金融应推动清洁能源在能源结构中增长的有效性,加快相关产业链和配套的建设和完善;三是金融应顺势部署高碳产业的转型路径,为产业低碳生产和降碳减排措施提供资金支持。在碳中和阶段,产业发展已具有显著的绿色本底,实现全面转型成为产业发展的主要目标。为适配产业发展特征与目标,在该阶段,金融支持一方面要把握转型金融的投放效率,既要确保高碳行业全面转型的实现,也要平稳有序地引导化石能源投资退出;另一方面,金融支持应常态化地聚焦至新兴工业、绿色建筑、清洁交通、清洁能源、碳汇等方向,扩大绿色金融的增长规模与支持范畴。

三、金融支持结构的需求

从碳达峰到碳中和阶段,金融支持结构呈现出由体系化进一步向价值化深化的特征。在碳达峰阶段,金融支持结构将体系化,体系化是指金融基于市场供需的发展规律,进行服务与产品优化,即将现代金融体系的建设要求与绿色金融深化发展的要求相融合,夯实金融市场条件,同时将绿色要求注入金融活动,形成二者融合发展的金融体系。从政策要求来看,《金融标准化"十四五"发展规划》

① 《南财快评:碳中和推动绿色金融主流化》,https://m.21jingji.com/article/20210225/herald/f49358a75e68d8153edb6e7ab042d766_ths.html。
② 《中金公司:中国实现"碳中和"目标预计总绿色投资需求约139万亿元》,https://www.chinanews.com.cn/cj/2021/03-25/9440128.shtml。

（中国人民银行等，2022）、《关于推动银行业和保险业高质量发展的指导意见》（中国银保监会，2019）等政策文件已提出了现代金融体系的总体愿景。这一愿景包括到 2025 年，金融体系将具备更强的个性化、差异化、定制化产品开发能力，构建出能够有效满足市场需求的金融产品体系；到 2035 年，金融体系将更加健全，具备科学适用、结构合理、开放兼容、国际接轨的特点。从市场和产业特征来看，生命周期理论认为产业发展通常包括发展、成长、成熟、衰退四个阶段。在碳达峰的产业阶段下，以新兴动能为代表的产业处于蓬勃成长期并逐步迈入成熟期，传统产业面临成熟与转型发展，而落后产能或转型失败的产业则将面临衰退和淘汰，不同生命周期阶段下的企业呈现出对直接融资、间接融资、兼并重组等不同金融支持模式与结构的需求，需要形成多层次的金融供给以满足该阶段下产业发展与转型呈现出的多元、复杂的特征。因此金融市场的持续深化发展本身就是碳达峰阶段金融发展所必需的。此外，由于新兴产业的发展及部分高碳行业转型的客观要求，需要进一步地引导金融流向绿色领域，由此需要加快布局有利于金融向绿色新兴产业流向的政策及市场环境。

在碳中和阶段，金融支持结构将价值化，价值化是指金融定价将在短期收益等传统投资逻辑的基础上进一步考量金融支持的长期价值，并将金融支持的成本收益与产生的社会福祉进行综合考量。该阶段，资源及环境作为生产要素的属性将更加鲜明，产业经济发展也将由单一的规模扩张转换为高质量、优结构的模式，环境效益与气候风险也将成为产业发展的新关注点。在此情景下，金融将不再支持单一产业的无限扩张，而是需要把短期投资与长期价值的综合效益纳入考量，并将气候风险等新风险因子纳入定价与回报机制的考量，引发金融服务和产品的结构变革。内在模式的重塑将形成一个紧密、全面的多层次金融支持体系，通过拓展金融支持价值，以匹配碳中和时期的挑战和需求。

四、金融风险的变化

传统的金融风险理论主要着眼于经济金融体系的内部因素，而在零碳金融体系下的金融风险理论则将研究视角转向外部的社会与环境因素，形成了转型金融风险的理论与实践体系。根据央行与监管机构绿色金融网络的相关概念解释（NGFS，2020），转型风险是由政策调整、技术更替、市场偏好变化等人为因素导致企业（尤其是高碳行业企业）生产成本上升、利润下降、违约风险和概率增加，进而通过实体企业与金融机构之间的借贷投融资关系传导至金融体系，使得金融机构相关资产面临巨大的风险敞口，衍生出金融风险，并可能由于金融和实体经济部门之间的相互作用产生金融加速器效应，进一步放大转型风险对实体经济的负面冲击。

在这一过程中,政策约束或调整将对社会经济产生深远影响。在"双碳"净零排放目标的约束下,需进一步关注负面冲击。一是气候环境规制政策日趋严格,影响和重塑了宏观经济运行与微观企业生产运营的行为模式(罗知和齐博成,2021),其合规成本提升等可能会对企业等生产经营造成负面扰动,传导至金融体系形成风险。二是向低碳消费转变的市场行为将引发微观市场主体的调整。相对于传统商品,低碳产品的价格相对较高,其背后反映的是市场需求偏好低碳转型导致企业生产成本抬升(林伯强,2022),也可能会导致企业原有工艺和设备失去生产价值,沦为搁浅资产(陈雨露,2020;张帅等,2022),导致盈利能力下滑。三是技术进步将对传统行业产生较大冲击。随着节能技术进步及其引致的生产工艺和模式变革,碳密集型行业企业并不能很快地调整适应,反而使得企业原有的生产设备和资产难以继续创造价值和现金流,被迫淘汰,价值下滑,沦为搁浅资产。企业生产要素的"搁浅"将给企业的经营带来巨大的负面冲击,削弱企业的生产和盈利能力,企业面临更高的调整成本,极大地削弱了企业的盈利能力。与此同时,企业的固定资产多作为抵押贷款的抵押品而存在,沦为搁浅资产将导致企业资产的价值下滑,企业资产负债表状况恶化,进一步加大了企业的经营风险。

上述零碳转型冲击会通过杠杆机制和关联机制(方意等,2019)等放大机制对金融稳定造成威胁。杠杆机制是指金融部门由于负债的存在而将初始冲击自我放大的机制,在较高的杠杆水平下,金融机构的自有资产(资本金)水平与负债规模不相匹配,面临较大的风险敞口。当零碳转型风险出现时,冲击对实体经济造成负向扰动,使得作为抵押品的资产价格大幅下降,进一步提高了金融机构所面临的违约风险,使得高杠杆的金融机构和投资者不得不通过抛售资产充实资本金,从而满足相关的监管要求。而抛售行为进一步加剧了资产价格的下行压力,降低了金融市场的流动性,最终引发危机。关联机制是指金融体系中的业务关联性导致风险在不同机构之间的互相传导,通过关联机制的效应,实现风险或激励的放大、传导。当零碳转型风险出现时,在实体经济层面,转型冲击会在产业链上下游进行传导,会影响上游产品的销售以及下游生产原料的供应,会使得转型风险冲击沿着产业链以及实体与金融部门间的投融资关系交叉传导,放大初始转型风险冲击的影响。在金融体系内部,不同金融机构之间往往存在着"抱团取暖"的现象,相互之间有着资金拆借等融资关系,随着转型风险冲击影响到银行等金融机构自身资产的稳定性,就会对银行间交易市场造成波动冲击,导致流动性危机,引发风险的传导。

总体来看,零碳转型风险的冲击会对政府、企业、金融各部门产生直接或间接的影响,通过影响资产价格的重估、生产效率、融资成本等因素,映射到各部门的资产负债表上,产生金融风险压力。从时间维度来看,不同时期的资产负债表之间通过损益表相互联系，零碳转型冲击会影响下一期资产负债表的平衡与稳定。同时，各类主体资产负债表结构的变化也与流动性周期密切相关，零碳转型冲击下的资产负债表衰退也会形成一个完整的周期。从空间维度来看，不同部门之间资产负债表的相互关联也使得零碳转型金融风险有了在各经济主体之间相互传导的可能性。

五、金融配套的需求

在金融配套上，需要以外部成本共摊的社会治理体系为重要支撑。金融体系的深刻改变并不仅以金融产业的内部调整为唯一路径，外部成本共摊的社会治理体系是金融改革得以实现的重要基础，同时外部成本共摊的共识与基础配套需要在全球范围内达成共识并建立。其包括通过政府与市场的有效融合，通过税收、补贴、交易等方式将外部性生产成本内部化，以经济的手段将社会福祉在内的绿色发展效益纳入经济社会发展的共同目标，尽可能降低"搭便车"导致的市场失灵；同时也需要将知识产权保护等鼓励创新、支持创新的机制予以完善，将创新的外部性降低，提高创新的积极性。更进一步地，外部成本共摊的社会治理机制需为全球性的，否则在转型过程中金融面对绿色的外部性、创新的外部性等多重外部性因素考验的同时，经济发展可能由于缺乏有效的分摊共识而出现发展的失衡，为此仅锚定绿色发展目标的局部地区的金融改革或将难以为继。

第三节　零碳金融两阶段的发展展望

一、零碳金融的框架

零碳金融是与"双碳"目标的发展要求、金融需求相适应的金融模式。一方面，发展零碳金融仍需紧扣我国金融服务实体经济的基本要求，遵循我国现代金融体系建设的主旨要义，以使零碳金融与我国金融高质量发展的内在要求相一致。另一方面，零碳金融的重要特点是要顺应经济结构变革下金融定价的新特点，既要发挥金融对实现国家自主贡献目标过程中的资源配置、风险管理、市场定价的积极作用，促进金融更好地为实现碳达峰、碳中和的目标提供支持；也要紧扣"双碳"模式下经济发展从"要素投入——增加物质财富"的单一模式向物质文明、精神文明协同发展的多元发展态势转变的趋势，发现重新定义绿色价值、资源要素、商业模式的新方向，逐步建立与新的发展机制相适应的金融定价模式、交易模式。

总体来看，碳达峰阶段支持产业深化发展的金融供给仍将持续，绿色金融占比逐步提升是显著特点。碳中和阶段：绿色金融与转型金融成为金融发展的两个关键支柱，随着碳中和目标的临近，绿色金融将成为金融供给的关键性特征。从与实体经济发展特点的对应情况来看，零碳金融体系的建立是与中国产业结构调整相适应的金融资产内容的变化；从金融发展的内在机理来看，是将经济转型发展中的新的风险因素全面纳入金融定价新模式的有效转变。总体而言，随着经济社会在迈向碳达峰、碳中和的过程中实现了不断高质量发展的突破，绿色理念为金融市场的逐利性与安全性注入了新的内涵，零碳金融成为高质量金融供给的重要组成。

（一）零碳金融体系构建的内在驱动

基于对零碳金融两阶段金融特点的分析，可以看出有别于传统发展范式，零碳金融的关键之一即是金融风险定价逻辑的改变，为此传统金融理论的有效性需要进一步变革，以更好地指导金融实践有效应对新的发展需求。

当前，绿色金融正在成为零碳金融的重要起点，绿色金融发挥的资源配置、风险管理、市场定价的三大功能是金融对经济增长起到推动作用的主要方式，区别于传统金融供给模式，绿色金融增加了将环境、气候等外部效应予以有效内部化的内涵，进而使其功能的发挥与原有金融模式不完全一样。经济学理论认为，资源环境外部性问题的内部化，是实现经济绿色可持续发展的终极手段之一，但完全实现外部性内部化的目标非一蹴而就，绿色金融作为有效的制度安排之一，旨在通过适当的激励与引导，增加正外部性行为，减少负外部性影响，进而改变了具有外部性的经济活动的"价格"，促进可持续发展。

在利用绿色金融提高经济"绿色"含量的同时，立足经济发展方式调整的"变革"，也需要相匹配的金融结构予以支持，即从碳中和的长周期角度来看，不仅需要支持绿色产业发展的绿色金融，也需要通过对气候金融、可持续金融、绿色金融、转型金融的自然演进与统筹，形成覆盖范围更加多元的新型金融模式——从覆盖领域来看，要覆盖零碳经济机制下全方位的社会经济结构和生态的转变；从覆盖时间来看，要覆盖碳达峰、碳中和的全过程；从内涵来看，要关注零碳经济目标对金融模式、金融机制、金融创新所提出的内在要求；从外延来看，要关注对金融系统和金融监管的综合影响。

服务实体经济是金融发展的根本目标，当前我国正处于经济发展模式调整的变革时期，新发展阶段提高全要素生产率成为重要抓手，通过改变原有资源依赖型的发展方式，推动生产函数变革调整，向人才、技术、资本、资源、数据等要素优化配置的新型生产模式转变，重新调整全要素生产率等影响长期发展的供给侧要素结构，塑造支撑可持续发展的新的竞争力。中国经济增长函数的改变，对金融供给提出了新的要求，中国金融业在不断发展的过程中，逐步形成了具有鲜明特色的金融机构体系、金融市场体系、金融监管架构、金融风险防范机制、金融改革与开放格局等，在经济发展模式发生调整的背景下，就需要将零碳经济的内在要求与融资结构、金融机构体系、市场体系、产品体系、监管体系等相衔接，构建守正创新的新机制，形成符合我国国情的零碳金融供给模式，而驱动零碳金融体系形成的根本，需是生产要素内容与结构的深刻变革。

（二）零碳金融对"双碳"目标的路径支持

基于零碳金融两阶段发展的理论框架，构建研究零碳金融支持"双碳"目标的可行路线时，需深刻理解中国碳达峰、碳中和目标下，中国经济发展的阶段性特征及内在驱动力的深刻调整，将中国实体经济的变革轨迹与金融发展规律相结合，形成关于零碳金融的路线图，零碳金融内涵的形成路径如图8-1所示。

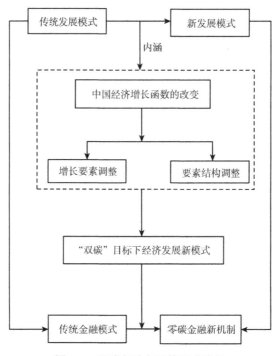

图 8-1 零碳金融内涵的形成路径

从路线图制定的指导原则来看，立足金融服务实体经济的根本要求，我国碳达峰、碳中和的实施基础和阶段性特征等关键性问题，以及碳达峰、碳中和目标下经济社会发展的主线、变革的路径、关键的时间点等，构成了零碳金融两阶段发展的具体内容，同时充分考虑金融的规律性及中国现代金融体系建设的总体布局，最终形成零碳金融的总体路线，路线图的设计思路如图8-2所示。

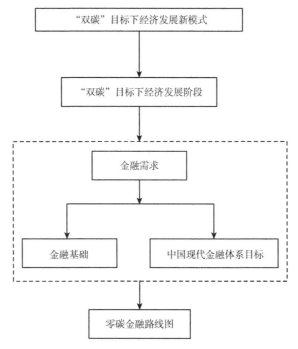

图 8-2　零碳金融路线图的设计思路

（三）深化零碳金融转型风险管理框架

金融安全是国家经济安全的重要组成部分，服务实体经济、防控金融风险、深化金融改革是我国金融发展的三项任务，其中防控金融风险是发挥金融服务实体经济作用的前提。零碳金融的风险，既有经济社会变革过程中调结构、去库存等带来的发展风险，也有气候变化导致的物理风险与转型风险，交叠的风险来源使得风险管理成为零碳金融架构的重要内容。与实体经济发展带来的内部风险相比，气候变化导致的金融风险尚处于发展初期，国际社会缺乏认识风险、抵御风险、管理风险的成熟基础与框架，需要构建相适应的宏观监管政策，以适应发展零碳金融需要破题的新风险。

二、推进零碳金融的关键路线

（一）碳达峰阶段

碳达峰阶段，零碳金融发展一是要继续利用金融推动传统产业发展持续释放高质量的发展动能，以利用好碳达峰的窗口期，积极推动我国工业化和城镇化进程，用足传统产业高质量发展的增量空间。二是要加快绿色金融向能源、电力等绿色生产生活的基础性领域的倾斜，同时为推动金融资产负债表的全面绿色化奠定基础。三是要逐步建立转型金融的支持框架，即针对已经达峰的高碳排放行业转型活动提供金融支持，总体来看就是要夯实金融发展的基础，并推动金融资产结构、金融定价基础的改变。

1. 锚定现代金融体系建设目标，推动传统金融纵深发展

从金融大国向金融强国的转变是我国金融发展的重要方向，而实现金融强国的建设目标，对于更好发掘、支持高质量的达峰动能意义重大。2021年3月，《中华人民共和国国民经济和社会发展第十四个五年规划和 2035 年远景目标纲要》（简称《纲要》）指出要"健全具有高度适应性、竞争力、普惠性的现代金融体系，构建金融有效支持实体经济的体制机制"。构建现代金融体系的过程，即是持续深化金融改革、释放金融市场活力、助力实体经济发展的过程。

高度适应性是指金融体系应具有应对经济波动、市场不确定性和新技术的适应能力，能够灵活应对金融供给侧结构性改革变化下的要求。其包括建设现代中央银行制度，增强现代金融体系对于控制通胀、刺激需求、适应经济周期的宏观调控能力；稳妥推进数字货币研发，以适应科技创新、支付变革的时代趋势，提高金融体系的包容性等。

高度竞争力是指金融体系应具有应对市场竞争、全球化挑战和新兴技术的能力，能够在错综复杂的国际金融市场中取得优势地位。一是要提升金融机构的产品创新和风险监管能力，推动金融科技与市场消费者画像深度配套，与监测、报告和核查机制深度融合，提高金融服务质效，防范金融风险产生。二是要深化商业银行改革（李苍舒，2021），明确国有银行、股份制银行及城市商业银行的网点覆盖范围和服务体系，既要构建各类主体间优质资产公平竞争的良好生态，又要形成合作互补的成熟融资结构，推动金融市场开放和规范发展。三是加快推动资本市场高质量发展，提高直接融资比重，推动股票、债券、期货市场协调发展，发挥做市商交易优势与定价优势等。

高度普惠性是指金融体系应具有满足广大人民群众金融需求的能力，能够提供可及性和可持续性的金融服务。为此，一方面要增强金融机构的普惠金融服务能力，推动金融资源向农村、小微企业和欠发达地区倾斜，提供更多的网点覆盖、资金支持和数字化授信便利，健全区域协调发展的金融服务体系。另一方面，还要推动生物质、碳排放权交易等绿色金融体系建设，开拓农村金融服务新场景，整合农村资源环境，改善农村人居环境，以绿色普惠金融赋能乡村振兴。

2. 深化绿色金融发展政策，建立绿色金融发展框架

一是要按照"1+N"的双碳政策体系，完善绿色金融支持低碳发展的金融政策框架。绿色金融支持低碳发展的金融政策框架，是锚定"双碳"管理目标发力，同时稳定金融体系的重要支撑。当前中国已经在发展绿色金融的政策体系、标准体系中取得先期经验，要更充分地发挥绿色金融在碳达峰阶段助力绿色动能培育的重要作用，就要将绿色金融的政策体系、标准体系等在方向、内容、要求等方面与"1+N"的"双碳"政策体系高度衔接，将"1+N"政策体系下要大力发展的绿色产业、绿色技术作为绿色金融支持的重点领域、重点方向，共同形成推动绿色发展的综合政策力量。

二是逐步激发绿色金融市场效能，布局绿色金融市场的引领性力量。推动绿色信贷、绿色债券、绿色股票、绿色基金、绿色保险、绿色信托等各类绿色金融产品的发展。注重完善绿色直接投资市场的基础设施建设，在规模提升、产品或服务创新、信息披露标准制定、优惠政策出台等领域增加绿色要素，以更好地利用绿色投资工具加大对绿色技术孵化等创新领域的投入。引导保险公司开发支持绿色技术创新和规范转型的保险产品；扩大保险、养老基金等长期资金投资于绿色风险投资基金的比重。充分利用围绕绿色发展的国际竞争与合作，推动绿色金融离岸中心建设，丰富离岸市场金融产品，引导绿色资本开展跨国投资，加快绿色资金要素的互联互通。

三是不断完善绿色金融激励机制与配套基础，健全绿色金融市场发展的重要支撑。基于发展初期环境效益外部性内部化的机制尚不健全，必要的激励机制及配套体系的完善尤为必要。譬如扩大财政对金融的支持规模，加大绿色投资的财政支持力度；利用财政支持设立公共绿色金融机构，实施绿色预算拨款，发展绿色贷款财政贴息或担保（朱民等，2022）；逐步将绿色因子纳入宏观货币政策、金融稳定政策、市场操作政策、压力测试工具等，初步形成纠正绿色投资领域市场失灵的有效框架，推动经济结构的绿色调整。在配套体系方面，包括围绕绿色与转型，金融监管部门及交易所需建立新的可持续发展的强制信息披露制度，以更好地督促市场主体行为与气候变化目标、绿色发展目标间要保持一致性，同时为绿色金融市场创新获得必要的信息提供支持。

3. 逐步引导建立转型金融体系，初步建立支持高碳行业转型融资的有效路径

一是在碳达峰时要初步形成转型金融的总体框架，明确发展转型金融的基本要求。参照绿色金融体系建设的总体思路，在政策体系、标准体系、统计体系等多维度建立发展转型金融的框架制度，在 G20 可持续金融路线图下发展转型金融关键要素，即转型目录/原则、转型金融工具、转型信息披露、转型激励举措、公正转型

等框架下建立中国的转型金融实施路线，并先行针对已经接近碳达峰的行业开展应用探索，在遵循市场规律的基础上科学引导投资市场主体正确支持高碳行业转型。

二是积极拓展转型金融市场空间，探索与高碳行业转型相适应的金融市场结构。针对高碳行业转型的直接投资比重需逐步提升，转型类债券、转型基金等市场加快发展，具备投向长周期、高风险转型经济活动的投资能力。碳市场基本制度建设不断完善，碳资产的金融属性逐步开发，譬如积极推动主要的控排行业在进入碳中和时期前全部纳入碳市场，同时碳市场的基础制度、分配制度、交易制度等也向总体趋严，有助于完善并活跃碳市场；允许做市商参与碳市场，碳金融市场开始发展，碳期权等碳金融衍生品开始交易。

三是建立发展转型金融的基础设施。转型金融的风险管理要求理应是十分严格的，否则将可能由于"洗转"等风险的出现，不仅未能发挥转型金融的作用，还带来了消极影响。为此要全面强化转型金融基础设施的建设，包括建立转型金融效益检测体系，使得转型效益可监测、可报告、可核查，进而使转型融资的利益相关方能有效评价转型融资的有效性；建立转型金融的动态调整机制，包括发生转型技术突变、转型目标调整等情形下转型金融的应对措施；明确转型金融的信息披露要求。

（二）碳中和阶段

碳中和阶段，基于绿色产业发展与高碳产业转型融合推进的客观进程，以及加速向碳中和目标迈进的发展趋势，此阶段绿色金融与转型金融融合发展、互相补充，成为金融的底色，即绝大多数金融活动均需要将绿色要素和转型要素的基本要求纳入考量范畴，同时随着碳中和目标的临近，转型的活动基本完成，转型融资占比保持先加快上升再下降、最终趋于稳定的发展进程，绿色金融则将随着绿色产业的发展壮大成为金融市场供给的关键力量，形成了与生态文明时代特点相适应的零碳金融新范式。

一是加快建立绿色金融与转型金融的强制性政策体系。基于快速迈向碳中和的必然趋势及绿色产业发展壮大的客观现实，绿色金融的政策体系将更加显现强制性，包括要求绿色发展的法律体系更加健全，由此构成了资产结构绿色化转变的强制性法律基础；金融机构需承诺并实践与碳中和目标相一致的发展战略，包括建立零碳资产负债表管理体系，在自身运营和投融资体系中实现净零，不过随着资产结构绿色化转型程度的不断加深，强制性的约束将成为客观驱使下的必然发展路径。贷款人环境法律责任的制度体系或将在临近碳中和目标的阶段正式运用，以进一步强化绿色化投资的刚性要求。

二是逐步形成公允的绿色金融与转型金融的市场价格。碳中和阶段金融市场的重要特征即金融定价中科学地体现了资源效益、环境效益等绿色效益的价格，从而真正实现了绿色金融自主、市场化发展。具体表现在各类金融产品需重新考虑投资风险与回报的关系，将自然风险与自然收益考虑在产品体系中；形成了支持中长期的更加灵活的金融基础与框架，中长期金融供给占比显著增加；对冲绿色与转型风险的新型金融衍生品得以发展，开始提供与碳中和下的增长范式相适应的金融服务。碳市场除实现八大控排行业全覆盖外，覆盖温室气体从二氧化碳向更多温室气体拓展，碳金融衍生品市场逐步成熟。同时绿色金融市场的发展不再依赖于政策强制约束或激励举措，逐渐成为市场自主实践的必然选择。

三是建立与零碳金融相适应的宏观管理框架。建立更加灵活的货币金融政策及工具箱，以应对变化更加迅速、剧烈的转型风险，同时锚定碳中和发展的气候风险管理要求开始纳入财政政策、产业政策等，且建立起新的政策协调机制，以应对未来包括物理风险和转型风险在内的综合风险，有效应对零碳社会建设过程中出现的资源错配问题，以及可能出现的通货膨胀、金融风险、就业危机等。

三、推进零碳金融的宏观监管政策

（一）零碳转型风险宏观管理体系

1. 零碳转型风险宏观管理体制："三支柱"视角

依据丁伯根法则，多重目标需要多重政策工具的支持，针对零碳转型风险的新形势，可探索构建"财政+货币+宏观审慎"的"三支柱"框架。

"三支柱"框架所牵涉到的部门主要包括财政部门、中国人民银行和金融监管部门，建议成立由中国人民银行牵头的转型风险管理委员会或部际联席会议。财政部门主要发挥财政资金的杠杆和撬动作用，推动完善转型风险管理的各项基础设施，补齐短板，同时发挥财政资金的担保保障作用。货币政策部门则需要将减少支持低碳发展的结构性货币政策的风险溢出效应纳入自身的考虑范畴，同时要规划货币政策介入风险监管的各项议程，协调好与风险监管部门之间的关系；承担起信息披露的职能，进行数据共享（朱民等，2022）。宏观审慎政策部门（包括央行、证监会等）在财政部门、货币政策部门的密切配合下，微观审慎监管部门负责相关转型风险管理工具的具体设计、实施和评估。

2. 零碳转型风险政策工具设计：时间和空间视角

1）时间维度

在时间维度下零碳转型风险监管框架的设计需重点关注政策的"择时"干预，核心在于密切跟踪、监测和盯住与零碳转型风险相关的经济金融指标，实现政策的及时介入，防范和化解相关风险。

时间维度的宏观审慎政策工具包括资产类政策工具、资本类政策工具和流动类政策工具（方意等，2019）。其中，资产类政策工具更多关注来自实体部门的冲击对金融体系稳定的影响，而资本类与流动类政策工具则主要用于控制金融部门的内部冲击。

常见的资产类政策工具包括贷款价值比、贷款收入比、债务收入比等。通过对上述指标施加一定的限制，或盯住某些反映经济运行状况的指标，能够遏制信贷的过度膨胀，抑制风险的积累。从资产类政策工具的角度来看，其主要用于限制由实体经济部门驱动的金融风险。要发挥资产类政策工具抑制零碳转型风险的作用，首先应明确政策工具需要盯住的指标，应在良好的环境信息披露的基础上，综合内外部环境，利用高碳行业信贷占比、外部零碳转型风险冲击强度等测度银行等金融机构所面临的气候转型风险敞口，同时基于历史经验数据，设置合理的参数，引入盯住转型风险敞口的资产类政策工具，实现逆周期调节。

常见的资本类政策工具包括逆周期性银行资本缓冲、动态拨备、资本充足率等。针对零碳转型风险的资本类政策工具同样可以采取盯住转型风险敞口的形式进行设计，可探索引入盯住转型风险敞口的资本充足率政策规则，要求金融机构根据自身所面临的转型风险敞口及时对自身的资本储备与资本缓冲进行逆周期的调整和补充，为转型风险的管理和缓释奠定基础。

常见的流动类政策工具包括流动性覆盖率、净稳定资金比率、准备金要求、存贷比要求等。相关政策工具一方面需要服务于转型风险方面冲击后银行等金融机构面临的流动性危机管理和恢复，另一方面，也可应用于抑制转型激励下主动风险承担导致的风险累积。此外，时间维度的政策设计应着重关注零碳转型冲击所造成的资产负债表衰退，避免其加剧和扰动流动性周期。针对受零碳转型影响较大的市场主体，及时注入流动性支持，改善和修复其受损的资产负债表，避免风险的累积和传导。

2）空间维度

空间维度下的宏观审慎政策重点关注风险在机构之间的传导和相互影响。可以从事前和事后两个角度对空间维度的宏观审慎政策进行划分。其中，事前政策的主要目的在于在金融危机发生前防范和化解相关金融风险；事后政策主要是在金融危机发生之后，防止风险影响的进一步蔓延，降低其负外部性。

事前的宏观审慎政策包括窗口指导和系统重要性机构监管。其中，窗口指导带有一定程度上的行政命令色彩，通过相应的承诺实现对相关机构的激励约束，抑制其过度的风险承担或资产抛售行为；而系统重要性机构监管则是重点关注系统重要性机构在整个关联网络中的作用，通过规模、网络联结等因素识别系统重要性机构,降低其引致的潜在风险和放大机制。在转型风险管理视角下,通过测度和评估各金融机构所面临的转型风险敞口,可将上述相关举措运用于对金融机构的激励与惩罚,避免相关金融机构在遭受转型风险冲击时过度进行资产抛售行为。同时,对于系统重要性机构监管,要明确在转型风险管理视角下对系统重要性机构的界定,一方面要考虑金融机构的规模和交易对手关系,规模越大、交易对手关系越复杂,其对于整个金融体系的外部性影响越大。另一方面,要对资产持有的结构进行细致分析,如果一家金融机构大量持有高碳行业的资产,那么这类金融机构受到转型风险冲击的影响将更为直接,影响效应也会更大,因此在针对转型风险管理的政策设计中应将此类机构设定为系统重要性机构。

事后的宏观审慎政策主要目的在于尽可能降低已发生风险的负外部性,综合运用经济和行政手段做好收尾工作。主要的经济手段包括资产购买、信贷等流动性注入政策;主要的行政手段则是对金融机构的合并与拆分,实现有效的风险分担。若是转型风险冲击造成无法挽回的系统性风险蔓延和传导,此时针对受转型风险冲击影响严重的持有大量高碳行业资产的金融机构出台相应的兜底政策,综合运用经济手段和行政手段,将风险的危害降到最低。

在空间维度视角下政策设计和应对的过程中,应将抑制基于资产负债表关联而发生的风险传导放在突出位置。首先要对各类主体和部门的资产负债表进行密切监测,尤其是较为精准和全面地梳理各部门之间基于资产负债表的债务关联,以流动性为抓手,结合零碳转型压力测试,建立与零碳转型冲击相关的、各层次的流动性常规分析与监测制度。深入分析各部门不同主体资产负债表的波动规律,将其纳入零碳转型冲击的情境分析,在此基础上构建资产负债表风险的预警模型和警戒阈值,抑制基于资产负债表的风险传导。

(二)零碳转型金融风险的微观监管框架

1. 微观监管政策设计基础

受《巴塞尔协议 III》等国际微观审慎监管条例和经验的影响,我国已基本形成以资本、杠杆、拨备和流动性四项主要监管工具为代表的微观监管体系,为零碳转型金融风险的微观监管框架构建提供了政策设计基础。

从四项监管工具在微观监管中的应用来看,一是资本充足率类监管工具,通过最低资本要求、风险加权资本要求和资本留存缓冲要求等指标确保投资人、存款人及金融机构持有足够的资本来应对潜在风险,增强金融市场参与者的风险抵御能力。二是杠杆类监管工具,通过杠杆率来直接控制金融机构的杠杆水平,把控金融机构的资本调配能力。三是拨备覆盖类监管工具,通过拨备率和拨备覆盖率等主要指标反映金融机构的风险抵御能力和损失补偿能力,有助于保障市场资产的公允价值。四是流动性监管工具，通过资产流动性比例、备付金比例和中长期贷款比例等指标，以及压力测试、应急计划和风险管理标准等动态稳定体系来衡量金融机构的短期变现能力（何德旭和蒋照辉，2017）。

从四项监管工具对转型金融微观监管的借鉴意义来看，首先，运用资本充足率类监管工具有助于督促转型金融的参与主体厘清转型活动中的风险资产范畴，并根据新型转型风险及时调整资本充足率的规范指标及标准，预防转型风险传导至金融市场而带来的流动性风险；其次，杠杆类监管工具有助于预防金融机构在转型浪潮和新兴产业体孕育的过程中盲目投资和过度扩张，辅助金融机构在成本利润、社会效益与监管安全中取得平衡；再次，拨备覆盖类监管工具有助于控制资产搁置带来的收益浮动或信用风险，保障转型金融市场平稳、健康运行；最后，流动性监管工具有助于将环境气候变化带来的风险影响纳入考量，建立风险储备和应急演练计划，增强转型金融的支持韧性。

总的来看，当前的微观监管机制为零碳转型金融风险的监管提供了设计基础，为进一步提升零碳金融适应新型风险的能力，建立更加长效的监管机制，零碳转型金融的微观风险治理仍需考虑数据指标、样本量化、机构转型和监管模式等多项要素。

2. 转型风险微观管理机制的五项支撑

为提升零碳金融适应新型风险的挑战和应对微观风险的能力，结合上述微观监管政策的研究内容，包含资产 ESG 评级监管、气候环境压力测试、强制环境气候信息披露、差异化绿色资本要求以及应对气候变化的内部治理机制在内的五项配套支撑措施有待建立，这些支撑措施将帮助金融部门丰富微观监管工具箱、提升风险管理手段，以应对不断变化的市场，提升金融活动的稳定性与可持续性。

一是资产 ESG 评级监管。ESG（环境、社会和公司治理）评级监管要求金融机构将 ESG 因素纳入其管理流程和全面风险管理体系。在零碳金融背景下，需要将资金投放与 ESG 要求相融合，考量资产和金融机构的 ESG 风险对抵押品价值、信誉以及金融机构的偿付能力的影响。监管部门应推动金融机构构建 ESG 数据平台，并将 ESG 指标纳入其对资产安全性的监测过程中。同时，监管部门应建立金融机构 ESG 评级管理框架，将评级结果与传统监管工具挂钩。

在具体应用时，一是逐步强制推动金融机构 ESG 能力建设，在业务实践中整合 ESG 底层数据治理及财务信息，将 ESG 指标纳入全面风险管理体系，将零碳经济框架下的气候和环境贡献纳入 ESG 管理框架，监测对资产安全性的影响。二是监管部门建立金融机构 ESG 评级管理框架，综合金融机构自身 ESG 表现、资产 ESG 评级、客户 ESG 水平等，形成复合型的 ESG 评级管理框架，将评级管理结果与监管措施相挂钩，作为影响传统微观监管工具的重要因子。

二是气候环境压力测试。气候环境压力测试是评估环境变化因素对金融体系冲击的工具，有助于金融机构了解气候不良冲击可能对其偿付能力和金融体系稳定性的影响。在零碳转型金融风险的情境下，气候环境压力测试可以帮助监管部门验证金融机构的风险抵御能力，对极端情景下的金融损失进行等级划分并依据分级提前设立预案，提升资产组合调整的敏锐性和有效性，在安全限值和监管区间内更好地管理气候相关风险。

在具体应用时，首先应要求金融机构就其受到气候变化影响最主要的资产类型开展环境压力测试，针对不同情景对个体资产安全性的影响进行敏感度分析，对于极端情景下造成的金融损失进行等级划定，进而反哺业务流程优化。其次，监管部门可明确压力模型在零碳金融转型风险下的测试边界，确定不同类型金融机构环境压力测试的实施重点，同时与宏观金融风险管理手段相协调，针对转型业务设置相应的安全限值及合理监管区间。

三是强制环境气候信息披露。强制金融机构和市场主体进行环境气候信息披露有助于改善气候相关风险的定价和绿色资本配置。监管部门应要求金融机构提高对环境气候风险的关注，通过搭建转型框架下的信息披露模板、构建第三方数据披露和共享平台等举措提升市场参与主体的信息披露水平，通过"鼓励、半强制、强制"披露等过程引导消费者和投资者更好地理解零碳金融风险和环境气候信息披露的重要性。

在具体应用时，首先金融监管部门不断深化、完善对金融机构环境信息披露的要求，随着对气候环境风险的认识深化，确定披露依据，搭建零碳金融框架下可循环、可实施的披露框架。其次，需要与相关政府部门联动，形成鼓励企业开展碳相关数据披露的外部环境，并通过市场化方式培育第三方机构建立数据平台，为金融机构获取相关碳排放等数据提供渠道。最后，逐步面向全部金融机构强制推动环境气候信息披露，强化微观主体的投融资行为监管。

四是差异化绿色资本要求。差异化的监管工具要求将"零碳""绿色"等正向鼓励因素以及"环境气候风险""棕色"等负向约束因素纳入资本管理要求中。这有助于帮助金融机构在考量资本充足率的过程中进一步研判绿色资产与市场绩效和不良贷款率的关联性，补充设置绿色资产的最低数量要求，以分散外生性气候风险，确保绿色资产的可持续发展。同时，引入差异化的绿色资本要求还有助于引导零碳金融工具结合产业发展特色和自身业务特点，合理优化资本结构和投放类型，放大金融的投资收益。

在具体应用时，首先以资本充足率为例，可通过研判绿色资产与市场绩效的相关性以及不良贷款率的趋势，以为金融机构对冲外生气候相关风险、进行风险分散为目标，面向金融机构新设绿色资产的最低数量要求，以调动金融机构开展零碳业务的积极性。其次，金融监管部门可进一步考量金融机构在经营类型、资本结构等领域的差异，细化指引零碳金融工具实施的微观指标要求，金融机构也应在定量监管指引的基础上，根据自身业务特点，合理分配绿色资本比例，放大零碳金融的有效投资收益。

五是设立有利于应对气候变化的内部治理机制。在内部治理机制上形成与零碳金融发展要求相适应的模式，有利于金融机构将应对气候变化的监管要求融入对利益相关方经营行为和投资行为的约束制度中。监管部门应要求金融机构建立有利于应对气候变化的内部治理机制，如明确零碳转型金融风险框架下的权责分配和组织架构，将环境成本效益内部化并纳入审计范畴，根据转型风险的传导机制在金融机构风险管理的薄弱环节加强预警等。

在具体应用时，一是金融监管机构应根据转型风险的传导机制及当前金融机构风险应对的薄弱环节，在经营治理、内部控制、偿付能力、风险偏好、信息披露等方面提出监管建议，对金融机构的商业模式和投资创新提出监管期望；二是金融机构应在零碳转型下明确组织架构和权责分配，推动转型成本效益内部化纳入审计范畴，完善转型业务发展的激励及风险约束，将可持续发展理念纳入金融机构文化建设，成为流程设计与制度监管的基本土壤。

参 考 文 献

柴麒敏. 2021. 南财快评：碳中和推动绿色金融主流化. https://m.21jingji.com/article/20210225/herald/f49358a75e68d8153edb6e7ab042d766_ths.html[2021-02-25].

陈雨露. 2020. 当前全球中央银行研究的若干重点问题. 金融研究，（2）：1-14.

方意，王晏如，黄丽灵，等. 2019. 宏观审慎与货币政策双支柱框架研究：基于系统性风险视角. 金融研究，（12）：106-124.

国家发展和改革委员会. 2021. 中华人民共和国国民经济和社会发展第十四个五年规划和 2035 年远景目标纲要. https://www.ndrc.gov.cn/xxgk/zcfb/ghwb/202103/t20210323_1270124.html[2021-03-23].

国家统计局. 2023. 中国统计年鉴（2013-2021）. https://www.stats.gov.cn/sj/ndsj/[2023-03-23].

国务院. 2021. 关于完整准确全面贯彻新发展理念做好碳达峰碳中和工作的意见. https://www.gov.cn/zhengce/2021-10/24/content_5644613.htm[2021-09-23].

国务院发展研究中心资源与环境政策研究所. 2023. 中国能源革命进展报告（能源消费革命 2023）. 北京：冶金工业出版社.

何德旭，蒋照辉. 2017. 中国银行业逆周期监管架构优化的目标与路径分析. 金融评论，9（4）：26-39，124.

李苍舒. 2021. 加快健全具有高度适应性的现代金融体系. http://www.qstheory.cn/qshyjx/2021-08/03/c_1127724362.htm[2021-08-03].

林伯强. 2022. 碳中和背景下的广义节能：基于产业结构调整、低碳消费和循环经济的节能新内涵. 厦门大学学报（哲学社会科学版），72（2）：10-20.

刘泊静. 2022. 实现"双碳"目标应形成战略战术共识. 新能源科技, （4）: 9-11.

罗知, 齐博成. 2021. 环境规制的产业转移升级效应与银行协同发展效应: 来自长江流域水污染治理的证据. 经济研究, 56（2）: 174-189.

能源研究院, 毕马威, 科尔尼. 2023-06-20. 世界能源统计年鉴 2023. https://kpmg.com/cn/zh/home/campaigns/2023/10/statistical-review-of-world-energy-2023.html[2024-01-31].

清华五道口全球金融论坛. 2023. 朱民: 零碳金融时代将带来全球治理机制和金融业的剧变. https://gff.pbcsf.tsinghua.edu.cn/info/1021/1542.htm[2023-05-26].

生态环境部. 2023. 中国应对气候变化的政策与行动 2023 年度报告. https://www.mee.gov.cn/ywgz/ydqhbh/wsqtkz/202310/W020231027674250657087.pdf[2023-10-27].

张帅, 陆利平, 张兴敏, 等. 2022. 金融系统气候风险的评估、定价与政策应对: 基于文献的评述. 金融评论, 14（1）: 99-120, 124.

中国宏观经济论坛. 2021. 碳达峰与碳中和: 目标、挑战与实现路径. http://ier.ruc.edu.cn/docs/2021-05/62dbb0a2dd094bc196af6e33b32f1198.pdf[2021-05-31].

中国人民银行, 市场监管总局, 银保监会, 等. 2022. 金融标准化"十四五"发展规划. https://www.gov.cn/xinwen/2022-02/09/content_5672688.htm[2022-02-09].

中国银保监会. 2019. 关于推动银行业和保险业高质量发展的指导意见. https://www.gov.cn/zhengce/zhengceku/2020-03/26/content_5495757.htm[2019-12-30].

朱民, 潘柳, 张娓婉. 2022. 财政支持金融: 构建全球领先的中国零碳金融系统. 财政研究, （2）: 18-28.

朱民, 彭道菊. 2022. 创新内含碳中和目标的结构性货币政策. 金融研究, （6）: 1-15.

Bolton P, Després M, da Silva L A P, et al. 2020. The green swan: central banking and financial stability in the age of climate change. https://www.bis.org/publ/othp31.htm[2020-01-20].

bp. 2022. bp 世界能源统计年鉴 2022. https://www.bp.com.cn/content/dam/bp/country-sites/zh_cn/china/home/reports/statistical-review-of-world-energy/2022/bp-stats-review-2022-full-report_zh_resized.pdf[2022-09-28].

International Energy Agency. 2021. 中国能源体系碳中和路线图. https://www.iea.org/reports/an-energy-sector-roadmap-to-carbon-neutrality-in-china?language=zh[2021-09-28].

International Energy Agency. 2022. Global gnergy review: CO_2 emissions in 2021. https://iea.blob.core.windows.net/assets/c3086240-732b-4f6a-89d7-db01be018f5e/GlobalEnergyReviewCO2Emissionsin2021.pdf[2022-03-08].

NGFS. 2020. Network for greening the financial system technical document: overview of environmental risk analysis by financial institutions. https://www.ngfs.net/sites/default/files/media/2020/09/23/overview_of_environmental_risk_analysis_by_financial_institutions.pdf[2020-09-23].

Pan D, Chen C, Grubb M, et al. 2020. Financial policy, green transition and recovery after the Covid-19. https://europepmc.org/article/PPR/PPR241658[2023-12-30].